新 版

空き家の法律問題と実務対応

弁護士・税理士 羽柴 研吾〔著〕

清文社

改 訂 に あ た っ て

　2022年1月に本書の旧版を出版した後も、空き家の戸数は増加の一途を
たどっています。巷間でも空き家のニュースを聞く機会が増えたように思
われます。また、民法や空家等対策の推進に関する特別措置法に代表され
る関係法律が改正され、関係官庁から様々なガイドラインも公表されるな
ど、空き家をとりまく法環境も大きく変化してきています。

　本書は、旧版と同様に、主な読者層として法律の専門家以外の方を念頭
に置いた上で、空き家に関する制度解説編と事例解説編から構成していま
す。新版では、制度解説編を近時の法改正等を踏まえた内容に改め、旧版
の事例解説編をProfession Journal誌に令和4年3月から令和6年7月ま
で連載した「空き家をめぐる法律問題」の事例を踏まえて再編集していま
す。

　空き家問題に関心をお持ちの読者の皆様にとって、少しでもお役に立て
れば幸いです。

　最後に、旧版から引き続きご指導いただいた株式会社清文社の坂田啓様、
立川佳奈様、Profession Journal誌の連載について日々ご尽力いただいてお
ります村上遼様には、改めて心より感謝申し上げます。

　令和6年10月

弁護士・税理士　羽柴　研吾

は じ め に

　本書は、Profession Journal 誌に平成 30 年 4 月から令和 3 年 6 月までの間、35 回にわたって連載した「空き家をめぐる法律問題」を、事例解説編として再編集した上で、新たに空き家に関係する法律の制度解説編を書き加えて単行本化したものです。

　近年、空き家の戸数は増加傾向にあり、今後もその傾向は変わらないことが予想されているなど、空き家の問題は、まさに「待ったなし」の状況にあります。皆さんにも、街の中で適切な管理が行われていない危険な空き家を目にする機会があるのではないでしょうか。また、筆者自身も、空き家に関する様々な法律相談を受ける機会が年々増えているように思われます。

　このように、空き家をめぐっては、様々な法律問題が発生する可能性があるため、どのような場合に法律問題が発生するかを事前に理解しておくことが、増加する空き家の発生を予防し、トラブルへの対策を講じていく上で重要になります。また、近時は、空き家に関する法律改正が相次いでおり、その意味でも、空き家をめぐる法律問題への理解を深める重要性が高まっています。特に、令和 3 年 4 月の所有者不明土地問題に関する民法等の改正が、空き家問題にどのような影響を及ぼすか注目されるところです。

　本書は、このような事情を踏まえて、空き家に関する実務に携わる税理士・弁護士等の方を対象にして、空き家に関連する民事法や行政法の制度を解説するとともに、具体的な事例を通じて制度の理解を深めていただくことを目的としています。本書が、空き家に関する実務に対応する際の参考となれば幸いです。

　最後となりましたが、本書の執筆にあたり、ご指導いただいた株式会社清文社の立川佳奈様、Profession Journal 誌への執筆企画から現在に至るまでご尽力いただいた編集長の坂田啓様には、心より感謝申し上げます。

　令和 3 年 12 月

弁護士・税理士　羽柴　研吾

CONTENTS

制度解説編

事例解説編

※本書は、令和 6 年 9 月末日現在の法令等に基づいています。

制度
解説編

第**1**章

空き家問題の
現状と動向

空き家問題の現状

1 増加傾向にある空き家

　総務省が令和6年4月30日に公表した令和5年住宅・土地統計調査によれば、総住宅数は6,502万700戸であり、平成30年から増加しています。また、総住宅数のうち、居住世帯のある住宅は5,564万4,800戸であり、居住世帯のない住宅は937万5,900戸となっています。

　居住世帯のない住宅のうち、空き家の戸数は過去最多の899万5,200戸となっています。また、総住宅数に占める空き家の割合（空き家率）は、13.8％となっており、過去最高を記録しています。

図表1 空き家数及び空き家率の推移─全国（1978年〜2023年）

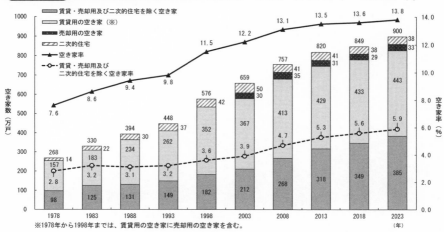

※1978年から1998年までは、賃貸用の空き家に売却用の空き家を含む。

出典 ● 総務省「令和5年住宅・土地統計調査　住宅数概数集計（速報集計）結果」（令和6年4月）

なお、住宅・土地統計調査の「空き家」は、平成30年の調査まで賃貸用の住宅、売却用の住宅、二次的住宅（別荘・その他）、その他の住宅の4種類でしたが、令和5年の調査から、①賃貸用の空き家、②売却用の空き家、③二次的住宅（別荘・その他）、④賃貸・売却用及び二次的住宅を除く空き家の4種類に整理されました。このうち、賃貸・売却用及び二次的住宅を除く空き家は385万戸と、平成30年の349万戸から37万戸の増加となっており、総住宅数に占める割合は、5.9％になっています。

2　地域で異なる空き家問題

　令和5年住宅・土地統計調査の空き家率の全国平均は13.8％を示しています。空き家率を都道府県別にみると、和歌山県及び徳島県が最も高い21.2％、山梨県が次いで高い20.5％となっています。

　また、賃貸用・売却用及び二次的住宅を除く空き家の空き家率を都道府県別にみると、鹿児島県が最も高い13.6％、高知県が次いで高い12.9％、徳島県及び愛媛県がこれらに続く12.2％となっており、西日本の地域の割合が高い傾向にあります。

　このように、空き家問題といっても、各地方が置かれている状況には差異があるため、その地域の特徴に応じた対策が必要となります。

図表 2　空き家率（2018 年と 2023 年の比較）

(%)

都道府県	空き家率		賃貸・売却用及び二次的住宅を除く空き家率		都道府県	空き家率		賃貸・売却用及び二次的住宅を除く空き家率	
	2023 年	2018 年	2023 年	2018 年		2023 年	2018 年	2023 年	2018 年
北海道	15.6	13.5	5.6	5.6	京都府	13.1	12.8	6.2	6.1
青森県	16.7	15.0	9.3	7.7	大阪府	14.3	15.2	4.6	4.5
岩手県	17.3	16.1	9.3	8.7	兵庫県	13.8	13.4	6.2	5.7
宮城県	12.4	12.0	4.6	4.6	奈良県	14.6	14.1	7.7	7.4
秋田県	15.7	13.6	10.0	8.7	和歌山県	21.2	20.3	12.0	11.2
山形県	13.5	12.1	7.9	6.6	鳥取県	15.8	15.5	9.7	8.9
福島県	15.2	14.3	7.3	6.8	島根県	17.0	15.4	11.4	10.6
茨城県	14.1	14.8	6.7	5.9	岡山県	16.4	15.6	8.6	8.0
栃木県	16.9	17.3	6.6	6.2	広島県	15.8	15.1	7.8	8.0
群馬県	16.7	16.7	7.6	6.6	山口県	19.4	17.6	11.1	9.9
埼玉県	9.4	10.2	3.9	3.7	徳島県	21.2	19.5	12.2	10.3
千葉県	12.3	12.6	5.0	4.8	香川県	18.5	18.1	9.7	9.6
東京都	11.0	10.6	2.6	2.3	愛媛県	19.8	18.2	12.2	10.2
神奈川県	9.8	10.8	3.2	3.3	高知県	20.3	19.1	12.9	12.8
新潟県	15.3	14.7	7.6	6.5	福岡県	12.3	12.7	4.6	4.9
富山県	14.7	13.3	8.4	7.1	佐賀県	14.5	14.3	7.7	7.6
石川県	15.6	14.5	7.4	7.0	長崎県	17.3	15.4	9.9	8.7
福井県	15.5	13.8	8.4	7.3	熊本県	15.0	13.8	7.7	7.9
山梨県	20.5	21.3	8.7	8.7	大分県	19.1	16.8	9.3	8.4
長野県	20.0	19.6	8.9	8.4	宮崎県	16.3	15.4	9.9	9.1
岐阜県	16.0	15.6	8.0	7.1	鹿児島県	20.4	19.0	13.6	12.0
静岡県	16.6	16.4	5.9	5.1	沖縄県	9.3	10.4	4.0	4.1
愛知県	11.8	11.3	4.3	4.1					
三重県	16.4	15.2	9.5	9.1	全　国	13.8	13.6	5.9	5.6
滋賀県	12.1	13.0	7.2	6.1					

出典 ● 総務省　「令和 5 年住宅・土地統計調査　住宅数概数集計（速報集計）結果」（令和 6 年 4 月）

3 空き家の利用状況等の実態

　平成30年の住宅・土地統計調査を受けて、国土交通省が令和2年12月に公表した「令和元年空き家所有者実態調査」によれば、空き家の5割超は腐朽・破損が生じており、別荘、貸家、売却用等以外の「その他」の空き家単体で見れば、その割合は6割を超えているとされています。

　また、空き家は、その約4割が最寄駅から約2km以上に位置しています。空き家の所有世帯の約7割は約1時間以内に訪問できる場所に居住していますが、管理の頻度は月に数回程度にとどまっているようです。

　さらに、利用現況が「その他」の空き家や相続により取得した空き家に関して、空き家を取得した際に、登記の名義変更も、新たな登記も行われていない割合は約2割になります。

　空き家の所有者の今後の利用意向のうち、最大の割合を占めるのが「空き家にしておく（物置を含む）」の28%ですが、そのうち約60%が物置として利用する必要があることにあります。このような統計からすると、空き家の過半数には腐朽や破損が生じており、積極的な利活用も行われていないのが現状です。

図表3 腐朽・破損の状態

【空き家の利用現況別】

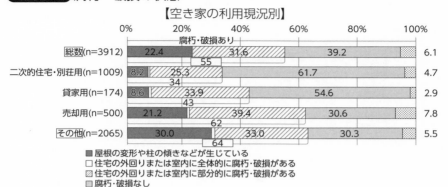

- ■屋根の変形や柱の傾きなどが生じている
- □住宅の外回りまたは室内に全体的に腐朽・破損がある
- ▨住宅の外回りまたは室内に部分的に腐朽・破損がある
- □腐朽・破損なし
- ▧不詳

出典●国土交通省 「令和元年空き家所有者実態調査　集計結果」（令和2年12月）

図表4 最寄りの鉄道駅からの距離

【空き家の利用現況別】

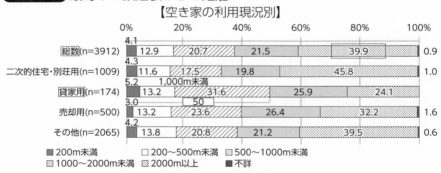

- ■200m未満
- □200～500m未満
- ▨500～1000m未満
- □1000～2000m未満
- ▧2000m以上
- ■不詳

出典●国土交通省 「令和元年空き家所有者実態調査　集計結果」（令和2年12月）

図表5 所有世帯の居住地からの所要時間

【所有世帯が居住する住宅別】

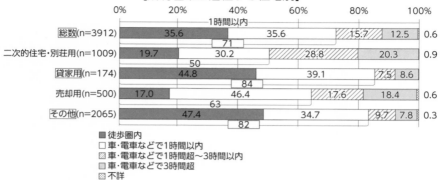

■ 徒歩圏内
□ 車・電車などで1時間以内
▨ 車・電車などで1時間超～3時間以内
□ 車・電車などで3時間超
▩ 不詳

出典●国土交通省 「令和元年空き家所有者実態調査 集計結果」（令和2年12月）

図表6 管理頻度・利用頻度

【管理の頻度（利用現況別）】

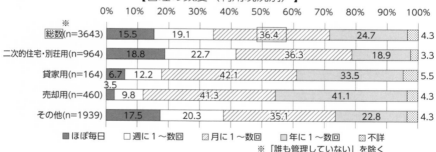

■ ほぼ毎日　□ 週に1～数回　▨ 月に1～数回　□ 年に1～数回　▩ 不詳
※「誰も管理していない」を除く

【二次的住宅・別荘用の空き家の利用頻度】
（所有世帯の居住地からの所要時間別）

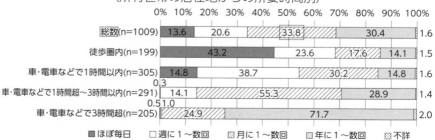

■ ほぼ毎日　□ 週に1～数回　▨ 月に1～数回　□ 年に1～数回　▩ 不詳

出典●国土交通省 「令和元年空き家所有者実態調査 集計結果」（令和2年12月）

図表7　登記または名義変更

【空き家の利用現況別】

■名義変更を行った　□新たに登記を行った　▨いずれも行っていない　▨不詳
※所有者の数「不明・不詳」を除く

【空き家の取得方法別】

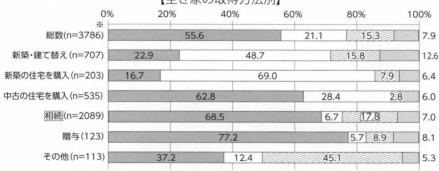

■名義変更を行った　□新たに登記を行った　▨いずれも行っていない　▨不詳

出典●国土交通省　「令和元年空き家所有者実態調査　集計結果」（令和2年12月）

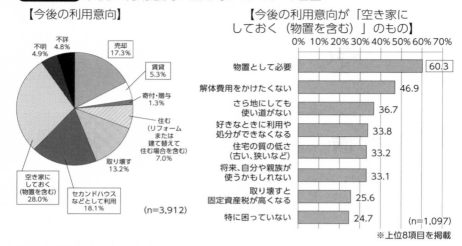

図表8 今後の利用意向と空き家にしておく理由

【今後の利用意向】

売却 17.3%
賃貸 5.3%
寄付・贈与 1.3%
住む（リフォームまたは建て替えて住む場合を含む）7.0%
セカンドハウスなどとして利用 18.1%
取り壊す 13.2%
空き家にしておく（物置を含む）28.0%
不明 4.9%
不詳 4.8%

(n=3,912)

【今後の利用意向が「空き家にしておく（物置を含む）」のもの】

0% 10% 20% 30% 40% 50% 60% 70%

物置として必要　60.3
解体費用をかけたくない　46.9
さら地にしても使い道がない　36.7
好きなときに利用や処分ができなくなる　33.8
住宅の質の低さ（古い、狭いなど）　33.2
将来、自分や親族が使うかもしれない　33.1
取り壊すと固定資産税が高くなる　25.6
特に困っていない　24.7

(n=1,097)

※上位8項目を掲載

出典●国土交通省　「令和元年空き家所有者実態調査　集計結果」（令和2年12月）

4 空き家による弊害

　空き家に関する各統計によれば、将来も含めて積極的な利用目的のない空き家が増加していますが、所有者や管理者による適切な管理が行われない場合には、本書の事例解説編で見るような各種の法的問題が発生する可能性があります。公益財団法人日本住宅総合センターが平成24年から平成25年にかけて実施した「空き家発生による外部不経済の実態と損害額の試算に係る調査」は、各種の外部不経済によって生じる損害の試算をしており、参考になります。

　また、近年は、空き家に関する各種行政法上の責任も強化されているため、空き家の所有者や管理者としては、民事法や行政法を中心とした法的責任を意識した管理を行っていく必要があります。

2

空き家に関する
近時の主な法改正の動向

1 空家等対策の推進に関する特別措置法の制定

　空き家の増加は、防災、衛生、景観等の観点から、地域住民の生活環境に深刻な影響を与えるため、地方公共団体の中には独自の条例を制定して対応しているところもありましたが、全国的な問題として対応するため、「空家等対策の推進に関する特別措置法」(以下「空き家特措法」という)が平成26年11月19日に制定されました。空き家特措法の施行を受け、市町村は空家等対策計画を策定し、「特定空家等」に対する除却等の助言・指導、勧告、処分、代執行などの措置を積極的に講じることができるようになりました。しかし、空き家特措法の施行後も、空き家数は増加しており、この中には、特定空家等の予備軍ともいえる適切に管理が行われていない空き家も相当数存在します。そのため、空き家が特定空家等の状態になってから措置を講じるのでは不十分です。このような問題に対応するため、空き家の活用の拡大、管理の確保、特定空家等の除却等の観点から、空き家特措法の改正が行われ、令和5年12月13日から施行されています。

2 不動産特定共同事業法の改正

　全国的に増加している空き家や空き店舗等を再生させ、観光、物流等の成長分野における良質な不動産ストックを形成するためには、小口資金による空き家や空き店舗への投資を促す必要があるとの問題意識を受け、不動産特定共同事業法が改正され、平成29年6月2日に公布されました。こ

の改正によって、小規模不動産特定共同事業が創設されるとともに、クラウドファンディングに対応するための環境整備が行われています。

3 建築基準法の改正

　空き家の総数が過去 20 年間で 1.8 倍に増加しており、用途変更等による利活用を促進する重要性が指摘される一方で、空き家の活用に当たっては建築基準法に適合させるために、大規模な工事が必要となる場合があることが課題として指摘されていました。そこで、空き家等を福祉施設・商業施設等に用途変更する際に、大規模な改修工事を不要とし、建築確認が必要となる規模を緩和することを含む建築基準法の改正が行われ、平成 30 年 6 月 27 日に公布されました。この改正により、既存建築ストックの利活用が促進されることが期待されています。

4 所有者不明土地関係に関する立法

　近年、社会問題化している所有者不明土地の増加が、公共事業の推進等の様々な場面で円滑な事業実施の大きな支障となっていることを受け、「所有者不明土地の利用の円滑化等に関する特別措置法」が成立し、平成 30 年 6 月 13 日に公布されました。

　また、不動産登記簿の表題部所有者欄の氏名または名称及び住所の全部または一部が正常に登記されていない「表題部所有者不明土地」について、権利関係の明確化及びその適正な利用を促進するため、「表題部所有者不明土地の登記及び管理の適正化に関する法律」が令和元年 5 月 17 日に成立し、令和 2 年 11 月 1 日から全面施行されています。

　さらに、所有者不明土地の発生予防と利用円滑化の観点から、民法を中心とする基本法制が総合的に見直され、「民法等の一部を改正する法律」（令和 3 年法律第 24 号）及び「相続等により取得した土地所有権の国庫への帰属

に関する法律」が成立し、令和3年4月28日に公布されました。前者は一部を除いて令和5年4月1日から施行されており、後者は令和5年4月27日から施行されています。主として所有者不明土地問題に関する法改正ですが、相続放棄や遺産分割協議に関する規律の合理化、相続登記の義務化、所有者不明建物管理制度や管理不全建物管理制度等のような空き家にも関係する法整備も含まれており、どのように運用されるかが注目されるところです。

5　区分所有法制の改正

　近年、高経年の区分所有建物の増加や区分所有者の高齢化を背景として、区分所有建物の所有者不明化や区分所有者の非居住化が進行しています。このような区分所有建物の空き家問題にも対応できるように、法務省は、建物の区分所有等に関する法律（以下「区分所有法」という）を改正するため、令和6年1月16日に「区分所有法制の見直しに関する要綱案」を公表しました。

　要綱案によれば、所在等の不明な区分所有者がいる場合に集会決議を円滑化するための仕組みや区分所有建物に特化した新たな財産管理制度など幅広い内容が提案されており、その立法動向が注目されます。

6　空き家に関する税制

　空き家に関する税制は、①発生した空き家に対応するための措置と、②空き家の発生を抑制するための措置とに分けられます。

　①に関しては、特定空家等や管理不全空家等の所有者等が空き家特措法に基づく勧告を受けた場合、住宅用地特例制度の対象から除外されることになり、固定資産税及び都市計画税の負担が増加することになります（地方税法第349条の3の2、同法第702条の3）。②に関しては、被相続人の相続

人が、耐震改修工事を行った建物や建物を取り壊して更地にした土地を譲渡した場合に、その譲渡に要する譲渡所得の金額から3,000万円を特別控除することが認められています。この特例措置は、特例の対象となる相続した家屋について、被相続人が相続の開始の直前において当該家屋に居住していたことが必要でしたが、平成31年4月1日以降の譲渡について、要介護認定等を受け、被相続人が相続開始の直前に老人ホーム等に入所していたような場合も、一定要件を満たすことで適用対象となるなど一部拡充されました。また、この特例措置は、令和5年度税制改正によって、令和9年12月31日まで延長されることとなりました。さらに、同改正によって、令和6年1月1日以降の譲渡については、譲渡後、譲渡の日の属する年の翌年2月15日までに当該建物の耐震改修工事または取壊しを行った場合であっても、適用できることになりました。

第**2**章

空き家に関する
物権関係

1

所有権の内容と義務

1 所有権と物権的請求権について

　所有権は物に対する排他的支配権であるため、自由に使用、収益、処分をすることができます（民法第206条）。そのため、所有者は、明文の規定はありませんが、所有権の権利状態が侵害された場合や侵害されるおそれがあるような場合に、当然に、物権的請求権を行使することができると解されています。

　物権的請求権には、次の3種類があります。

① 返還請求権（所有者がその物の占有を有しないときに、現に占有を有する者に対してその占有の回復を請求する権利）

② 妨害排除請求権（所有者が占有喪失以外の事情で所有権の円満な実現の状態を妨害されている場合に、その妨害状態を生じさせている者に対して妨害の除去を請求する権利）

③ 妨害予防請求権（所有者が占有喪失以外の事情で所有権の円満な実現の状態を妨害されるおそれがある場合に、その妨害を生じさせるおそれがある者に対して妨害の予防を請求する権利）

　物権的請求権の法的性質は、相手方に所有者が所有権を回復することを求める点ではおおむね一致しています。しかし、その所有権の侵害状態を発生させたことについて帰責性がある場合や、不可抗力で妨害状態などが生じた場合、その所有権を回復するための費用を誰が負担するのかについて争いがあります。

　この問題については、①所有権の侵害状態等を発生させた者の責に帰す

るべき事由がある場合はその者が費用を負担し、②所有者の責に帰するべき事由がある場合は所有者自らが費用を負担し、③責に帰するべき者がいない場合は折半する、または物権的請求権ではなく不法行為や不当利得によるべきとする考え方等があります。

2 所有権の放棄の可否

　所有権がその物を自由に使用、収益、処分をする権利ということからすると、所有者は、所有権の放棄も自由に行うことができるのでしょうか。民法は、所有者のない動産については、所有の意思をもって占有する者が所有権を取得し、所有者のない不動産については国庫に帰属すると規定しており（民法第239条）、不動産であっても所有権を放棄できることを前提にしているようにも思われます。

　しかし、土地や建物の放棄を無制限に認めると、管理不全の不動産を安易に発生させることとなり、近隣住民の生命、身体、財産等に危険を及ぼす可能性もあります。そこで、一般的に、不動産については自由な放棄は認められず、権利濫用等による制約があると解されています。もっとも、どのような場合に放棄することが権利濫用等になるのかは、個別具体的な判断にならざるを得ず、さらに、権利濫用等による制約があるからといって適正な管理が行われることが保障されるわけではないという問題があります。そこで、「相続等により取得した土地所有権の国庫への帰属に関する法律」は、相続や遺贈により取得した土地に限り、一定の要件を満たすことを前提として、土地の所有権を放棄し、国庫に帰属させることを可能にしました。

column

土地の所有権放棄を認めた法律の成立？

　令和3年4月に、「相続等により取得した土地所有権の国庫への帰属に関する法律」が成立しました。この法律は、①土地利用ニーズの低下等によって、土地

を相続したものの土地を手放したいと考える者が増加していることや、②相続を契機として、土地を望まず取得した所有者の負担感の増加により管理の不全化を招いている背景を踏まえて、相続や遺贈によって取得した土地を国庫に帰属させることを可能としたものです。もっとも、安易に国庫帰属を認めると、管理コストを国に転嫁し、土地の管理をおろそかにする可能性があるため、対象となる土地は限定されており、建物の存在する土地や境界が明らかでない土地等は対象から外されています。

　また、国は、国庫帰属を承認するに当たって、土地の性質に応じた標準的な管理費用を考慮して算出した10年分の土地管理費相当額の負担金の納付を命じることになり、この納付がなければ承認は効力を失うことになります。国庫帰属の対象となる土地が限定されていることや、10年分の管理費を支払う必要があるため、どの程度の申請が行われ、どの程度の国庫帰属が認められるかについて、今後の運用が注視されるところです。なお、令和6年8月31日時点で申請2,588件のうち782件の国庫帰属が認められています。

3　相隣関係

　所有権は物に対する排他的支配権であり、所有者は本来、自由に使用、収益、処分をすることができますが、無制限に権利行使を認めると、社会の共同生活が成り立たなくなります。そこで、民法は、民法第209条以下に相隣関係に関する規定を設け、所有権に対する法律上の制約（民法第206条）をかけています。以下では、隣地の竹木の枝や根が越境した場合の取扱い、雨水等の取扱い、隣地との通行に関する取扱い、ライフラインの設備設置・使用に関する取扱いについて取り上げます。

(1)　隣地の竹木の枝や根が越境した場合の取扱いについて

　隣地の竹木（幹が隣地にある竹木）の枝が成長し、隣地との境界線を越えてきた場合、当該竹木の所有者に対して、その枝を切除するよう求めることができます（民法第233条第1項）。

しかし、①竹木の所有者に対して枝の切除を求めたにもかかわらず、竹木の所有者が応じない場合や、②当該竹木の所有者が行方不明で枝の切除を求めることができない場合に、越境された土地の所有者は、竹木の所有者に対する切除の請求以外の措置を講じることができないのかが問題となります。

　そこで、令和3年4月の民法改正によって、①竹木の所有者が切除の請求に応じない場合（切除を求めてから2週間程度経っても切除しない場合）、②竹木の所有者が所在等不明の場合、③急迫の事情がある場合には、越境された土地の所有者は、例外的に竹木の枝を自ら切除できることになりました（民法第233条第3項）。

　これに対して、隣地の竹木の根が境界線を越えてきた場合は、越境された土地の所有者は、その根を自ら切除することができます（同条第4項）。

　このように民法は、隣地から枝が侵入してきた場合と、根が侵入してきた場合とで、侵入された所有者がとり得る手段に差を設けています。このような差があるのは、①枝の方が根よりも高価であることや、②枝が侵入した場合は、竹木の所有者が自らの土地の中からその枝を切除できるのに対して、根が侵入した場合は、隣地に入らなければ切除できないことによるものと考えられています。

(2)　雨水等の取扱いについて

❶　自然水流の妨害の禁止

　高低差がある土地に降雨によって自然の流水が生まれると、高地から低地に雨水等が流入することになります。このような自然の流水が生まれるのは当然のことですので、土地の所有者は、隣地から水が自然に流れてくるのを妨げることはできません（民法第214条）。もっとも、災害等で低地への流水が止まってしまった場合、流水の行き場がなくなるため、高地の所有者は、自らの費用で水流の障害となっている原因を除去することができます（民法第215条）。

❷　隣地に影響のある自然水流の工作物の取扱い

　水樋のような人工的に土地に水を流す設備（工作物）が損傷した場合に、その隣地に損害が及ぶ、または及ぶ可能性があるときは、隣地の所有者は、当該土地の所有者に対して、当該工作物の修繕や撤去をさせ、または予防工事を求めることができます（民法第216条）。

　また、土地の所有者は、雨水が直接隣地に注ぐような構造となっている屋根等の工作物を設置することはできません（民法第218条）。そのため、土地の所有者は、屋根に雨樋等を設置することによって、雨水が自らの敷地内から排水できるようにする必要があります。屋根等そのものが隣地との境界を超えているような場合は、そのこと自体が隣地の所有権侵害になるため、ここでは、屋根等の工作物自体は敷地内にあるもので、屋根の傾斜によって雨水が直接隣地に注ぎ込むような状態のものが想定されています。

(3)　隣地との通行に関する取扱いについて

❶　通行権の種類

　周囲を他の土地に囲まれ公道に通じていない土地（以下「袋地」という）の所有者は、当該土地を利用するためには、袋地の周囲の土地（以下「囲繞地」という）を通行する必要があります。囲繞地は他人の所有地であるため、袋地の所有者は、囲繞地を正当に通行するために、囲繞地の所有者との間で、通行地役権の設定契約、賃貸借契約または使用貸借契約に基づいて権原を設定することが考えられます。

　しかし、必ずしも上記のような契約が締結できるとは限りません。そこで民法は、約定の通行権を設定できない場合に備えて、袋地の所有者に囲繞地を通行する法定の通行権を認めています（民法第210条第1項）。この法定の通行権を「囲繞地通行権」といいます。

　囲繞地通行権は、相隣接する土地の利用の調整を目的として、囲繞地の所有者に対して、袋地の所有者が囲繞地を通行することを一定の範囲で認

める義務を課し、これによって、袋地の効用を全うさせようとするものです（最判平成11年7月13日集民第193号427頁）。

　そのため、袋地の所有者が通行できる場所や方法は、囲繞地の所有者にとって最も損害が少ないものにする必要があり（民法第211条第1項）、袋地の所有者は、囲繞地の所有者に対して償金を支払う必要もあります（同法第212条）。

❷　分割と囲繞地通行権の関係

　上記のような典型的な袋地と異なり、もともと公道に通じていた一筆の土地を分割したことで袋地が生じた場合、袋地の所有者は、分割当事者が所有する囲繞地のみを通行することができるにとどまります（民法第213条第1項）。なぜなら、分割に関与していない第三者に囲繞地通行権による負担をかけることが適切でないと考えられるためです。なお、この場合、袋地の所有者は、囲繞地の所有者に対して償金を支払う必要はありません（同項）。

　また、分割によって袋地と囲繞地が発生した後に、囲繞地の所有者が囲繞地を第三者に譲渡した場合でも、囲繞地通行権は、袋地に付着した物権的権利で、囲繞地自体に課せられた物権的負担と解すべきものであるため、袋地の所有者は、囲繞地を譲り受けた第三者にも囲繞地通行権を主張することができます（最判平成2年11月20日民集44巻8号1037頁）。

❸　囲繞地通行権と建築基準法との関係

　建物を建築する場合、当該建物の敷地は、道路に2メートル以上接している必要があります（建築基準法第43条）。これは「接道要件」と呼ばれる規制ですが、袋地に約定の通行権が設定されていない場合に、袋地の所有者は、接道要件を満たす必要があることを理由として、囲繞地の所有者に対して、接道要件を満たす囲繞地通行権の存在を主張できるかが問題となります。

　この問題に関して、最判平成11年7月13日集民第193号427頁は、囲繞地通行権の法的性質を示した上で、建築基準法の接道要件の趣旨は、主として避難または通行の安全を期することにあり、囲繞地通行権の趣旨や目的等と異なることから、単に特定の土地が接道要件を満たさないとの一事をもって、袋地の所有者のために囲繞地について接道要件を満たす囲繞地通行権が当然に認められると解することはできないと判断しています。

(4)　ライフラインの設備設置・使用権

　電気、ガス、水道等のライフラインに関する継続的給付を受けるために、他の土地に設備を設置したり、他人が所有する設備を使用したりする必要がある場合、これに対応するための直接の規定が民法にはありませんでした。

　そこで、令和3年4月の民法改正では、ライフラインに関する継続的給付を受けるために必要な範囲内で、他の土地に設備を設置し、または他人が所有する設備を使用できることを明記しました（民法第213条の2第1項）。この場合、当該他の土地または当該他人が所有する設備がある土地を使用することもできます（同条第4項）。

　この規定は相隣関係に関する規定であるため、設備の設置や使用する場所・方法は、他の土地に損害が最も少ないものであることが求められ（民法第213条の2第2項）、償金を支払う必要もあります（同条第5項、第6項）。また、他人の設備を使用する場合は、利益を受ける割合に応じて、設置、改築、修繕及び維持に要する費用を負担する必要があります（同条第7項）。

　なお、分割によって他の土地に設備を設置しなければ継続的給付を受けることができない土地が生じたときは、その土地の所有者は、他の分割者の所有地のみに設備を設置することができるにとどまります（民法第213条の3第1項）。土地の所有者がその土地の一部を譲渡した場合も、譲渡者の所有地のみに設備を設置することができるのみであり、償金の支払も不要です（同条第2項）。

2 共有関係

1 共有とは

　複数の者が共同して一つの物を所有する関係を「共有」といいます。講学上、「共有」という言葉には、①狭義の共有、②合有、③総有の3種類があるとされていますが、判例上では、厳密に使い分けられているわけではありません。また、共同相続が発生した場合の共同相続人の遺産の共有状態も、狭義の共有であると理解されています。共有者は、当該共有物の全部について所有権（共有持分権）を有しているため、単独で自らの共有持分権を自由に処分できます。また、第三者が共有物を不法に利用している場合も、その侵害を排除するように求めることができます。もっとも、共有者間の利用については、他の共有者が存在することによる一定の制約を受けることになります。

2 共有物の利用方法について

(1) 処分行為・変更行為

❶ 処分行為及び変更行為の方法

　共有物は、一つの物を複数名で所有するため、その利用や管理の方法等について、単独所有の場合と異なる制約を受けることになります。たとえば、共有物全体を売却することは、自分以外の共有者の所有権を処分することを意味するため、共有者全員の同意に基づいて行う必要があります（民法第251条もそのことを前提としている。民法第251条第1項）。どのような行

為が処分行為に当たるのかは解釈に委ねられていますが、売却のほかに、短期の賃貸借契約（民法第252条第4項）以外の賃貸借契約も含まれると解されています。

　また、共有物に変更を加える行為も、共有者全員の同意が必要となります（民法第251条第1項）。しかし、形状または効用の著しい変更を伴わない場合であっても、共有者全員の同意が必要になると、共有物の円滑な利用・管理を阻害することになります。そこで、令和3年4月の民法改正によって、上記の著しい変更を伴わない変更（軽微変更）の場合は、持分価格の過半数で決定することができるようになりました（民法第251条第1項、第252条第1項）。

　なお、法務省の説明によれば、形状の変更とは、その外観や構造等を変更することをいい、効用の変更とは、その機能や用途を変更することをいうものとされています。たとえば、砂利道のアスファルト舗装や建物の外壁・屋上防水等の大規模修繕工事は、軽微変更に当たると考えられています。

❷　共有者が所在等不明の場合

　❶のとおり、処分行為や変更行為を行うためには共有者全員の同意が必要となるため、共有者の意思を確認できない場合は、これらの行為を行うことができません。そこで、令和3年4月の民法改正によって、共有者が他の共有者を知ることができないときや、その所在を知ることができないときは、共有者は、地方裁判所に対して、所在等不明の共有者以外の他の共有者の同意を得て共有物に変更を加えることができる旨の裁判を求めることができるようになりました（民法第251条第2項）。なお、共有者が共有持分を喪失することとなる行為（空き家の取壊しを含む）は、共有物に変更を加える行為には含まれないため、当該裁判の対象には含まれないと解されています。

(2) 管理行為

❶ 管理行為の方法

　共有物の管理行為とは、共有物の変更（軽微変更を除く）にならない程度に共有物を利用・改良してその価値を高めることをいいます。たとえば、日常の使用や利用に関する事項、3年以下の建物賃貸借等（民法第252条第4項）がこれに当たります。管理行為は、各共有者の持分価格の過半数によって決定するものとされています（民法第252条第1項）。たとえば、3人の共有持分がA：3／5、B：1／5、C：1／5である場合、Aは単独で管理行為を行うことができますが、BやCは、Aが反対すれば管理行為を行うことはできないことになります。BやCは、Aの反対によって希望する管理行為が行えない場合、Aに対して共有物の分割請求をするなど、共有状態を解消する必要があります。また、共有物の管理者の選任や解任も管理行為として行うことができます（同項）。

❷ 共有者が所在等不明の場合

　❶のとおり、共有物の管理についても持分価格の過半数によって決定する必要があるため、共有者の所在等が不明の場合に、管理行為を決定することができないことも生じ得ます。そこで、令和3年4月の民法改正によって、共有者は次の場合に、地方裁判所に対して、所在等不明の共有者や回答をしない共有者以外の共有者の持分価格の過半数で、管理行為を決定することができる旨の裁判を求めることができるようになりました（民法第252条第2項）。

　① 他の共有者を知ることができない場合や、その所在を知ることができない場合

　② 他の共有者に対し相当の期間（2週間程度）を定めて共有物の管理に関する事項を決することについて賛否を明らかにすべき旨を催告し、その期間内に賛否を回答しなかった場合

(3)　保存行為

　共有物の現状を維持する行為を保存行為といいます。このような現状を維持するための行為は迅速に行う必要があり、他の共有者に不利益になることもないため、共有者が単独で行うことができます（民法第 252 条第 5 項）。たとえば、空き家の屋根を修繕することが、これに当たります。また、共有物である土地や建物を不法占拠する者がいる場合、共有者は単独で不法占拠している者に対して、妨害排除等を請求することができます。

3　共有物の分割の方法について

(1)　共有物の分割

　共有物は、共有者が複数存在することによる利用方法の制限があるため、各共有者は、いつでも共有物の分割を請求することができます（民法第 256 条）。共有物分割の方法については、当事者間の協議によって決定しますが、共有物分割協議が整わない場合には、裁判所に請求することになります。裁判所に共有物分割を請求できる場合には、共有物分割の合意ができない場合のほか、共有者の一部が共有物分割協議に応じる意思がない場合も含まれるものと解されていました（最判昭和 46 年 6 月 18 日民集 25 巻 4 号 550 頁）。なお、令和 3 年 4 月の民法改正によって、共有者間の協議が調わない場合だけでなく、協議ができない場合も、裁判所に共有物の分割請求ができる旨明記されました（民法第 258 条第 1 項）。

(2)　裁判所による共有物の分割方法

　令和 3 年 4 月の民法改正前においては、共有物分割の方法として、現物分割（共有物を現物で分割する方法）と、競売分割（共有物を競売により第三者に売却し、売却代金を共有物持分割合に応じて共有者で分ける方法）が規定されていました（改正前の民法第 258 条第 2 項）。
　もっとも、従前から現物分割や競売分割のほかに、賠償分割による方法

（共有者に債務を負担させて、他の共有者の持分の全部または一部を取得させる方法）も認められていました。そこで、令和3年4月の民法改正によって、賠償分割による方法も明記されました（民法第258条第2項第2号）。また、現物分割、賠償分割のいずれもできない場合、分割によって共有物の価格を著しく減少させるおそれがある場合に、競売分割を行うこととされ、分割方法の検討順序が明確化されました（同条第3項）。

(3) 遺産共有の分割について

　遺産共有状態の共有持分と他の共有持分が併存する場合、遺産共有状態の解消は、遺産分割協議等によって解消される必要がありますが（最判平成25年11月29日民集67巻8号1736頁）、令和3年4月の民法改正によって、相続開始のときから10年経過したときは、相続人に異議がある場合を除いて、共有物分割によって解消できることになりました（民法第258条の2第2項）。

4 所在等不明の共有者がいる場合の共有物の利用円滑化について

(1) 所在等不明の共有者の持分の取得

　共有関係にある不動産の共有者の中に、所在等が不明の共有者がいると、日常の管理行為や利用方法の意思の集約が困難になります。

　そこで、令和3年4月の民法改正によって、共有者を知ることができない場合や、その共有者の所在を知ることができない場合に、共有者は、地方裁判所に対して、所在等不明の共有者の持分をその共有者に取得させる旨の裁判を請求できることになりました（民法第262条の2第1項）。ただし、この請求がされた後に、共有物分割請求や遺産分割請求が行われ、かつ、所在等不明の共有者以外の共有者から所在等不明の共有者の持分を取得させる旨の裁判をすることについて異議の届出がされた場合、裁判所は所在等不明の共有者の持分を取得させる旨の裁判をすることができません

（同条第 2 項）。

　また、所在等不明の共有者の持分が相続財産である場合、裁判所は相続開始のときから 10 年を経過していなければ、所在等不明の共有者の持分を取得させる旨の裁判をすることができません（民法第 262 条の 2 第 3 項）。

　なお、所在等不明の共有者は、持分を取得した共有者に対して、当該共有者が取得した持分の時価相当額を請求することができます（同条第 4 項）。

(2)　所在等不明の共有者の持分の譲渡

　共有関係にある不動産を第三者に譲渡しようとする場合、全員の同意を得て行う必要があります。しかし、所在等不明の共有者がいると同意を得ることができません。そこで、令和 3 年 4 月の民法改正によって、共有者を知ることができない場合やその共有者の所在を知ることができない場合に、共有者は、地方裁判所に対して、所在等不明の共有者以外の共有者の全員が特定の者に対して持分の全部を譲渡することを停止条件として、所在等不明の共有者の持分を当該特定の者に譲渡する権限を付与する旨の裁判を請求できることになりました（民法第 262 条の 3 第 1 項）。

　また、所在等不明の共有者の持分が相続財産である場合、裁判所は相続開始のときから 10 年を経過していなければ、所在等不明の共有者の持分を譲渡する権限を付与する旨の裁判をすることができません（民法第 262 条の 3 第 2 項）。

　なお、所在等不明の共有者は、持分が第三者に譲渡された場合、譲渡の権限が付与された共有者に対して、不動産の時価相当額の持分相当額を請求することができます（同条第 3 項）。

3

区分所有に関する法制度

1 区分所有建物と区分所有権

　一棟の建物のうち、構造上区分された数個の部分で独立して住居、店舗、事務所または倉庫その他建物としての用途に供することができるものを「区分所有建物」といい（区分所有法第1条）、区分所有建物の各部分を目的とする所有権のことを「区分所有権」といいます（同法第2条第1項。なお、規約によって共用部分とされるものを除く）。

2 専有部分と共用部分

　区分所有権の目的となっている建物部分を「専有部分」といいます（区分所有法第2条第3項）。他方、専有部分以外の建物の部分、すなわち専有部分に属さない建物の附属物や規約によって共用部分とされた附属の建物を「共用部分」（同条第4項）といい、共用部分は区分所有者の共有に属します（同法第11条）。分譲マンションの居室は専有部分の典型例であり、共用のエレベーターホールは共用部分の典型例です。

　なお、共有持分の割合は、専有部分の床面積の割合に応じて決まります（区分所有法第14条第1項）。

　区分所有者は、全員で建物や敷地等の管理を行うための団体（管理組合）を構成し（区分所有法第3条）、管理組合は、規約を定めて集会を開き、建物、敷地、附属施設の管理または使用に関する区分所有者相互間の事項について幅広く決定することができます（同法第30条）。

3　区分所有建物の管理方法

(1)　管理方法の概要

　区分所有者は、専有部分を単独で使用することができ、共用部分を用法に従って使用することができます。また、共用部分の管理は、管理組合において区分所有者及び議決権の各過半数で決定されますが、保存行為については各共有者が単独で行うことができます（区分所有法第18条第1項、第38条、第39条第1項）。もっとも、規約で集会決議の要件を緩和することもできます（同法第18条第2項）。たとえば、出席者の議決権の過半数とすることもできるため、マンションの中に所在が分からない者がいる等の原因で区分所有者の出席が期待できない場合でも対応することができます。

　これに対して、共用部分の形状や効用の著しい変更については、区分所有者及び議決権の各4分の3以上の多数によって決議する必要があります。この決議要件を緩和することは可能ですが、事柄の性質上、区分所有者の定数を過半数まで減らすことができるにとどまります（区分所有法第17条第1項）。この点に関し、平成14年の区分所有法の改正前まで、改良を目的とし、かつ、著しく多額の費用を要しないものについては普通決議で足りるとされており、大規模修繕が普通決議事項に当たるかどうか争われることがありました。その後、現行法への改正によって、計画的に行われる大規模修繕については、通常、共用部分の形状や効用の著しい変更を伴わないものであるため、普通決議で足りると解されています。なお、共用部分の変更が専有部分の使用に特別の影響を及ぼす場合は、決議とは別に、その専有部分の所有者の承諾を得る必要があります（同条第2項）。

(2)　建物の設置または保存の瑕疵の取扱い

　民法第717条に基づく土地工作物責任は、当該工作物の占有者や所有者に損害賠償責任を負わせていますが、区分所有建物の場合は、被害者において、当該工作物が専有部分か共用部分かを特定する必要があります。し

かし、被害者にとって、専有部分と共用部分がそれぞれどの部分かを特定することが難しいこともあります。そこで、区分所有建物の場合、建物の設置または保存に瑕疵があることによって他人に損害が生じたときは、その瑕疵は共用部分の設置または保存にあるものと推定することで、被害者の立証負担の軽減を図っています（区分所有法第9条）。

(3)　建物の復旧と建替え

区分所有建物の建物価格の2分の1以下に相当する部分が滅失したとき、各区分所有者は、滅失した共用部分及び自己の専有部分を復旧することができます（区分所有法第61条第1項）。ただし、復旧の工事に着手するまでに管理組合で復旧する旨の決議がある場合（同条第3項）や、建替え決議が行われた場合（同法第62条第1項等）は、これらが優先されます。なお、区分所有建物の建物価格の2分の1を超える部分が滅失したときは、管理組合は、区分所有者及び議決権の各4分の3以上の多数で、復旧決議をすることができます。

他方、管理組合は、区分所有者及び議決権の各5分の4以上の多数で建替え決議をすることができます。また、団地内にある棟の建替えについては、次の決議要件を満たす必要があります。

図表9　建替えの要件

全棟一括建替え （区分所有法第70条）	一部建替え （区分所有法第69条）
団地内建物の区分所有者及び議決権の各5分の4以上の決議	団地管理組合における土地の共有者の議決権の4分の3以上の承認決議
団地内建物ごとに、区分所有者及び議決権の各3分の2以上の決議	団地内建物の区分所有者及び議決権の各5分の4以上の決議

⑷　取壊し

　区分所有建物を取り壊す場合、区分所有者全員の同意が必要となります。ただし、区分所有建物が被災区分所有建物の再建等に関する特別措置法の適用を受ける場合には、区分所有者、議決権及び敷地利用権の持分価格の各5分の4以上の決議で取壊しが可能です。また、「マンションの建替え等の円滑化に関する法律」において、特定行政庁から除却の必要性の認定を受けた区分所有建物については、区分所有者、議決権及び当該敷地利用権の持分価格の各5分の4以上の決議で、取壊しを前提として区分所有建物と敷地を売却することができます。

4　共同利益違反行為とその対応

　区分所有者は、区分所有者の共同の利益に違反する行為をしてはならない義務を負います（区分所有法第6条第1項）。個別事情によりますが、専有部分を不当に利用する行為（大量のごみの放置等）、共用部分を不当に利用または既存する行為（廊下等に私物を放置する等）、管理費を長期間にわたって滞納すること等は、共同利益違反行為に当たる可能性があります。

⑴　共同利益違反行為の停止請求等

　区分所有者が共同利益違反行為をした場合やそのおそれがある場合には、他の区分所有者の全員または管理組合法人は、区分所有者の共同の利益のため、その行為を停止し、その行為の結果を除去し、またはその行為を予防するために必要な措置を請求することができます（区分所有法第57条）。裁判外で請求をする場合は、規約に定めがなければ集会決議を得る必要はありませんが、訴訟提起をする場合は普通決議が必要となります（同条第2項）。

(2) 使用禁止の請求

　共同利益違反行為による区分所有者の共同生活上の障害が著しく、区分所有法第57条第1項に基づく請求では、その障害を除去して共用部分の利用の確保その他の区分所有者の共同生活の維持を図ることが困難であるときは、他の区分所有者の全員または管理組合法人は、区分所有者及び議決権の各4分の3以上の決議に基づき、相当の期間の当該行為に係る区分所有者による専有部分の使用の禁止を請求する裁判を提起することができます（同法第58条）。

(3) 区分所有権の競売請求

　共同利益違反行為による区分所有者の共同生活上の障害が著しく、他の方法によっては、その障害を除去して共用部分の利用の確保その他の区分所有者の共同生活の維持を図ることが困難であるときは、他の区分所有者の全員または管理組合法人は、区分所有者及び議決権の各4分の3以上の決議に基づき、当該行為に係る区分所有者の区分所有権及び敷地利用権の競売を請求する裁判を提起することができます（区分所有法第59条）。

　区分所有者が管理費を滞納している場合、他の区分所有者は、滞納している区分所有者の区分所有権に先取特権を有しているため（区分所有法第7条）、先取特権に基づいて競売を申し立てることが考えられます。先取特権に基づく競売が無剰余を理由に取り消されない場合には、同法第59条に規定する「他の方法」があるため、同条に基づく競売請求をすることはできません。

　これに対して、先取特権に基づく競売が無剰余を理由に取り消される場合には、「他の方法」がないため、区分所有法第59条に基づく競売請求をすることができます。同条に基づく競売請求の競売代金は、競売費用を控除した後、滞納している区分所有者に返還され、他の区分所有者は、競売によって新たに区分所有権を取得した者に対して滞納管理費の支払を請求することになります（同法第8条）。

4 時効による権利の取得

1 所有権の取得時効

(1) 取得時効の種類

　真実の権利状態と異なる状態が発生している場合、本来であれば、真実の権利状態を回復する必要があります。もっとも、長期間にわたって真実の権利状態と異なる状態が継続した場合、その状態を前提として様々な事実関係が積み重ねられていくため、その状態も尊重する必要が生じます。取得時効は、長期間にわたって生じた真実の権利関係と異なる事実状態を尊重する制度です。

　取得時効には、長期取得時効と短期取得時効の2種類があります。まず、20年間、所有の意思をもって、平穏に、かつ、公然と他人の物を占有した者は、時効を援用することによって、その所有権を取得することができます（民法第162条第1項、長期取得時効）。また、10年間、所有の意思をもって、平穏に、かつ、公然と他人の物を占有した者は、その占有開始のときに、善意かつ無過失である場合には、時効を援用することによって、その所有権を取得することができます（同条第2項、短期取得時効）。

(2) 取得時効の要件

❶ 占有期間

　長期取得時効と短期取得時効のいずれも、占有開始のときから所定の期間経過までの間、占有を継続する必要があります。

　ただし、占有開始時と所定期間の経過時点の占有を立証できれば、その

期間も占有していたことが推定されます（民法第186条第2項）。

❷ 所有の意思を有していること

　所有の意思とは、所有者として占有する意思のことをいい、この意思をもってする占有を「自主占有」といいます。この判断は、占有を取得した原因となった事実関係によって、外形的・客観的に判断されます。

　占有者は所有の意思を有していることが推定されます（民法第186条第1項）。そのため、自主占有を争う者は、①占有者がその性質上所有の意思のないものとされる権原に基づき占有を取得した事実や②占有者が占有中、真の所有者であれば通常はとらない態度を示したり、所有者であれば当然とるべき行動に出なかったなど、外形的・客観的にみて占有者が他人の所有権を排斥して占有する意思を有していなかった事実を証明することによって推定を覆す必要があります。この点、不動産の占有者において、登記簿上の所有名義人に対して所有権移転登記手続を求めなかったことや、登記名義人に固定資産税が賦課されていることを知りながら自己が負担することを申し出ないといった事実があるだけでは、所有の意思を否定することはできないとされています（最判昭和58年3月24日民集37巻2号131頁、最判平成7年12月15日民集49巻10号3088頁）。

　また、他主占有をしていた被相続人の相続人は、被相続人の他主占有を承継しますが、相続開始後の自らの占有のみを主張することができます（民法第187条第1項）。もっとも、相続は外形的・客観的にみて占有の性質を変更するようなものではないため、相続開始後の相続人の占有も他主占有になるはずです。ただし、民法は、①所有の意思があることを表示した場合と②新たな権原（新権原）により所有の意思をもって占有を始めた場合に、他主占有から自主占有への転換を認めています（民法第185条）。

　①については、単に意思表示をするだけではなく、外形的・客観的にみて所有の意思が認められる状態であることが必要です。②について問題となるのは、新権原に相続が含まれるかですが、基本的には、相続は新権原

には含まれないと考えられています。もっとも、被相続人の占有していた不動産について、相続人が、被相続人の死亡によって同人の占有を相続により承継しただけでなく、新たに当該不動産を事実上支配することによって占有を開始した場合において、その占有が所有の意思に基づくものであるときは、相続人は、民法第185条に規定する新権原によって占有を有するに至るものと解されています（最判昭和46年11月30日民集25巻8号1437頁）。この場合、占有者である当該相続人において、その事実的支配が外形的・客観的にみて独自の所有の意思に基づくものと解される事情を証明すべきであると解されています。これは、相続人が新たな事実的支配を開始したことによって、従来の占有の性質が変更されるため、その事実は取得時効の成立を主張する者において立証させるのが適当と考えられているためです（最判平成8年11月12日民集50巻10号2591頁）。

❸　平穏かつ公然と占有していること

平穏とは、占有を取得または保持するために違法な行為をしていないことをいいます。また、公然とは、占有を取得または保持することを秘密裏に行っていないことをいいます。平穏かつ公然であることは推定されるため（民法第186条第1項）、取得時効の成立を争う側が推定を覆す立証活動を行う必要があります。

❹　善意かつ無過失

善意とは、他人の物であることを知らないことをいい、無過失とは、そのことについて落ち度がないことをいいます。善意であることは推定されますが、無過失であることは推定されないため（民法第186条第1項）、取得時効を主張する側が立証する必要があります。

土地や建物は、登記簿謄本を確認することで、誰が所有者として登録されているかを容易に確認することができるため、登記簿を確認しなかった場合は、過失があるものと扱われる可能性が高いと考えられます。

❺　時効の援用

　取得時効により所有権を取得するためには、時効を援用する必要があります（民法第 145 条）。条文上、裁判で援用しなければならないようにも読めますが、裁判によることなく、本来の権利者に対して時効を援用する旨の意思表示をすることで足ります。

(3)　共同相続と時効取得

　共同相続の場合、相続人の一人は共有持分権を有するにすぎません。そのため、相続開始後に不動産全体を占有していたとしても、自分の持分以外は他の相続人のための占有であるため、原則として自主占有とは認められません。

　しかし、相続人の一人が他に相続持分権を有する相続人がいることを知らずに単独で相続をしたと信じて当該不動産の占有を始めた場合など、その者に単独の所有権があると信じられる合理的な事由があるときは、占有している相続人の占有は、自主占有と認められる可能性があります（最判昭和 54 年 4 月 17 日集民 126 号 541 頁）。具体的には、相続人の一人が、単独に相続したものと信じて疑わず、相続開始とともに相続財産を現実に占有し、その管理や使用を専行して収益を独占し、公租公課も自己の名で負担して納付し、他の相続人がなんら関心も持たず、異議を述べていない場合などが想定されています（最判昭和 47 年 9 月 8 日民集 26 巻 7 号 1348 頁）。

　もっとも、他に相続人がいることは戸籍等の確認をすれば認識することはできますし、他の相続人が相続放棄したかどうかは家庭裁判所で確認することもできます。そうすると、共同相続の場合に取得時効が認められるのは、相当限定された場合になるものと考えられます（東京地判令和 2 年 3 月 25 日判例秘書 L07530832 等）。

---

column

共同相続人による取得時効が認められた事案

　東京地判令和２年３月25日判決の相続関係は、次のようになっていました。なお、被告は当初合計46名いましたが、Fを除く45名については、いわゆる欠席裁判によって原告の請求が認容されています。

　　　亡（A）　→　亡Aの亡二男（B）　→　亡Bの亡三男（C）　→　Cの配偶者（D）〈原告〉
　　　　　　　　　亡Aの亡二女（E）　→　亡Eの長女（F）〈被告〉

　Dが取得時効を主張したA名義の土地は、CがBから相続によって取得して居住用等に使用しており、C死亡後、Cの相続人間で遺産分割協議が行われ、Dが単独で取得し、それ以降、固定資産税等の税金を負担していました。しかし、Aの遺産分割協議は行われていなかったため、理論的にはAが所有していた土地はAの相続人で共有している状態でした。

　東京地判は、DがCから取得した占有は、他主占有であるといわざるを得ないとしつつ、相続人間の関係も相当に疎遠なものとなっていることや、未分割の遺産であるという性格は希薄になっていることを踏まえて、Dの占有は、遺産分割協議を行って以降、自主占有になったものとして時効取得を認めました。共同相続人による時効取得が認められるのは、このような数次相続によって相続人が多数になり、事実関係も不明瞭になっているような場合に限られると考えられます。

　なお、この事案が訴訟にまで至った背景には、Fに成年後見人が就いており、Fの財産を保護する観点から、取得時効の成立を安易に認められなかったという事情もあるものと思われます。

2　所有権以外の権利の取得時効

　地役権のような所有権以外の物権であっても、取得時効の対象となります（民法第163条）。また、賃借権についても、継続的な用益という外形的事実が存在しており、その用益が賃借の意思に基づくものであることが客観的に表現されているときは、民法第163条に基づいて賃借権の時効を取得することが認められています（最判昭和43年10月８日民集22巻10号2154頁）。

第**3**章 空き家に関する契約法

1 売買契約について

1 売買契約と空き家バンク

　売買契約は当事者間の合意で成立しますが、不動産の売買契約の場合は、不動産仲介業者による媒介等が行われることが一般的です。また、地方公共団体の中には、空き家の売却や利活用を促すために「空き家バンク」を設置して、空き家の売主と買主とのマッチング事業を行っているところもあります。

　空き家バンクとは、地方公共団体が運営している空き家の登録や情報提供サービスのことをいいます。実際には、地方公共団体と連携している不動産仲介業者の媒介を受けることを条件としているものが比較的多いと思われますが、当事者間での直接交渉を認めているところもあります。

2 建物状況調査の有用性

　空き家を含む中古住宅の売買等を行う際に問題となるのは、売主側と買主側の情報の非対称性であるといわれています。そこで、平成28年の宅地建物取引業法（以下「宅建業法」という）の改正で、中古住宅に関する「建物状況調査」（いわゆるインスペクション）が導入されています。

　建物状況調査とは、建物の構造耐力上の主要な部分または雨水の侵入を防止する部分として国土交通省令で定めるものの状況の調査のことであり、同省令で定める者によって行われます（宅建業法第34条の2第1項第4号）。

　また、宅地建物取引業者は、①媒介契約締結時に、依頼者に対して建物

状況調査を実施する者のあっせんの有無を説明し（宅建業法第34条の2第1項第4号。なお、標準媒介契約約款の改正によって、令和6年4月1日から、あっせんを「無」とする場合の理由等を記載する項目が追加されました）、②建物状況調査を実施したときは、重要事項を説明する際に、その調査結果を説明する義務を負います（同法第35条第1項第6の2号イ）。さらに宅地建物取引業者は、③売買契約の締結時に、基礎、壁、柱のような構造耐力上の主要な部分の状況を双方当事者と確認し、その結果を書面で交付します（同法第37条第1項第2の2号）。

このような制度が利用されることによって、空き家の売買契約も促進されると考えられます。

3 空き家取引の促進と仲介報酬

宅地建物取引業者の報酬は、宅建業法第46条及び国土交通大臣の定める基準（国土交通省「宅地建物取引業者が宅地又は建物の売買等に関して受けることができる報酬の額」。以下「報酬告示」という）によって上限が定められています。その一方で、空き家の取引は低廉な額になりやすく、報酬の額も低額になるため、宅地建物取引業者が空き家の取引に関与するインセンティブが働きにくい問題がありました。そこで、報酬告示が複数回改正され、空き家の売買や賃貸借等の報酬額について報酬告示に特例を設けることになりました。

令和6年7月1日時点の報酬告示によれば、宅地建物取引業者は、低廉な空家等（物件価格が8,000,000円以下の宅地または建物で、使用の状態を問わない）にかかる売買契約の媒介にかかる報酬として、依頼者の一方から、報酬告示第2の上限額を超えた330,000円（300,000円に1.1を乗じた額が上限）の報酬を受領できます（報酬告示第7）。

また、宅地建物取引業者は、賃貸借の媒介をした場合、依頼者双方から受領できる報酬の上限は、1か月分の借賃に1.1を乗じた額（報酬告示第4）

とされています。その例外として、長期にわたり空家等（現に長期間（少なくとも1年を超える期間）使用されておらず、または将来にわたり使用の見込みがない宅地建物）の賃貸借の媒介を行った場合、当該媒介にかかる費用を勘案して、貸主である依頼者から、報酬告示第4の上限額を超えて報酬を受領できることになりました（ただし、依頼者双方から受領できる報酬の合計額は、1か月分の借賃に2.2を乗じた額が上限となります（報酬告示第9））。

　報酬規制の上限緩和によって、建物取引業者を介した空き家の取引が促進されることが期待されます。

4　空き家に欠陥がある場合

(1)　瑕疵担保責任

❶　法的性質

　平成29年の改正前の民法では、売買の目的物に隠れた瑕疵がある場合、買主は売主に対して、瑕疵担保責任として契約の解除や損害賠償を求めることができるものとされていました。

　瑕疵担保責任の法的責任に関する法定責任説によれば、空き家のような特定物の売主は、当該物をその状態で買主に引き渡せば足り、仮に買主が期待していたような品質や性能を有していないとしても、売主は契約不履行の責任を負わないことになります。そこで、例外的に買主を保護するために設けられたのが瑕疵担保責任であると考えられていました。したがって、買主が損害賠償請求できる範囲は、契約上の履行利益ではなく、信頼利益にとどまるものと解されていました。

❷　要件

　瑕疵担保責任が認められるためには、①瑕疵があること、②その瑕疵が隠れたものであることが必要でした。瑕疵の有無は、当該売買契約において予定されていた品質・性能に照らして、売買契約当時の取引観念等を踏

まえて判断します。「瑕疵が隠れている」とは、買主が取引上必要な注意を
しても発見できないこと、つまり、瑕疵の存在について善意無過失である
必要があると解されてきました。

(2)　契約不適合責任

❶　法的性質

　現在の民法では、従来の瑕疵担保責任は削除されており、売主は種類、品
質、数量に関して、目的物が契約の内容に適合しないものである場合に、
契約不適合責任を負うことになりました（民法第562条）。従来のような法
定責任ではなく、契約上の責任であることが明らかにされたことに伴い、
契約の解除と損害賠償請求（同法第564条）のほかに、追完請求や代金減額
請求を行うことも認められています（同法第562条、第563条）。

❷　契約不適合とは

　契約不適合責任が認められるためには、引き渡された目的物が種類、品
質または数量に関して、契約の内容に適合していないことが必要となりま
す。この判断は、契約の内容として、どのような合意がされていたのかを、
売買の経緯や目的、当事者の目的物の状態に関する認識等を考慮して行わ
れます。最も重要な証拠となるのが契約書であるため、どのような状態の
空き家を想定しているのか、どのような利用目的であるのか等を契約書に
記載しておくことが有益です。

(3)　担保責任の免除特約

　瑕疵担保責任も契約不適合責任も、特約によって免除することができま
す。中古住宅の売買契約書には、担保責任を免除する旨の特約が付される
ことがあります。担保責任の免除に関しては、明示的な担保責任の免除特
約がなく、現状有姿条項（目的物を現状有姿で引き渡す旨の条項）のみがある
場合、当該条項に担保責任を免除する効力まであるかが問題となります。

　この問題に関して、現状有姿条項は引渡しに関する条件を定めたもので
あるため、担保責任を免除する効力までは有していないと解されることが
多いと思われます。実務上、現状有姿条項の解釈をめぐって争いになるこ
ともあるため、担保責任を免除する効力まで発生させるのであれば、明確
に規定しておく必要があります。

2 賃貸借契約について

1 借地借家法が適用される賃貸借

　建物の所有を目的とする借地契約や借家契約については、民法の特則である借地借家法が適用されます。借地借家法は、賃貸借の契約の更新、効力等について民法の特則を規定しています。平成4年8月1日から施行されている借地借家法は、施行前に締結された契約であっても適用されます（借地借家法附則第4条）が、同法施行前に行われた借家契約の更新拒絶の通知や解約申入れについては、旧借家法や旧借地法の規定が適用されることになります。

2 借地契約について

(1) 借地契約の期間

　借地借家法の適用される借地契約（以下、単に「借地契約」という）は、建物の所有を目的とするものである必要があります。借地契約の期間は、原則として最低30年とされており、これより長期の期間を定めた場合はその期間になります（借地借家法第3条）。

　なお、借地法が適用される場合、堅固な建物と非堅固な建物とで期間の取扱いが分けられており、堅固な建物は原則60年、非堅固な建物は原則30年とされていました。堅固な建物で30年以上の期間を設定していた場合や非堅固な建物で20年以上の期間を設定していた場合には、当該期間の経過をもって契約が終了することになっています。

(2)　借地契約の対抗要件

　借地人は、土地上に所有する建物の登記を具備することにより、借地契約を第三者に対抗することができます（借地借家法第10条第1項）。そのため、借地契約後に土地が第三者に譲渡された場合でも、土地の取得者に対して借地権を対抗することができます。なお、建物の登記は借地人名義であることが必要ですが、登記の記載内容に軽微な不備がある場合に、対抗力が否定されないこともあります。

(3)　借地契約の終了と法定更新

❶　法定更新の特則

　通常の賃貸借契約は、賃貸期間の経過によって終了し、賃貸借の期間が満了した後も、賃借人が使用や収益を継続し、賃貸人がそのことを知りながら異議を述べないときは、従前の賃貸借と同一の条件で賃貸借をしたものと推定されます（民法第619条第1項）。

　借地借家法は、民法のルールを修正し、借地期間が経過するときに、建物がある場合に借地人が更新を請求することによって、借地契約が更新されるものとみなしています（借地借家法第5条第1項）。また、借地期間が経過した後、借地人が土地の使用を継続するときも、建物がある場合に借地契約が更新されるものとみなしています（同条第2項）。

　なお、更新される借地期間について、最初の更新時は更新の日から20年、2回目以降の更新時は更新の日から10年ごと（ただし、当事者がこれより長い期間を定めたときはその期間）になります（借地借家法第4条）。

❷　更新拒絶の要件

　賃貸人は、法定更新の要件がある場合でも、遅滞なく異議を述べ、正当な理由がある場合には、法定更新による更新を防ぐことができます（借地借家法第5条第1項ただし書、第6条）。

　正当な理由は、借地契約当事者が土地を使用する必要性を主な考慮要素

とした上で、借地契約の従前の経過、土地の利用状況、財産上の給付を補助的な要素として判断されます。

(4) 建物の再築による借地期間の延長

❶ 更新前の滅失と再築

借地期間の経過前に、借地上の建物が火災や取壊し等の理由によって滅失した場合に、賃貸人の承諾を得て、残りの借地期間を超えて存続する建物を建造したときは、借地契約は、承諾または再築日のいずれか早い日から20年間存続することになります（借地借家法第7条第1項）。なお、残存期間が20年を超えている場合や当事者間で20年を超える合意をした場合は、その期間が借地期間となります。

賃貸人から承諾を得られない場合でも、契約更新前に、借地人が賃貸人に対して残存期間を超える建物を再築する旨を通知し、2か月以内に異議が述べられなければ、賃貸人の承諾が擬制されます（借地借家法第7条第2項）。

❷ 更新後の滅失と再築

借地契約の更新後に建物の滅失があった場合、借地人は、借地契約の解約の申入れをし、3か月後に契約を終了させることができます（借地借家法第8条第1項、第3項）。当初の借地期間の経過によって、借地人の契約目的は一応達成されているため、契約の拘束力が弱められています。

また、賃貸人は、借地人が賃貸人の承諾を得ることなく残存期間を超えて存続する建物を再築したとき、解約の申入れをし、3か月後に契約を終了させることができます（借地借家法第8条第2項、第3項）。なお、借地人は、賃貸人から承諾を得られない場合、裁判所に再築の許可を求めることができます（同法第18条）。

(5) 建物買取請求権

借地契約が終了した場合、本来であれば、借地人は賃貸人に対して、土

地の原状回復（更地化等）をして返還するべき義務を負いますが、建物を撤去させることは借地人にとっても社会的にも不経済であるため、賃貸人に対する建物買取請求権が認められています（借地借家法第13条第1項）。借地人が建物買取請求権を行使すると、賃貸人との間に売買契約類似の法律関係が発生し、賃貸人は、借地人に対して、建物の時価相当額を支払う義務を負い、借地人は当該代金の支払を受けるまで、建物の引渡しを拒絶することができます。

　建物買取請求権は、借地契約が更新されずに終了した場合を念頭においたものであり、合意解除によって借地契約が終了した場合（建物買取の合意がない場合）や、借地人の債務不履行によって借地契約が終了した場合には認められていません。

　なお、借地期間の経過前に、賃貸人の同意を得ることなく残存期間を超えて再築した建物について、借地人が建物買取請求権を行使しても、賃貸人は裁判所に申し立てることによって、代金の全部または一部の支払について期限を得ることができます（借地借家法第13条第2項）。

(6)　借地権の譲渡または転貸

　借地権を譲渡または転貸する場合には、賃貸人の承諾を得る必要があり、承諾を得ていない場合、借地契約の解除原因にもなります。

　借地人が借地上の建物を第三者に賃貸しても、借地権の譲渡や転貸にはなりません。借地上の建物の賃借人は、建物を利用するために土地も使用することになりますが、これは建物を利用するために必要不可欠なことであり、土地の賃貸人も建物所有目的で賃貸する以上、建物の利用者がその利用目的の範囲で土地を利用することを当然に許容していると考えられるためです。

　なお、賃貸人が借地権の譲渡や転貸を承諾しない場合、借地人は、裁判所に承諾に代わる許可を求めることができます（借地借家法第19条第1項）。

(7) 特殊な借地契約

　借地人は、借地借家法等によって強く保護されているため、賃貸人には長期間にわたって借地権の負担が生じることになります。そこで、期間満了によって借地契約を終了させることができる一定の類型の借地契約が認められています。

図表 10 特殊な借地契約の種類

	定期借地契約	事業用定期 借地契約	建物譲渡特約付 借地契約
契約期間	50 年以上	10年以上50年未満	30 年以上
要式	公正証書等による書面	公正証書	―
建物買取請求権等	なし	なし	契約終了時に譲渡

3 借家契約について

(1) 借家契約の期間

　借地借家法の適用される借家契約（以下、単に「借家契約」という）は、1年未満の期間を定めたとしても、期間の定めのない借家契約とみなされます（借地借家法第29条第1項）。1年以上を超える場合は、約定どおりの期間の定めのある借家契約となります。

　借家契約の賃借人が死亡したとしても、借家契約は終了せず、借家権は相続人に相続されます。賃借人に相続人がおらず、当該居住用建物の賃借人に、事実上夫婦または養親子と同様の関係にあった同居者がいるときは、その同居者が、建物の賃借人の権利義務を承継することができます（借地借家法第36条第1項）。

(2) 借家契約の対抗要件

　賃借人は、賃借権の登記がなくても、建物の引渡しを受けることによって、借家契約を第三者に対抗することができます（借地借家法第31条）。借

家契約後に建物が第三者に譲渡された場合でも、譲受人に対して借家権を
対抗することができます。

(3)　借家契約の終了と法定更新

❶　期間の定めのある借家契約

　期間の定めのある借家契約の場合、賃貸人は、期間満了の1年前から6
月前までの間に賃借人に対して更新をしない旨の通知等をしなければ、従
前の契約と同一の条件で契約を更新したものとみなされます（借地借家法第
26条第1項）。この場合、更新後の契約は、期間の定めのない借家契約とな
ります。もっとも、賃貸人が更新しない旨の通知をした場合であっても、
期間満了後も賃借人が建物の使用を継続しており、そのことについて賃貸
人が遅滞なく異議を述べなければ、借家契約が更新されます。

　また、賃貸人による更新しない旨の通知には、正当な事由が必要です（借
地借家法第28条）。正当な事由は、借家契約当事者が建物を使用する必要性
を主な考慮要素とした上で、借家契約の従前の経過、建物の利用状況、建
物の現況、財産上の給付を補助的内容として判断されます。

❷　期間の定めのない借家契約

　期間の定めのない借家契約の場合、賃貸人は、契約を終了させるために
解約申入れを行うことができます（借地借家法第27条第1項）。解約申入れ
をしてから6月が経過すれば借家契約は終了しますが、この場合も上記❶
と同様に正当な事由が必要です。ただし、6月経過後も賃借人が建物の使
用を継続しており、賃貸人が異議を述べない場合には、借家契約が法定更
新されることになります（借地借家法第27条第2項）。

❸　転貸借の場合の留意点

　建物が転貸借されており、借家契約が期間満了または解約申入れによっ
て終了する場合、賃貸人は、建物の転借人にその旨の通知をしなければ、

その終了を建物の転借人に対抗することができません（借地借家法第34条第1項）。なお、同条の転貸借は、適法な転貸借を前提としているため、無断で行われている場合、賃貸人は、無断転借人に対して契約の終了を対抗することができます。

(4) 造作買取請求権

借家契約が終了した場合にも、賃借人に借地契約と類似の造作買取請求権が認められています（借地借家法第33条第1項）。もっとも、造作買取請求権については、借家契約当事者間の合意で排除することができます。

賃借人が造作買取請求権を行使すると、賃貸人との間に売買契約類似の法律関係が発生し、賃貸人は、賃借人に対して、造作物の時価相当額を支払う義務を負い、賃借人は当該代金の支払を受けるまで、造作物の引渡しを拒絶することができますが、建物の引渡しまで拒絶することはできないと解されています。

造作買取請求権の対象となる造作物とは、賃貸人の同意を得て建物に付加した畳、建具その他の造作のことをいい、賃借人が所有しており、一般的に見て建物の利用のために便益を与えるものであることが必要です。

(5) 借家に残された物件の権利関係

借家契約が終了した後も、借家に物件が残されている場合（以下「残置物件」という）、第一次的には賃借人に撤去させることになりますが、それでも応じない場合には、訴訟をして強制執行を行う必要があります。仮に、賃貸人の独断で残置物件を処分してしまうと、違法な権利侵害と評価される可能性もあります。

そこで、借家契約においては、契約終了時に残置物件がある場合、賃貸人による処分を賃借人が承諾する旨の特約を定めることがあります。このような特約は、法律に定める手続では、権利に対する違法な侵害に対抗して現状を維持することが不可能または著しく困難であると認められる緊急

でやむを得ない特別の事情が存する場合のみ、その必要の限度を超えない
範囲で、例外的に認められるものであるなどと解されています。

3

空き家管理委託契約

1 空き家管理委託契約について

　近年、空き家の所有者のために、低額な費用で空き家の管理サービスを提供する事業者が増えています。そのサービスの内容は様々ですが、おおむね次のような内容を含んでいます。

① 空き家の外部または内部からの点検・確認
② 郵便物等の点検・確認
③ 施錠の有無の点検・確認
④ 敷地内の雑草や樹木の点検・確認
⑤ 清掃等

　このような管理業務は、法律行為以外の事務処理を含むものであるため、空き家管理契約は、法律行為以外の事務処理を依頼する準委任契約としての性質を有していることになります（民法第656条）。

2 空き家管理委託契約の委託者

　空き家管理委託契約は、通常、空き家の所有者が委託者になります。遺産分割が成立していない共同相続の事案においては、上記1のような委託内容にとどまる限り、保存行為や管理行為として行うこともできると考えられます。また、令和3年の民法改正によって、共有物の管理者の選任および解任が管理行為として明示されました（民法第252条第1項）。今後は、保存行為または管理行為として空き家管理委託契約を締結することを決定

していくことになると考えられます。

3　空き家管理事業者の義務と法的責任

(1)　受任者の義務等

　受任者は、委任者に対する善管注意義務だけでなく報告義務を負っています。空き家管理委託契約においても、受任者は、委託者に対して、各業務を実施した報告書を提出するなど、定期的に報告する義務を負うことが一般的です。

　また、受任者は、委任事務を処理するために費用が必要なときは、委任者に対して前払いを請求でき、必要な費用を支出したときは、委任者に対し、費用等の償還請求をすることができます（民法第650条第1項）。空き家管理委託契約においても、費用は委託者の負担とし、管理業務に必要な水道光熱費等の費用は委託者が支払うことが多いと思われます。

(2)　受任者の法的責任

　空き家管理の受任者は善管注意義務を負うため、債務不履行がある場合には、委託者に対して損害賠償義務を負うことになります。

　また、委託者に対する法的責任とは別に、空き家の管理不全によって第三者に損害が生じた場合に、空き家の管理受託者が法的責任を負うかどうかも問題となります。具体的には、空き家の管理受託者が、民法第717条の占有者に該当するかが問題となります。

　この問題に関して、民法第717条に規定する占有者とは、工作物を事実上支配し、その瑕疵を修補するなどして、損害の発生を防止できる関係にある者をいうと解されているため、空き家の管理受託者の業務が空き家を定期的に訪問し、状況報告等をするにとどまる程度の場合は、空き家を事実上支配しているとまでは認められにくいと考えられます。

　この場合、空き家の所有者が民法第717条に基づく損害賠償責任を負う

可能性があるため、施設の賠償責任保険に加入する等の予防策を講じておくことが有益です。

4 空き家管理委託契約と消費者契約法

　空き家管理委託契約は、個人と事業者との契約であることが一般的です。この場合には、消費者契約（消費者契約法第2条第3項）の適用を受けることになります。

　消費者契約法の適用を受ける場合、①事業者の債務不履行責任を全面的に免責する条項や、②事業者に故意または重過失があっても損害賠償責任を否定するような条項等は、消費者契約法第8条第1項第1号または第2号によって無効となります。空き家の管理を委託する場合には、事後的な紛争を予防するために、契約内容を事前に慎重に確認しておくことが必要です。

5 不動産業者による空き家管理受託のガイドライン

　国土交通省は、令和6年6月21日に「不動産業による空き家対策推進プログラム」を定め、その一環として「不動産業者による空き家管理受託のガイドライン」を公表しました。当該ガイドラインでは、不動産業者が空き家管理委託契約を締結する場合の留意点等が言及されています。当該ガイドラインは、今後の不動産業者の指針となるものであるため、空き家の管理を委託することを検討している者にとっても参考となるものです（詳細は**事例40**で解説します）。

第 **4** 章

空き家と不法行為
責任・事務管理

土地工作物責任

1 土地工作物責任の意義と法的性質

　民法上、他人の権利や法律上保護される利益を故意や過失によって侵害した者は、不法行為責任として損害賠償義務を負います（民法第709条）。これに加えて、民法は、特別な不法行為責任を複数規定しています。たとえば、建物の建設や管理が適切に行われず、その建物からの落下物が発生すると、それによって第三者に大きな損害を与えかねません。そこで民法は、土地の工作物等から危険が生じた場合に、占有者と所有者に特別な重い責任を負わせることにしました（危険責任）。

　このような土地の工作物等は、通常、占有者によって設置や管理が行われていることから、第一次的には占有者が土地工作物責任を負うものとされています。ただし、当該占有者が損害の発生を防止するのに必要な注意をしたときは、当該工作物の所有者が損害賠償義務を負うことになります（民法第717条第1項ただし書）。

　このように、当該工作物の所有者は、占有者と異なり、損害の発生を防止する注意をしたとしても損害賠償義務を負うため、所有者の土地工作物責任の法的性質は無過失責任と考えられています。

2 土地の工作物とその占有者の範囲

　土地の工作物とは、土地に接着して築造した設備のことをいい、建物、橋梁、堤防、ブロック塀等が含まれますが、工場内に設置された機械はこ

れには含まれません。

　占有者には、直接的に当該工作物を占有している者だけでなく、間接的な占有者も含まれるものと解されています。賃貸借契約に関して、賃貸人が物件の所有権を有していることが多いため、直接占有者である賃借人が土地工作物責任を免れる場合、賃貸人は所有者として土地工作物責任を負うことになります。間接占有者の土地工作物責任の有無は、転貸借が行われており、転借人が土地工作物責任を免れ、所有権を有していない転貸人に対して、被害者が土地工作物責任を追及する場合に顕在化することになります。もっとも、直接占有者が免責される場面は多くないと考えられます。

　なお、土地工作物責任は、建物のような人工構造物が念頭に置かれていますが、竹木の栽植や支持に瑕疵があるような場合でも、同様に土地工作物責任が発生する場合があります（民法第 717 条第 2 項）。

3　設置または保存の瑕疵

　設置または保存の瑕疵とは、一般的に、当該工作物がその種類に応じて通常予想される危険に対し、通常備えているべき安全性を欠いている状態のことと解されています（最判昭和 45 年 8 月 20 日民集 24 巻 9 号 1268 頁）。

　瑕疵の判断は、当該工作物を設置した者や当該工作物を管理している者の主観的な注意義務違反を問題とすることなく、当該工作物の客観的な性状を踏まえて判断されることになります。具体的には、当該工作物に通常予想される危険を想定した上で、当該工作物がその危険に対して通常備えているべき安全性を有しているかという観点で判断されることになります。

　このように、設置または保存の瑕疵の判断は、「通常予想される危険」や「通常備えているべき安全性」といった評価を伴う判断になりますが、安全基準や科学技術は時代によって変わるものであり、瑕疵の判断をいつの時点を基準にして行うべきかが問題となります。

　この問題については、当該工作物の占有者や所有者に対して、法的責任

として損害賠償責任を負わせることからすると、事故が発生した時点の安全基準や科学技術を基準にして考えることになるものと解されています（国家賠償法第2条の責任が争われた最判昭和61年3月25日民集40巻2号472頁）。

4　土地工作物責任と時間軸の関係

　一見、工作物の安全性に欠如があると認められるような場合でも、設置または保存の瑕疵が否定される場合があります。たとえば、道路管理者が夜間の道路掘削工事のために設置した工事標識板、バリケード及び赤色灯標柱が、第三者によって道路上に倒されたまま放置されていた場合に、物理的に道路の安全性に欠如があることを認めた上で、夜間、しかも事故発生の直前に先行した他車によって惹起されたものであり、時間的に遅滞なく安全な状態に保つことは不可能であったとして、瑕疵を否定した裁判例があります（最判昭和50年6月26日民集29巻6号851頁）。

　他方で、国道上に駐車中の故障した大型貨物自動車を約87時間放置していたことが管理の瑕疵に当たるとされた裁判例もあります（最判昭和50年7月25日民集29巻6号1136頁）。

　上記の各裁判例は、土地工作物責任と類似の法的責任である国家賠償法第2条が問題になった事案ですが、当該各裁判例によれば、設置または保存の瑕疵の有無は、単に物の客観的性状だけでなく、時間軸等も考慮して判断されるものと考えられます。

失火責任法

1　失火責任法の意義

　わが国の家屋は、伝統的に木造家屋が多く、家屋も隣接しているため、一度火災が生じると、それによる損害は甚大なものになります。一方で、一般の不法行為責任は、過失の程度の軽重を問わないため、これを失火の場合にそのまま適用すると、失火の原因を作った者が、たとえ軽過失であっても、重い不法行為責任を負うことになります。

　そこで、不法行為の特別法として「失火ノ責任ニ関スル法律」（以下「失火責任法」という）が制定され、失火者は失火について重過失がある場合に不法行為責任を負うものと限定されることになりました。

2　重過失とは

　失火責任法に規定する重過失とは、わずかの注意さえすれば、たやすく違法有害な結果を予見することができたのに、漫然とこれを見過ごした場合のように、ほとんど故意に近い著しい注意欠如の状態のことをいいます（最判昭和32年7月9日民集11巻7号1203頁）。下級審裁判例では、寝たばこによる失火の場合等に重過失が認められています。

　なお、失火責任法は、一般不法行為法の特別法であり、契約上の責任（債務不履行に基づく損害賠償責任）には適用されません。そのため、賃借人が失火で賃借物件を損傷させたときは、軽過失であったとしても、賃貸人に対して債務不履行に基づく損害賠償責任を負うことになります。

3　土地工作物責任と失火責任法の関係

　土地の工作物である建物から火災が発生した場合、土地の工作物の占有者（失火者）は、土地工作物責任に基づいて不法行為責任を負うのか、失火責任法に基づいて不法行為責任を負うのかについて、特に規定がありませんので、解釈によって決定されることになります。

　この問題に関する最高裁判例はなく、下級審裁判例や学説においても判断が分かれています。失火責任法か土地工作物責任のいずれかのみが適用されるとする考え方（これらの見解の中でも、重過失や瑕疵の判断の方法について考え方が分かれている）があるほか、直接火災によって生じたものにのみ土地工作物責任が適用されるとする考え方もあります。

3

事務管理

1 事務管理とは

　事務管理とは、自ら義務を負っていないにもかかわらず、他人のために事務を行うことをいいます（民法第697条以下）。たとえば、隣の家の屋根の瓦が飛びそうになっているときに修繕する行為がこれに当たります。

　たとえ本人のためであったとしても、当該本人から同意を得ることなく事務処理が行われた場合、当該本人は、事務処理を行った者に対して事務処理に要した費用を支払う理由はないはずです。しかし、民法は、社会生活における相互扶助の理念に基づいて、一定の要件のもとで、当該事務処理を適法な行為と見て、本人に対して費用の請求等を行うことを認めています。

2 事務管理の要件と効果

　事務管理が認められるためには、①自己に義務がないこと、②他人の事務（生活に必要な一切の仕事であり、法律的な行為であるか、継続的なものであるかは問わない）であること、③他人のために事務処理をすること、④当該事務処理が本人の意思に反していないこと、あるいは本人にとって不利益でないことが必要です。

　事務管理者は、他人の事務を始めた以上、善管注意義務を負い、管理を始めたことを本人に通知し（ただし、本人がすでに知っているときは不要）、本人が引き継ぐことができるまで管理を継続する義務を負います（民法第699

条、第700条）。また、事務管理者は、本人のために有益な費用（保存費や必要費を含む）を支出したときは、本人に対して費用償還請求を行うことができます（民法第702条第1項）。

　事務管理者は、原則として、本人に対して支出した有益な費用の全額を請求することができますが、例外として、事務管理が本人の意思に反して行われた場合には、費用償還請求をした時点を基準にして、本人が利益を受けている限度で、有益な費用の請求をすることができるにとどまります。

　たとえば、隣の家の瓦の修理のために5万円の瓦を購入した場合、費用償還請求をした時点での瓦の価値が3万円であったとしても5万円の費用償還請求ができますが、例外の場合には、3万円の限度でしか費用償還を受けられません。なお、事務管理者は、本人のために有益な債務を負ったときは、本人にその支払を求めることができます（民法第702条第2項）。

第5章

空き家に関する
相続法

1 相続の開始とその効果

1 相続の開始

　相続は、被相続人の死亡によって、被相続人の住所において開始します（民法第882条、第883条）。通常、被相続人の死亡は、医師の診断等によって確定し、戸籍簿に記載されるため、死亡の事実自体が争いになることは多くありません。また、以下の場合には、死亡した事実が確認されないとしても、法律上死亡したものとして扱われることがあります。

(1)　認定死亡（戸籍法第89条）

　認定死亡とは、水難、火災その他の事変によって死亡したことが確実である場合に、その取調べをした官庁または公署が死亡の認定をして、死亡地の市町村長に対して死亡の報告をする戸籍法上の制度のことをいいます。市町村長は報告を受けた上で、戸籍簿に当該不明者が死亡した旨記載することになります。

　なお、認定死亡は、法律上死亡したことを推定するにとどまり、生存が判明した場合には戸籍の訂正が行われるため、法律上死亡したものとみなす失踪宣告（民法第30条）とは異なります。

(2)　失踪宣告（民法第30条）

　失踪宣告とは、不在者（従来の住所または居所を去り、容易に戻る見込みのない者）について、①生死が7年以上明らかでない場合や、②戦争、船舶の沈没、震災などの死亡の原因となる危難に遭遇し、その危難が去った後そ

73

の生死が１年間明らかでない場合に、家庭裁判所の宣告によって当該不在者を法律上死亡したものとみなす制度です。

　失踪宣告の申立ては、不在者の配偶者、相続人に当たる者、財産管理人、受遺者など、失踪宣告を求めることについて法律上の利害関係を有する者に限って申立権が認められています。

(3)　同時死亡の推定（民法第 32 条の 2）

　数人の者が死亡した場合に、そのうちの一人が他の者の死亡後に生存していたことが明らかでないときは、これらの者は、同時に死亡したものと推定されます。この場合、同時に死亡したと推定される被相続人と推定相続人の間では、相続が発生しません。

(4)　不在高齢者職権消除

　不在高齢者職権消除とは、年齢的にみて明らかに死亡していると思われる所在不明の高齢者について、市町村が職権で当該高齢者の戸籍に死亡したものと記載する制度です（戸籍法第 44 条第 3 項、第 24 条第 2 項）。しかし、この記載の効力は戸籍上のものに限られ、民法上、死亡したものとは扱われません。

2　相続の効果

　相続の開始によって、相続人は相続開始のときから、被相続人の一身に専属する財産を除いて、一切の権利義務を承継することになります（包括承継の原則、民法第 896 条）。

(1)　賃貸借契約の地位の相続

　賃貸人が死亡した場合、賃貸人としての地位は相続人に相続されることになります。もっとも、賃貸人の相続人は包括承継することになりますが、

賃貸人としての地位を承継したことを賃借人に対して主張するときは、賃貸物件の不動産について所有権の移転登記を具備している必要があります（民法第605条の2第3項）。他方、賃借人が死亡した場合、賃貸借契約は使用貸借契約とは異なり、当然には終了せず、賃借権は相続人に相続され、相続人が複数存在する場合には、賃借権は相続人間で準共有されることになります。相続後に発生する賃料債務については、相続人が不可分債務として支払義務を負うことになります。

(2)　占有権の相続

　占有権も相続の対象となりますが、包括承継の性質上、相続人は被相続人の占有の性質（自主占有か他主占有か）も承継することになります。また、**第2章4**で前述したように、相続人は、自らの固有の占有と相続した占有のいずれも主張することができます。

2 相続人の範囲と順位

1 相続人の範囲と順位

　被相続人の財産を承継する相続人は、配偶者と血族相続人との間で異なる取扱いがされています。

(1) 配偶者

　被相続人の配偶者は常に相続人となり、血族相続人がいる場合でも、配偶者は血族相続人と同順位の相続人となります（民法第890条）。ここでいう配偶者は、法律婚上の配偶者を意味しており、事実婚や内縁関係にあるとされるパートナーは含まれません。

(2) 血族相続人

　血族相続人は、被相続人の子、直系尊属、兄弟姉妹の順に相続の順位が決まっています（民法第887条、第889条）。

(3) 胎児

　人は出生によって権利能力を取得するため（民法第3条）、出生していない胎児は権利能力を有しません。しかし、相続については、すでに生まれたものとみなされるため（同法第886条第1項）、相続をする資格を有することになります。同条の規定は、胎児が生きて産まれることを停止条件として、相続開始時にさかのぼって権利能力を有するものと解釈されています（大判大6年5月18日民録23輯831頁）。

図表11 法定相続人の順位

		法定相続人
第1順位	配偶者	子　※代襲相続を含む（孫だけでなく、曾孫も含む）
第2順位		直系尊属
第3順位		兄弟姉妹　※代襲相続を含む（ただし、甥姪に限る）

2　代襲相続

(1)　代襲相続の範囲

　代襲相続とは、被相続人の死亡以前に、相続人となるべき子や兄弟姉妹が死亡、または相続廃除や相続欠格によって相続する資格を失っている場合に、その者（被代襲者）の直系卑属が代わりに相続人（代襲相続人）になることをいいます（民法第887条第2項）。

　代襲相続は、配偶者や直系尊属が被相続人の死亡以前に死亡した場合には認められていません。また、代襲相続が認められる範囲は、子の場合は曾孫以下の直系卑属も含まれますが、兄弟姉妹の場合には甥・姪までしか認められていません（再代襲の禁止、民法第887条、第889条）。なお、被相続人と養子縁組をした養子に、養子縁組前から子どもがいる場合には、当該養子は、被相続人の直系卑属ではないため、当該養子の子には代襲相続は認められていません（同法第887条第2項ただし書）。

(2)　代襲相続と相続させる旨の遺言

　後述する特定財産承継遺言（いわゆる「相続させる旨の遺言」）が特定の相続人（受遺者）を指定しており、当該相続人が被相続人の死亡以前に死亡した場合に、当該相続人の子に代襲相続が認められるか争われた事案があります。

　この問題について、最高裁は、遺言条項とその他の記載との関係、遺言書作成当時の事情や遺言者の状況を踏まえて、遺言者に代襲者にまで相続

させる意思が認められる等の特段の事情のない限り、代襲相続は認められない旨判断しているため（最判平成23年2月22日民集65巻2号699頁）、原則として受遺者の相続人は代襲相続をしないことになります。

3 数次相続が発生した場合の相続人

　実務上、被相続人Ａが死亡した後、遺産分割協議が成立する前に、相続人の一人Ｂの相続が発生する場合があります（数次相続）。この場合、Ａの遺産分割については、Ｂの相続人とＢ以外のＡの相続人との間で遺産分割協議を行う必要があります。

　二次相続の事案のように、相続人の数が少人数にとどまれば、遺産分割協議を行うことは比較的容易です。しかし、三次、四次と相続が発生している場合には、相続人の数もかなりの人数になることが予想されます。この場合、相続人の特定に時間を要するだけでなく、相続人の所在が不明であることもあるため、不在者財産管理人の選任等が必要となる事案もあります。放置されている空き家には、このような状態のものもそれなりに存在するように思われます。

3

法定相続分と指定相続分

1 法定相続分と指定相続分の関係

　共同相続人の相続分は、被相続人が遺言で指定する相続分（指定相続分、民法第902条第1項）によることになりますが、遺言による指定がない場合には、民法の規定する法定相続分に従って決めることになります（同法第900条、第901条）。

　法定相続分と指定相続分の関係を整理すると、次のようになります。

図表12 相続分の割合

	相続分の割合	
相続分の指定がある場合	遺言で指定された割合による	
相続分の指定がない場合	配偶者1/2	第1順位 子　1/2
	配偶者2/3	第2順位 直系尊属　1/3
	配偶者3/4	第3順位 兄弟姉妹　1/4

2 相続させる旨の遺言の取扱い

　指定相続分は遺言によって指定されますが、当該遺言が相続分の指定を含む趣旨であるかは、遺言の解釈によって決定されます。

(1)　特定の財産を相続させる旨の遺言の場合

　たとえば、「長男に○○所在の土地建物を相続させる」や「長男と二男に○○の土地建物の1/2を、預金の3/5を長女に、預金の2/5を二女に相続させる」というように、特定の財産を相続させる旨の遺言は、特段の事情のない限り、遺産分割方法の指定（民法第908条）を含むものと解されています。また、当該目的物の価値が当該相続人の法定相続分を上回る場合、その遺言は、相続分の指定を伴うことになります（最判平成3年4月19日民集45巻4号477頁）。

(2)　全部または割合的に相続させる旨の遺言の場合

　たとえば、「全財産を長男に相続させる」というように、相続財産の全部を特定の相続人に相続させる旨の遺言は、長男がすべての相続財産の権利を取得することになるため、遺産共有状態の割合を示す相続分を考える必要がありません。

　これに対して、「長男に3/5を、二男に2/5を相続させる」というように、財産を特定せずに割合的に相続させる旨の遺言は、相続分の指定を伴う遺言として解釈され、当該割合に基づいて遺産分割協議が行われることになります。

相続人の確定に関する制度
（相続欠格及び推定相続人の廃除）

1 相続欠格

相続欠格とは、一定の場合に、当然に相続人の資格を失うことをいいます（民法第891条各号）。相続欠格の趣旨は、推定相続人に相続をさせるべきではない著しい非行がある場合に、相続人としての地位を喪失させるところにあります。

具体的には、次の①～⑤までの事由が規定されていますが、このうち、③～⑤までの事由については、形式的に各事由に該当するだけでなく、当該相続人に、自己が有利に相続できるようにする目的が必要であるかという点をめぐって争いがあり、判例上は必要と解されています（最判平成9年1月28日民集51巻1号184頁）。

① 故意に被相続人または相続について先順位若しくは同順位にある者を死亡するに至らせ、または至らせようとしたために、刑に処せられた者。

② 被相続人の殺害されたことを知って、これを告発せず、または告訴しなかった者。ただし、その者に是非の弁別がないとき、または殺害者が自己の配偶者若しくは直系血族であったときは、相続人になる資格を失いません。

③ 詐欺または強迫によって、被相続人が相続に関する遺言をし、撤回し、取り消し、または変更することを妨げた者。

④ 詐欺または強迫によって、被相続人に相続に関する遺言をさせ、撤回させ、取り消させ、または変更させた者。

⑤　相続に関する被相続人の遺言書を偽造し、変造し、破棄し、または隠匿した者。

2　推定相続人の廃除

　相続欠格事由までの著しい非行には当たらないものの、推定相続人が被相続人に対して虐待や重大な侮辱を加えたとき、または推定相続人にその他の著しい非行があったとき、被相続人は、その推定相続人の廃除を家庭裁判所に請求することや遺言で当該推定相続人の廃除の意思表示をすることが認められています（民法第 892 条、第 893 条）。

　被相続人が自ら廃除を求める場合には調停または審判を申し立て、被相続人が遺言で廃除を求める場合には遺言執行者が調停または審判を申し立てることになります。

相続人の確定に関する制度（承認及び相続放棄）

1 単純承認と法定単純承認

相続人は、相続が開始した後、相続するかどうかを判断する必要があります。民法は、相続人が相続すること（単純承認）を原則としつつ、相続しない自由（相続放棄）や一定の限度で相続する自由（限定承認）を認めています。

単純承認とは、被相続人の権利義務を無条件かつ無制限で相続人が承継することをいい（民法第920条）、相続放棄や限定承認と異なり、特に単純承認の方法は定められていません。

相続人に単純承認をする意思がない（＝相続する意思がない）場合でも、次の①～③の行為をしたときは、相続する意思があるものとして、単純承認をしたものとみなされます（民法第921条。法定単純承認）。

① 相続人が相続財産の全部または一部を処分した場合。

② 相続人が相続開始を知ったときから3か月以内に相続放棄または限定承認をしなかった場合。

③ 相続人が相続放棄や限定承認をした後に、相続財産を隠匿し、費消し、悪意で財産目録に記載しなかった場合。

法定単純承認事由は、相続人に相続する意思があるものと考えられる類型を規定したものであり、相続人が相続開始の事実を知ることなく、相続財産の一部を処分したような場合には、法定単純承認には当たらないと解されています（最判昭和42年4月27日民集21巻3号741頁）。

また、相続人が相続財産の保存行為（たとえば、建物の瓦の修理をした場

合）をした場合にまで、単純承認をしたものとすることは適切ではありません。そのため、①の相続財産の「処分」に保存行為は含まれません（民法第921条第1号ただし書）。

2 法定単純承認と祭祀承継財産等の関係

　相続人が相続財産の一部を処分した場合は単純承認をしたものとみなされますが、相続財産の一部を形見分けとして取得する場合や、相続財産を原資にして葬儀費用、仏壇・位牌の購入費用を支出するような場合も、相続財産の一部を処分したとして、法定単純承認と扱われるのでしょうか。

　一般に形見分けといわれるものは、故人を偲ぶ日用品であることが多く、それほど経済的価値も高くないため、このような財産を承継したことのみをもって、被相続人の権利義務を承継させる効果まで導くことは妥当ではありません。そこで、経済的価値を欠くような形見分けについては、相続財産の一部の処分には当たらないと考えられています。

　また、葬儀費用や祭祀承継財産の購入費用を相続財産から支出することも、親族関係の道義的な責任として対応したにすぎないものであり、社会的相当性を欠くほど高額な支出でない限り、相続財産の一部の処分には当たらないと考えられています（大阪高決平成14年7月3日家月55巻1号82頁）。

3 相続放棄

(1) 相続放棄の意義

　相続人は、自己のために相続の開始があったことを知ったときから3か月以内（熟慮期間）に、家庭裁判所に相続を放棄する旨の申述をすることで、相続放棄をすることができます。これによって、当該相続人は、初めから相続人でなかったものとみなされます。なお、相続人が未成年者や成年被後見人である場合、熟慮期間の起算点は、その法定代理人が当該未成

年者や成年被後見人のために相続の開始があったことを知ったときとなります（民法第917条）。

　民法は、相続人が相続することを原則としていますが、被相続人に負債しかない場合にまで、相続人に相続を強制することは適切ではありません。相続放棄の趣旨は、債務超過の状態で相続が開始した相続人を保護することにあるといえます。もっとも、実務上は、不動産のような積極財産のみであっても、相続財産の管理義務を負うことを避けるため、相続放棄を選択するような事案も少なくありません。

(2)　相続放棄の手続

　相続放棄は、相続人が家庭裁判所に相続放棄申述書を提出し、これを家庭裁判所が受理することによって行われます。家庭裁判所は、相続放棄申述書を受理した場合、当該相続人に対して相続放棄申述受理通知書を交付し、当該相続人や利害関係人の申立てに応じて相続放棄申述受理証明書を交付します。当該相続人が相続放棄をしているかどうかは、相続放棄申述受理証明書の提出を受けることによって判断できます。

　相続放棄申述書が家庭裁判所に受理された場合でも、被相続人の債権者等は、その相続人が行った相続放棄の有効性を争うことができます。なぜなら、家庭裁判所の相続放棄の申述の受理には、民事訴訟の既判力のような効力が認められないからです。

　このような被相続人に債権者がいる場合を除けば、相続放棄後に、相続放棄の効力が争われることは相当限られた場面と考えられます。

(3)　相続放棄の熟慮期間

　相続放棄は熟慮期間内に行う必要がありますが、被相続人の財産の状況等が分からないこともあるため、民法は、熟慮期間の伸長を認めています（民法第915条ただし書）。相続人は、家庭裁判所に対して熟慮期間の伸長を請求する必要があります。

それでは、熟慮期間の起算点となる「相続の開始があったことを知った
とき」とは、相続人がどのような認識を有していることを意味するのでし
ょうか。

　民法が熟慮期間を設けた理由は、相続人が、被相続人の死亡や被相続人
の死亡によって自身が法律上相続人となったことを知った場合、3か月程
度あれば、相続財産の有無やその状況等を認識することができるという点
にあります。そのため、熟慮期間の起算点は、原則として、相続人が被相
続人の死亡と自身が相続人となったことを知ったときとなります（最判昭
和59年4月27日民集38巻6号698頁）。

　しかし、相続人が被相続人の死亡の事実を知っているときでも、熟慮期
間内に、相続放棄をしなかったことに合理的な理由がある場合もあります。

　そこで、最高裁は、相続人が相続放棄をしなかったことが、①被相続人
に相続財産が全く存在しないと信じたためであり、②被相続人の生活歴、
被相続人と相続人との間の交際状態その他諸般の状況からみて、当該相続
人に相続財産の有無の調査を期待することが著しく困難な事情があって、
相続人が①のように信じたことに相当な理由がある場合には、熟慮期間の
起算点は、相続人が相続財産の全部または一部の存在を認識したときまた
は通常これを認識できるときから起算すべきものと判断しました（前掲最
判昭和59年4月27日）。

　なお、この最判昭和59年4月27日判決は、その後の下級審裁判例にお
いて緩和される傾向にあります。たとえば、被相続人が死亡した当時、被
相続人の相続財産に不動産があることは知っていたものの、自らには相続
すべき相続財産がないものと信じていた場合に、相続放棄の申述を認めた
事例（東京高決平成26年3月27日判時2229号21頁）などがあります。

(4)　再転相続人の熟慮期間の選択権

　被相続人（A）の相続人（B）が、Aの相続（一次相続）の承認または放
棄をすることなく死亡し、Bの相続（二次相続）が発生した場合を「再転相

続」といいます。Bに相続人（C）がいる場合、Cにとっての熟慮期間は、理論上、Aの一次相続に関するものとBの二次相続に関するものとが存在することになります。

　再転相続が発生したときの一次相続の熟慮期間の考え方について、民法第916条は、一次相続のBの熟慮期間の残余期間ではなく、再転相続人Cが自己のために相続の開始があったことを知ったときから起算することにしています。

　民法第916条の趣旨について、最高裁は、再転相続人Cの地位そのものに基づき、Aの相続とBの相続のそれぞれについて承認や放棄の機会を保障する趣旨を含むものと解しています（最判昭和63年6月21日家月41巻9号101頁）。この考え方によると、再転相続人の一次相続と二次相続の承認や放棄の是非を、次のように整理することができます。

❶　Aの相続の可否を判断する前に、Bの相続の可否を判断した場合

　CがAの相続の可否を判断する前にBの相続を放棄すると、Bが相続した可能性のあるAの権利義務も含めて放棄することになります。そうすると、Cは、その後にAの相続の承認や放棄を選択することはできなくなります。

　これに対して、CがBの相続を承認した場合、BはAの相続の承認または放棄をしていないため、Aの相続の承認や放棄を選択することができます。

❷　Bの相続の可否を判断する前に、Aの相続の可否を判断した場合

　Cは、再転相続人として、AとBの相続の承認または放棄をそれぞれ判断することができるため、Aの相続を承認または放棄をした後に、その判断とは別にBの相続の承認または放棄を判断することができます。

⑸　再転相続人の熟慮期間の起算点

　上記のとおり、再転相続人の一次相続の熟慮期間の起算点は、再転相続

人が自己のために相続の開始があったことを知ったときとなります（民法
第916条）。

　それでは、Cが一次相続の事実を知らないままに、二次相続の熟慮期間
が経過した後になって一次相続の事実を認識し、一次相続の放棄を選択し
たい場合、一次相続の熟慮期間はいつから起算されるのでしょうか。

　この問題に関して、最高裁は、Cが、BからAの相続人としての地位も
承継したことを知らないにもかかわらず、Bの相続が開始したことを知っ
たことをもって、Aの相続の熟慮期間を起算することは、Cに、Aの相続
の承認または放棄をする機会を保障する民法第916条の趣旨に反するとし
て、一次相続の熟慮期間の起算点は、Bの相続により、Bが承認または放
棄をしなかったAの相続人としての地位をCが承認した事実を知ったとき
である旨判示しました（最判令和元年8月9日民集73巻3号293頁）。

　したがって、上記のような場合において、Cは一次相続の相続放棄を選
択できることになります。

(6)　相続放棄後の遺産の管理義務

　相続放棄をすることによって、相続人は初めから相続人とならなかった
ものとみなされることになります（民法第939条）。しかし、令和3年4月の
民法改正前においても、相続放棄をした相続人は、相続放棄をしたとして
も、相続放棄によって相続人となった者が相続財産の管理を始めるまで、
自己の財産におけるのと同一の注意をもって、その財産の管理を継続する
義務を負うものとされていました。

　ただ、条文上、次順位の相続人が存在しない場合に相続放棄をした相続
人が管理義務を負うのか、また、自ら遺産を占有していない場合にどのよ
うな管理義務を負うのかは、必ずしも明らかではありませんでした。その
ため、遠方に居住している等の事情によって物理的・時間的に遺産の管理
に支障がある相続人であったとしても、相続放棄をしたにもかかわらず、
過剰な負担を強いられる可能性がありました。

　そこで、令和3年4月の民法改正によって、相続放棄をした時点におい
て、相続財産を現に占有していたときに限って、相続人や相続財産清算人
に当該相続財産を引き渡すまでの間、自己の財産におけるのと同一の注意
をもって保存する義務を負うものとされ、相続放棄をした相続人が管理義
務を負う要件が明確化されました（民法第940条第1項）。

　なお、相続放棄をした相続人の管理義務は、次順位の相続人や相続財産
清算人に対して負うものであり、第三者に対して負うものではないと解さ
れていることに注意が必要です。

6

相続分の譲渡・取戻しと
相続分の放棄

1 相続分の譲渡

　相続分の譲渡とは、共同相続人の一人が、遺産分割の前にその相続分の全部または一部（遺産全体に対する割合的な持分）を、包括して他の共同相続人を含む第三者に譲渡することをいい、これによって遺産分割調停や審判の当事者適格を失うことになります。相続分の譲渡は、共同相続人の一人が、遺産分割の前に相続による経済的利益を現金化したい場合や、共同相続人の一人に遺産分割協議を任せたい場合などに利用されます。

　相続分の譲渡によって、譲渡当事者間では、積極財産と消極財産のいずれも移転できますが、債務のような消極財産については、債権者に対して対抗できないため、譲渡人と譲受人は併存的債務引受の状態となります。

　遺産分割調停や審判が行われている場合には、譲渡人は、相続分譲渡証書、相続分譲渡届出書、印鑑登録証明書を家庭裁判所に提出することになります。

2 相続分の取戻し

　相続分の譲渡は、第三者に対して行うことが認められているため、共同相続人の協議に無関係の第三者が関与する可能性があります。このような第三者の関与が、共同相続人にとって好ましくないこともあります。

　そこで、他の共同相続人は、譲渡時から1か月以内であれば、当該相続分の価額及び費用を償還して、その相続分を取り戻すことができます（民

法第905条）。

　このように、相続分の取戻しは、第三者の関与を排除するために認められた制度であるため、共同相続人の一人が他の共同相続人に相続分の譲渡をした場合には認められません。

3　個別の共有持分権の譲渡と取戻しの可否

　共同相続人は、遺産全体に対する共有持分権とは別に、個々の相続財産についても共有持分権を有しているため、特定の相続財産の共有持分権を第三者に譲渡することができます。

　しかし、この譲渡は、遺産全体に対する割合的持分の譲渡とは異なり、他の共同相続人は、当該第三者に対して相続分の取戻しを請求することはできず、個別に共有状態を解消する必要があります（最判昭和53年7月13日判時908号41頁）。

　個別の共有状態の解消方法について、判例は、第三者に譲渡された部分は遺産分割の対象から外れていることや、第三者に遺産分割の申立権も認められていないこと等を理由に、遺産分割手続ではなく、共有物分割手続によるべきものと判断しています（最判昭和50年11月7日民集29巻10号1525頁）。

4　相続分の放棄

　相続分の譲渡と類似した制度として、相続分の放棄があります。相続分の放棄とは、他の共同相続人に対して、自らの相続分を放棄することであり、これによって遺産分割調停や審判の当事者適格を失うことになります。ただし、相続分の放棄をしたとしても、相続人としての地位を有しており、相続分の譲渡と同様に、被相続人の債務については法定相続分の割合で負担する必要があります。

相続分の譲渡と同様に、遺産分割調停や審判が行われている場合には、放棄者は、相続分放棄届出書兼相続分放棄書、印鑑登録証明書、即時抗告申立権放棄書を家庭裁判所に提出することになります。

7

相続人の不在と不存在

1 相続人の不在

　遺産分割協議は相続人全員の合意によって成立するため、相続人の中に不在者がいると、遺産分割協議を成立させることができません。このような場合、従来の住所または居所を去った者が、その財産の管理人を置かなかったときは、家庭裁判所は、利害関係人または検察官の請求によって、その財産の管理人（不在者財産管理人）を選任することができます（民法第25条以下、家事事件手続法第145条以下）。

　なお、不在者財産管理制度の詳細は、**第6章2**で後述します。

2 相続人の不存在

　被相続人に相続人が存在しない場合や、最終相続人が相続放棄をした場合のように、相続人の存在が明らかでないとき、被相続人の相続財産は、法人（相続財産法人）となります（民法第951条）。このような場合、家庭裁判所は、利害関係人または検察官の請求によって、相続財産の清算人（相続財産清算人）を選任することができます（民法第952条第1項、家事事件手続法第203条）。

　なお、相続財産清算制度の詳細は、**第6章2**で後述します。

8

遺産分割

1 遺産共有の性質

　相続人が複数存在する場合、共同相続人は、遺産分割が成立するまでの間、相続分に応じて相続財産を共有することになります（民法第898条、第899条）。判例では、相続人は個々の相続財産について共有持分権を有しており、その性質は、民法第249条以下に規定する共有と同じものであると解されています（最判昭和30年5月31日民集9巻6号793頁）。

　遺産分割は、被相続人の相続財産を、遺産に属する物または権利の種類及び性質、各相続人の年齢、職業、心身の状態及び生活の状況その他一切の事情を考慮して行われるため（民法第906条）、一般的な共有物分割とは異なる考慮をする必要があり、相続財産の共有関係を解消するためには、遺産分割手続による必要があります。

2 遺産分割

(1) 分割の方法

　相続財産の分割の方法には、①現物分割（現物をそのまま分割する方法）、②換価分割（遺産を売却しその代金を分配する方法）、③代償分割（現物を特定の者が取得し、他の相続人に金銭等を支払う方法）、④共有分割（物権法上の共有状態とする方法）の4種類があります。

⑵　一部分割

　遺産分割協議は、すべての相続財産を 1 回の協議で終了させるのが原則ですが、当事者間の合意で一部の遺産分割協議を成立させ、その余りの相続財産の遺産分割協議を別途行うことも認められています。また、相続人は、家庭裁判所に一部の遺産分割を求めることができます（民法第 907 条第 2 項本文）。平成 30 年 7 月の民法改正までは、相続人が相続財産の一部のみの分割を求めることができるか明らかではありませんでしたが、平成 30 年 7 月の民法改正によって明文で認められることになりました。

　もっとも、一部の遺産分割の申立てが他の共同相続人の利益を害するおそれがある場合は、申立てをすることができません（民法第 907 条第 2 項ただし書）。たとえば、一部の相続財産を取得しようとする相続人に、その余りの相続財産を分割する際の代償金を支払う資力がない場合には、一部の遺産分割の申立ては認められないと考えられます。

⑶　遺産分割の手続

　遺産分割協議が成立しない場合、相続人は、家庭裁判所に遺産分割の請求をすることができます（民法第 907 条第 2 項本文）。遺産分割は、家事事件手続法別表第二の審判事項として規定されていますが、別表第二の審判事項は、調停に付することもできます（家事事件手続法第 244 条）。

　相続人は、遺産分割審判と遺産分割調停のいずれを申し立てることもできますが、裁判所は遺産分割審判が申し立てられた場合でも、当事者の意見を聴いた上で、遺産分割調停に付することができます（家事事件手続法第 274 条第 1 項）。実務上も遺産分割調停を先に申し立てることが多いといえます。

　遺産分割調停が不成立等の理由で終了した場合には、遺産分割調停の申立ての際に家事審判の申立てがあったものとみなされます（家事事件手続法第 272 条第 4 項、審判移行）。

　遺産分割調停事件の管轄は、相手方の住所地を管轄する家庭裁判所また

は当事者が合意で定める家庭裁判所となります（家事事件手続法第245条第1項）。これに対して、遺産分割審判事件の管轄は、相続が開始した地（＝被相続人の最後の住所地）を管轄する家庭裁判所（同法第191条第1項）または当事者が合意で定める家庭裁判所（同法第66条第1項）となります。相続人が被相続人と同じ住所地内で生活していて、他の相続人が遠方にいるときは、自らの住所地で管轄を取得するため遺産分割審判を申し立てることも考えられますが、裁判所は、調停に付するかどうかを検討し、調停に付する場合には、相手方の住所地を管轄する家庭裁判所に移送するか、自ら処理（自庁処理）するかを判断することになります（同法第274条第2項、第3項）。

(4) 遺産分割の期限

遺産分割に期限は定められていないため、特に必要がなければ、遺産分割協議が行われないままの状態が続くこともありえます。しかし、数次相続が発生しているような事案では、相続人の数が多人数になるため、遺産分割を行おうとしても合意形成が難航することもあります。また、遺産分割協議は、各相続人の特別受益や寄与分を考慮して具体的相続分を算出して行うことになりますが、長期間の経過に伴って証拠等が散逸しており、その主張や立証のためにさらに時間を要することもあります。

そこで、令和3年4月の改正民法では、相続開始から10年を経過したときは、特別受益や寄与分を考慮した具体的相続分による遺産分割を行う利益を消滅させ、法定相続分に従って遺産分割を行うことにしました（民法第904条の3）。これは、遺産分割協議の期限を定めるものではありませんが、少なくとも10年以内に遺産分割を行うことを期待した改正と考えられます。

9 相続財産の管理と費用

1 相続財産の管理方法

　相続人が複数存在する場合、各相続人は個々の相続財産について共有持分権を有しており、その性質は、民法第249条以下に規定する共有と同じです（最判昭和30年5月31日民集9巻6号793頁）。そのため、相続財産の管理方法は、民法の共有に関する規定（民法第251条～第253条）によって決定されることになります。

(1)　保存行為

　保存行為とは、共有物の現状を維持する行為のことをいい、共同相続人は、単独で行うことができます（民法第252条第5項）。

　たとえば、相続財産の不動産について相続登記を行ったり、相続財産の不動産の不法占拠者に対する明渡請求や妨害排除請求を行ったりすることが保存行為に当たります。

(2)　管理行為

　管理行為とは、共有物の管理に関する行為のことをいい、処分や変更（軽微変更を除く）に至らない程度のものをいいます（民法第252条第1項）。共同相続人は、各共有者の持分価格の過半数に基づいて管理行為を決定することになります。ここでいう持分は、法定相続分または指定相続分のことをいいます。

　たとえば、民法第602条に規定する期間を超えない賃貸借契約を締結す

ること（建物の賃貸借は3年）、借地上の建物の建物買取請求権を行使することが管理行為（民法第252条第4項）に当たります。

(3) 処分行為及び変更行為

処分行為とは、共有物の処分・変更（軽微変更を除く）等をする行為のことをいい、共同相続人全員の合意で行う必要があります。

たとえば、空き家の取壊しや空き家の売却をすること、民法第602条の期間を超える賃貸借契約を締結すること、借地借家法の適用される賃貸借契約を締結することが処分行為に当たります。

2 遺産分割協議が成立するまでの特定の相続人による利用

相続開始後、特定の相続人が他の相続人の同意を得ることなく、相続財産である不動産を使用しているような場合、持分価格の過半数に基づかない利用であるため、特定の相続人の利用を管理行為として正当化することはできません。もっとも、相続人が有している共有持分権は、相続財産を使用収益することのできる権原であるため、他の相続人は当然に不動産の明渡しを求めることはできません（最判昭和41年5月19日民集20巻5号947頁）。

問題となるのは、どのような場合に明渡しを求めることができるかです。この問題に関しては、全員の同意が必要とする見解と、持分価格の過半数に基づく決定が必要とする見解があります。もっとも、遺産分割協議が成立するまでの暫定的な利用であることを踏まえると、特定の相続人に管理費用の負担を求めた上で、利用権原を認める等の合意をすることが穏当なようにも思われます。

なお、他の相続人は、特定の相続人に対して、自身の持分権割合に基づく使用収益をすることが妨げられている状態であるため、相続分に応じた賃料相当額の不当利得返還請求や不法行為に基づく損害賠償請求をすることは妨げられないと考えられています。

3　相続財産の管理費用

相続開始後の相続財産の管理に要する費用は、原則として、相続財産の中から支出されることになります（民法第885条）。具体的には、固定資産税、賃料、水道光熱費、保険料等が挙げられます。

相続財産の中に管理費用に充てられるものがない場合には、共同相続人の法定相続分または指定相続分の割合に基づいて、各自がそれぞれ負担することとなります（民法第253条）。しかし、被相続人の死亡後、特定の相続人が相続財産である不動産を単独で使用しているような場合は、管理費用を他の相続人に負担させると、相続人間の公平性を欠くことになります。そこで、相続財産を利用している相続人が当該相続財産の使用による利益を得ているものとして、管理費用を当該相続人に負担させることが考えられます。

なお、相続財産の管理費用は、相続開始後に発生するため、本来的には、遺産分割の対象に含まれません。この点に関して、遺産分割協議や遺産分割調停では、相続人が合意をすれば相続財産の管理費用を遺産分割の対象に含められるのに対して、遺産分割審判では、相続財産の管理費用を遺産分割の対象に含められないとされています。

10 相続と登記

1 相続登記の義務化

　相続が開始した場合、相続人は、相続した旨の登記（相続登記）を具備することによって自らが相続したことを公示することができますが、令和3年の不動産登記法改正まで相続登記は相続人の義務ではなかったため、積極的に行われてきませんでした。また、相続登記が積極的に行われない要因として、相続人が相続登記をするために必要な戸籍簿や除籍簿の取付けに時間と費用（司法書士に依頼するときは専門家報酬）を要することがあげられていました。

　しかし、相続登記が行われないまま数次相続が生じた場合には、相続人の確定をするだけでも、多大な時間と労力を要する可能性があります。

　そこで、令和3年の不動産登記法改正によって、相続人が相続により所有権を取得した場合、当該相続人は自己のために相続の開始があったことを知り、所有権を取得した日から3年以内に、相続登記をすることが義務付けられました（不動産登記法第76条の2第1項）。また、相続人が当該相続登記をした後に、遺産分割協議によって相続分を超えて所有権を取得した場合、当該相続人は、遺産分割協議が成立した日から3年以内に、所有権移転の登記をすることが義務付けられました（同条第2項）。なお、相続登記の義務化の概要については、**事例35**で取り上げます。

2　相続と登記の関係（民法第177条の問題）

　民法第 177 条は、所有権を含む物権の得喪と変更について、登記をしなければ第三者に対抗することはできない旨規定しています。この物権の得喪と変更には、あらゆる物権変動が含まれる（無制限説）と解されており、相続による所有権の取得も該当することになります。また、同条の規定する第三者は、登記を具備していないことを主張することについて正当な利益を有する第三者（制限説）を意味すると解されています。

(1)　共同相続と登記

　特定の共同相続人が他の相続人の同意を得ることなく、相続財産である不動産について単独名義の相続登記をした上で、第三者に譲渡した場合、他の相続人は第三者に対して登記を具備することなく所有権（持分権）を対抗できるかが問題となります。

　この問題について、判例は、虚偽の登記について、他の共同相続人の持分に関する限り無権利の登記であり、登記に公信力がないことを理由に、他の相続人は、第三者に対して、登記を具備することなく所有権（持分権）を対抗できることを認めました（最判昭和 38 年 2 月 22 日民集 17 巻 1 号 235 頁）。

　もっとも、他の相続人は、特定の相続人から持分権を取得した第三者と不動産を共有することになるため、自ら望む時期に、管理行為や処分行為をしようとしても同意を得られない可能性があります。

(2)　相続放棄と登記

　特定の相続人が相続放棄をし、他の相続人が単独で不動産を相続した後に、相続放棄をした相続人が相続放棄をする前に有していた持分権を第三者に譲渡した場合、他の相続人は第三者に対して登記を具備することなく所有者であることを対抗できるかが問題となります。

この問題に関して、相続放棄をした者は、最初から相続人にならなかったものとみなされ（民法第939条）、後述する遺産分割の場合のように、遡及効から第三者を保護する規定はありません。そのため、相続放棄をした者は相続財産について最初から無権利者となり、その者の相続放棄によって単独の所有者となった他の相続人は、第三者に対して、登記を具備することなく単独の所有者であることを対抗できると解されています（最判昭和42年1月20日民集21巻1号16頁）。

(3) 遺産分割と登記

特定の相続人が不動産を単独所有する内容の遺産分割が成立する前に、他の相続人から共有持分権を取得した者がいる場合でも、遺産分割には遡及効（民法第909条本文）があるため、遺産分割によって単独所有者となった者は、相続開始の当初から単独の所有者であったことになります。

しかし、それでは遺産分割が成立する前に、相続人から共有持分権を取得した第三者の権利を害することになるため、民法は遡及効を制限して第三者を保護しています（民法第909条ただし書）。ただし、第三者が保護されるためには、登記を具備する必要があると解されています。

これに対して、特定の相続人が不動産を単独所有する遺産分割が成立した後に、他の相続人が自らの共有持分権を登記して第三者に譲渡した場合、単独所有者になった相続人と第三者とは、対抗関係にあると解されています（最判昭和46年1月26日民集25巻1号90頁）。そのため、当該相続人は第三者に対して登記を具備しなければ、単独所有者であることを対抗できないことになります。

(4) 相続分の指定と登記

遺言によって自らの相続分が法定相続分より少なく指定されているにもかかわらず、法定相続分による共同相続の登記をして、その持分権を第三者に譲渡した場合に、第三者と指定相続分を侵害された相続人の優劣をど

のように考えるべきでしょうか。

　この問題について、判例は、上記⑴の共同相続と同様に、虚偽の登記によって自らの指定相続分を侵害された相続人は、第三者に対して、登記を具備することなく所有権を対抗できることを認めました（最判平成5年7月19日家月46巻5号23頁）。

　しかし、第三者からすれば、遺言の有無を確認することは必ずしも容易ではありません。そこで、平成30年7月の民法改正によって、相続による権利の承継は遺産分割によるものかどうかにかかわらず、法定相続分を超える部分については登記を具備しなければ第三者に対抗することができないものとされました（民法第899条の2第1項）。そのため、現行法では、遺言によって法定相続分より多い相続分の指定を受けた相続人は、第三者に対して当該相続分に相当する登記を具備しなければ、所有権を対抗できないことになります。

⑸　相続させる旨の遺言と登記

　被相続人が特定の相続人に相続財産の一部または全部を相続させる旨の遺言を作成することがあります。このような遺言は、特段の事情のない限り、遺産分割の方法を定めるものであり、相続による承継を受遺者の受諾の意思表示にかからせたなどの特段の事情のない限り、何らの行為を要せずして、被相続人の死亡の時に直ちに当該遺産が当該受遺者に相続により承継されるものと解されていました（最判平成3年4月19日民集45巻4号477頁）。

　このような不動産を相続させる旨の遺言がある場合、受遺者以外の相続人が自らの共有持分権を登記して第三者に譲渡したときであっても、受遺者は相続開始と同時に当該不動産を承継するため、第三者に対して登記を具備することなく、所有権を対抗できると解されていました（最判平成14年6月10日集民206号445頁）。

　しかし、上記⑷のとおり、相続による権利の承継には対抗要件が必要に

なったため、受遺者は、第三者に対して登記を具備しなければ所有権を対抗できないことになりました（民法第899条の2第1項）。

⑹　遺贈と登記

　遺贈とは、被相続人が遺言によって無償で自己の財産を他人に与えることをいいます（民法第964条）。ここでいう他人には相続人も含まれますが、他人が相続人である場合は、通常、遺贈ではなく、相続させる旨の遺言と解釈されるため、主として相続人以外の者を意味していることになります。

　被相続人が相続人以外の者に不動産を遺贈する旨の遺言を作成していたにもかかわらず、相続人が当該不動産を第三者に譲渡したような場合、受遺者と第三者とは対抗関係に立つものと解されています（最判昭和39年3月6日民集18巻3号437頁）。そのため、受遺者は、第三者に対して登記を具備しなければ所有権を対抗できないことになります。

11

祭祀承継財産と相続

1 祭祀承継財産と承継方法

　祭祀承継財産とは、系譜（家系図）、祭具（位牌、仏壇）及び墳墓のことを
いいます（民法第897条第1項）。祭祀承継財産は、遺産分割の対象から外さ
れており、①被相続人の指定がある場合はそれに従って、②被相続人の指
定がない場合は慣習に従って、③慣習が明らかでない場合は家庭裁判所の
調停や審判によって、その承継者が決定されることになります。

　ここでいう「慣習」には、過去の家督相続や長子承継といった家制度に
由来するような慣習は含まれません。実務的には、第一次的に、被相続人
の指定や相続人間の協議に基づいて祭祀承継財産の承継者が決定され、被
相続人の指定がない場合や相続人間で協議が整わない場合に、家庭裁判所
の調停や審判で決定されることになります（民法第897条第2項）。

2 遺骨・遺体の取扱い

　被相続人の遺骨や遺体は、祭祀承継と密接に関係するものであるため、
埋葬、管理、祭祀、供養といった目的の範囲内で、所有権の対象になると
解されています（大判大10年7月25日民録27輯1408頁）。その所有権の帰
属主体については諸説ありますが、祭祀承継者が遺産分割を経ることなく
取得するとの考え方が一般的です（最判平成元年7月18日家月41巻10号128
頁）。

第**6**章

空き家に関する
財産管理制度

1
法定後見・任意後見制度

1 制限行為能力制度の必要性

　民法が想定している「人」は、自らの自由な意思に従って判断できる能力を有していることを前提としています。そのため、法律行為は、意思能力（法律行為の結果を判断するだけの精神能力）を欠くような場合を除けば有効なはずです。もっとも、精神能力という事柄の性質上、その判断基準は必ずしも明らかではありません。そこで民法は、判断能力が十分ではない者を制限行為能力者（成年後見、保佐、補助、未成年）として類型化・法定化し、一定の場合に本人が行った行為を取り消せることにする等の制限をかけることで、本人を保護することにしました。このように制限行為能力制度は、本人の自己決定権の尊重と本人保護とを両立させた制度といえます。

　空き家に関しては、その所有者等が自身の判断能力が低下した場合に備えて、親族等の身内との間で財産管理に関する委任契約を締結しておくことも考えられます。もっとも、本人の判断能力が低下した後に、本人が受任者である身内の財産管理の適否を判断できない問題もあります。また、判断能力が低下した所有者に代わって、身内が空き家を管理しているような場合もありますが、身内の権限の範囲が明らかではないこともあります。

　さらに、空き家を所有している高齢者の生活資金を確保するために、空き家の売却等を検討せざるを得ないこともありますが、その時点で本人の判断能力が低下しているため、本人名義で行う契約の有効性には疑問が残ります。このような場合に、成年後見等の利用を検討することになりますが、実際に後見人等が選任されるまでには時間を要する問題もあります。

そのため、本人の判断能力の程度等を考慮しながら、どのような制度を利用して本人の身上や財産を保護するのが適切かを検討しておく必要があります。

2　成年後見人について

(1)　成年後見制度の意義

　判断能力が低下している者の中でも、法律行為の結果を判断できない者については、本人が不利益を被らないように保護する必要性が高いため、本人が自ら行った法律行為を取り消せるものとし、本人のために法律行為を行う法定代理人（成年後見人）を選任し、幅広く本人の財産管理等をさせることが適切です。これによって、判断能力が低下している者との取引を検討している者は成年後見人と契約を締結できるため、取引の安全にも資することになります。

(2)　申立手続

❶　申立ての要件

　本人が「精神上の障害により事理を弁識する能力を欠く常況にある者」であることが必要です（民法第7条）。

　精神上の障害には、病気や怪我だけではなく加齢によるものも含まれます。具体的には、認知症、知的障害、精神障害等の中で程度の重いものが該当します。また、事理を弁識する能力とは、法律行為の結果を判断するに足りる精神能力のことをいいます。このような精神能力を欠く状態がほぼ継続している場合には、成年後見人の選任が認められることになります。

❷　申立権者と選任

　本人、配偶者、四親等内の親族等が本人の住所地を管轄する家庭裁判所に成年後見人の選任を申し立て、家庭裁判所が後見開始の審判及び後見人

選任の審判をすることによって選任されます（民法第7条、第838条第2号、第843条第1項）。後見開始の審判が確定すると、後見開始・後見人選任の登記が行われます（家事事件手続法第116条）。

　後見人は通常1名が選任されますが、複数名選任される場合もあり、たとえば、財産管理を専門職後見人（弁護士、司法書士等）に任せ、身上監護を親族後見人に任せることもあります。

❸　申立書類

　裁判所のウェブサイトには、申立書関係の書式一式が公表されています。詳しくは、該当する管轄家庭裁判所のウェブサイトをご参照ください。申立書に添付する主な資料として、次のような書類があります。

- (a)　本人の戸籍謄本
- (b)　本人の住民票または戸籍附票
- (c)　成年後見人候補者の住民票または戸籍附票
- (d)　本人の診断書
- (e)　本人情報シート写し
- (f)　本人の健康状態に関する資料
- (g)　本人の成年被後見人等の登記がされていないことの証明書
- (h)　本人の財産関係や収支関係の資料
- (i)　その他家庭裁判所が定める書類

❹　申立費用

- (a)　収入印紙　800円分
- (b)　郵便切手　各家庭裁判所が定める金額
- (c)　後見登記手数料　収入印紙2,600円分
- (d)　鑑定費用

　　　裁判所が審理を進める中で必要がある場合に、医師の鑑定が命じられることがあります。この場合、おおむね10万円から20万円程

度の費用を要することになります。

(3)　成年後見人の職務

❶　成年後見人の権限

　成年後見人は、本人の行った法律行為の取消権（日用品の購入その他日常生活に関する法律行為を除く）を有するほか、成年被後見人の法律行為全般について、包括代理権を有します。この中には、不動産の管理行為も含まれます。

　成年後見人は、成年被後見人に対して、善管注意義務や身上配慮義務を負います。また、次の場合は、成年後見人の包括代理権が制限されています。

1)　**居住用不動産を処分する場合**

　　次の❷で詳述します。

2)　**成年被後見人の行為を目的とする債務を負担する場合**

　　成年被後見人の同意が必要です（民法第 859 条第 2 項、第 824 条ただし書）。

3)　**後見監督人の同意を要する場合**

　　後見監督人が選任されており、成年後見人が成年被後見人の所有する不動産を処分することその他民法第 13 条第 1 項各号に規定されている行為を行うときは、後見監督人の同意が必要です（民法第 864 条）。

　　後見監督人とは、成年後見人の後見事務の監督を目的として家庭裁判所が選任する監督人のことをいい、成年被後見人、その親族、成年後見人の請求または家庭裁判所の職権で選任されます。実務的には、家庭裁判所が職権で弁護士のような専門職を後見監督人として選任することが一般的です。

　　どのような場合に後見監督人を選任するかについて、明確な基準は定められていませんが、専門職以外の者が成年後見人に選任されており、後見事務として民法第 13 条第 1 項各号に定める事由を行うことが想定さ

れる場合（成年被後見人が不動産を所有しているような場合など）には、後見監督人が選任されることになると思われます。

4）　成年後見人と成年被後見人の利益が相反する場合

成年後見人と成年被後見人の利害が対立する場合、成年被後見人のために特別代理人を選任する必要があります（民法第860条、第826条）。後見監督人が選任されている場合は、特別代理人ではなく、後見監督人が当該行為を行うことになります（同法第860条ただし書）。利益相反があるにもかかわらず行われた行為は、無権代理行為として無効になります。

利益相反の有無は、容易に判断できるように外形的客観的に判断され、成年後見人の動機や目的は考慮されません（最判昭和42年4月18日民集21巻3号671頁）。

具体的には、①共同相続人である複数の成年被後見人に同一の成年後見人が就いているときに遺産分割協議を行う場合、②成年後見人と成年被後見人がともに相続人であるときに遺産分割協議を行う場合、③相続人である成年後見人が成年被後見人の相続放棄を行おうとする場合等には、利益相反があることになります。ただし、③の相続放棄の場合は、相続人である成年後見人が成年被後見人に先んじて相続放棄をしている場合や、成年被後見人と同時に相続放棄をする場合は、利益相反はないと考えられています（最判昭和53年2月24日民集32巻1号98頁）。

❷　成年被後見人の不動産を処分する場合

1）　居住用不動産を処分する場合

成年後見人は、成年被後見人の居住の用に供する建物またはその敷地について、売却、賃貸、賃貸借の解除または抵当権の設定その他これらに準ずる処分をする場合、家庭裁判所の許可を得る必要があります（民法第859条の3）。家庭裁判所の許可に付した趣旨は、居住用不動産の売却等によって、成年被後見人が生活環境面や精神面で悪影響を受けないようにすることにあります。このような趣旨のため、同条の処分には、

居住用不動産の取壊しも含まれることになります。

　居住用不動産には、①現に居住している不動産、②現に居住していないが将来居住の用に供する可能性がある不動産が含まれると解されています。たとえば、現時点では病院や福祉施設に入所していても、その後に戻って居住する可能性のある空き家は、居住の用に供されている建物に該当することになります。

　また、居住用不動産の処分の許可申請をするタイミングは、契約締結前と契約締結後（家庭裁判所の許可を停止条件にする）のいずれも認められていますが、実務的には家庭裁判所に対して処分方針の情報提供をしながら進めることになります。

　なお、成年後見人に後見監督人が選任されている場合、居住用不動産を処分するためには、家庭裁判所に許可申請をする前に、後見監督人から同意を得る必要があります。

2)　**不動産を処分する場合の必要性と相当性**

　成年後見人は、成年被後見人に対して善管注意義務を負っているため、不動産の処分も成年被後見人にとって必要かつ相当なものであることが求められます。

　成年被後見人が施設に入所しており、生活費等を捻出するために空き家を処分したり、施設に入所する費用を捻出するために空き家となる自宅を処分したりする場合には、必要性が認められやすいと考えられます。ただし、居住用不動産の場合は、成年被後見人の精神面等に与える影響も大きいことから、慎重な検討が必要となります。

　また、不動産の処分の必要性が認められる場合でも、その売却価格や売却条件が成年被後見人に不利益とならないように、相見積書を取得するなど、売却条件等が適切なものであったことを検証できるようにしておく必要もあります。

図表13 不動産の処分と手続的要件の関係

	成年後見人のみの場合	後見監督人がいる場合
居住用不動産の処分	家庭裁判所の許可	家庭裁判所の許可 後見監督人の同意
非居住用不動産の処分	家庭裁判所の許可不要	後見監督人の同意

column

リバースモーゲージとは？

　リバースモーゲージとは、自宅等の不動産を担保にして、金融機関から金銭消費貸借契約に基づく貸付けを受け、借主が死亡したときに、当該不動産を処分して債務を弁済する仕組みです。不動産を担保に供する必要があるため、家庭裁判所の許可が必要となります（民法第859条の3）。

　貸付条件等は金融機関によって異なるため、適宜確認する必要があります。住宅ローン等のような金銭消費貸借が資金を一括して借り受け、定期的に返済していくのに対して、リバースモーゲージが資金を定期的に借り受け、自らが死亡したとき等に一括して返済することになります。このように、リバースモーゲージは、貸付けと返済の方法が一般的な貸付けと逆になっています。

　リバースモーゲージは、死亡するまで自宅に居住できることや、定期的な返済を行わずに済むという点で、年金等以外に収入のない高齢者の収入を確保できるメリットがあります。一方で、貸付限度額が不動産評価額の一定限度にとどまることや、長寿命、不動産価値の下落、金利変動といった各種リスクもあるため、資金確保目的の場合には、売却が第一選択肢になると思われます。

3 保佐人と補助人について

(1) 保佐と補助制度の意義

　本人の判断能力が成年後見制度を利用するほど低下していない場合でも、その低下の程度に応じた制度を作ることが有用です。そこで民法は、精神上の障害により事理を弁識する能力が著しく不十分である者を対象とした保佐制度と、精神上の障害により事理を弁識する能力が不十分である者を対象にした補助制度を設けています。これらの制度は、成年後見制度とは異なり、基本的には本人の判断を尊重しつつ、必要な限度で保佐人や補助人に同意権、取消権、代理権を付与しています。

(2) 保佐

❶ 申立ての要件

　本人が「精神上の障害により事理を弁識する能力が著しく不十分である者」であることが必要です（民法第11条）。精神上の障害には、認知症、知的障害、精神障害等の中で、中程度のものが該当します。

❷ 申立権者と選任

　本人、配偶者、四親等内の親族、後見人、補助人等が本人の住所地を管轄する家庭裁判所に申し立て、家庭裁判所が保佐開始の審判及び保佐人選任の審判をすることによって選任されます（民法第11条、第876条、第876条の2第1項）。保佐開始の審判が確定すると、保佐開始・保佐人選任の登記が行われます（家事事件手続法第116条）。

❸ 申立書類及び申立費用

　申立書類及び申立費用は、成年後見と基本的には同じです。また、保佐人に同意権や代理権の付与を求める場合には、当該行為に関する資料（契約書等の写し）の提出が求められます。

(3)　保佐人の職務

　保佐人は、成年後見人とは異なり、被保佐人のための包括代理権を有さず、民法第13条第1項各号に規定する次の事由の同意権と取消権（ただし、日用品の購入その他日常生活に関するものを除く）を有します。もっとも、保佐人に同項各号に定める事由以外の事由について同意権を与えることもできます。

(a)　元本を領収し、または利用すること。

(b)　借財または保証をすること。

(c)　不動産その他重要な財産に関する権利の得喪を目的とする行為をすること。

(d)　訴訟行為をすること。

(e)　贈与、和解または仲裁合意をすること。

(f)　相続の承認もしくは放棄または遺産の分割をすること。

(g)　贈与の申込みを拒絶し、遺贈を放棄し、負担付贈与の申込みを承諾し、または負担付遺贈を承認すること。

(h)　新築、改築、増築または大修繕をすること。

(i)　民法第602条に定める期間を超える賃貸借をすること。

(j)　上記(a)～(i)の行為を制限行為能力者の法定代理人としてすること。

　また、家庭裁判所は、特定の法律行為について保佐人に代理権を与えることができますが、この場合、本人の同意が必要です（民法第876条の4）。なお、保佐人が居住用不動産を処分するには、成年後見と同様に、家庭裁判所の許可を得ることが必要となります（民法第876条の5第2項）。

(4)　補助

❶　申立ての要件

　本人が「精神上の障害により事理を弁識する能力が不十分である者」であることが必要です（民法第15条）。精神上の障害には、認知症、知的障害、精神障害等の中で、保佐に該当するものよりも軽度のものが該当します。

❷ 申立権者と選任

　本人、配偶者、四親等内の親族、後見人、保佐人等が本人の住所地を管轄する家庭裁判所に申し立て、家庭裁判所が補助開始の審判及び補助人選任の審判をすることによって選任されます（民法第15条、第876条の6、第876条の7第1項）。補助開始の審判が確定すると、補助開始・補助人選任の登記が行われます（家事事件手続法第116条）。

　なお、補助の場合に補助開始の審判をするためには、成年後見や保佐とは異なり、本人の同意が必要です。

❸ 申立書類及び申立費用

　申立書類及び申立費用は、成年後見や保佐と基本的には同じですが、補助人に同意権や代理権の付与を求める場合には、保佐の場合と同様、当該行為に関する資料の提出が求められます。

⑸ 補助人の職務

　被補助人には判断能力が一定以上備わっているため、補助人の職務の範囲は、保佐人よりも限定されています。補助人は、民法第13条第1項各号に規定する事由の一部について、同意権と取消権（ただし、日用品の購入その他日常生活に関するものを除く）を有します（民法第17条）。また、家庭裁判所は、特定の法律行為について補助人に代理権を与えることができますが、この場合、本人の同意が必要です（同法第876条の9）。なお、補助人が居住用不動産を処分する場合には、成年後見、保佐と同様に、家庭裁判所の許可を得ることが必要となります。

4　任意後見契約制度

　任意後見契約とは、自らの判断能力が低下する前に、判断能力が低下した後の自己の生活、療養看護及び財産の管理を委託し、その代理権を付与する委任契約のことをいいます（任意後見契約に関する法律第2条第1号）。任意後見契約は公正証書によって行う必要があり、公証人の嘱託によって登記されることになります（同法第3条、後見登記等に関する法律第5条）。

　任意後見契約は、任意後見監督人が選任されたときから効力を生じます（任意後見契約に関する法律第2条第4号、第4条）。任意後見監督人には、弁護士や司法書士等の専門職が選任されることが多く、任意後見人の配偶者、直系血族及び兄弟姉妹は、任意後見監督人に就くことはできません（同法第5条）。

　任意後見人がどのような職務を行うかは、任意後見契約の内容によって決まります。個別の契約によって内容が異なるため、取引の相手方等に不測の損害を与えないように、代理権の範囲が登記によって公示されることになっています（後見登記等に関する法律第5条第4号）。

　上記のように、任意後見契約制度は本人の判断能力が低下した場合に効力が生じます。本人の判断能力が低下する前から財産管理を任せたい場合には、任意後見契約と併せて財産管理契約を締結しておく必要があります。

図表14 法定後見制度と任意後見制度の整理

	成年後見	保佐	補助	任意後見
対象者	精神上の障害により事理を弁識する能力を欠く常況にある者	精神上の障害により事理を弁識する能力が著しく不十分である者	精神上の障害により事理を弁識する能力が不十分である者[※1]	委任者
同意権	同意権なし	民法第13条第1項各号に規定する事由（日用品の購入その他日常生活に関する行為を除く）	民法第13条第1項各号に規定する特定の法律行為（日用品の購入その他日常生活に関する行為を除く）[※2]	なし
取消権	日用品の購入その他日常生活に関する行為を除く行為	上記行為	上記行為	なし
取消権者	成年後見人 成年被後見人	保佐人 被保佐人	補助人 被補助人	なし
代理権	財産行為全般	特定の法律行為[※3]	特定の法律行為[※3]	任意後見契約の内容による

※1　補助開始の審判のために本人の同意が必要
※2　同意権を付与する審判と本人の同意が必要
※3　代理権を付与する審判と本人の同意が必要

2

空き家に関する各種管理制度

1　財産管理制度の概要

　本人の不在や相続人の不存在等の事情によって、財産の管理が行われなくなると、本人の債権者その他利害関係人に不測の損害が生じる可能性があります。このような場合に、裁判所が不在者財産管理人や相続財産管理人（相続財産清算人を含む）を選任し、当該財産の管理に当たらせるものとしています。

　このような財産管理制度は、管理人に財産管理全般を任せるものであり、特定の財産の管理を任せることを想定していません。しかし、所有者不明の土地や建物、管理が適切に行われない土地や建物については、周囲に大きな影響を与える可能性があるため、当該土地や建物に特化した管理制度を設けた方が効率的です。そこで、令和３年４月の民法改正によって、新たに所有者不明土地・建物管理制度、管理不全土地・建物管理制度が創設されることになりました。

2　相続財産清算制度

(1)　相続財産清算制度の意義

　被相続人の相続人が不存在・不明である場合、相続人の相続放棄によって相続人が不存在となった場合には、相続財産が適切に管理されなくなります。また、被相続人に債権者がいる場合には、被相続人の相続財産をもって債権者に対して弁済を行う必要もあります。

そこで民法は、家庭裁判所が選任する相続財産清算人に相続人を捜索させるとともに、相続財産の清算を行わせ、最終的に残存する相続財産を国庫に帰属させることにしています。

ところで、相続財産清算人は令和3年4月の民法改正まで相続財産管理人と呼ばれていました。しかし、相続財産清算人の職務は、相続財産を換価して債権者に対して必要な弁済を行い、残余財産がある場合には国庫に帰属させるというものであり、相続財産の「管理」というよりも、相続財産の「清算」という方が実態に合っています。このような職務の性質を踏まえ、令和3年4月の民法改正によって、相続財産管理人という名称は、現在の相続財産清算人という名称に変更されました。

なお、これ以外にも、家庭裁判所は、相続が開始してから相続財産の帰属が決定されるまでの間、いつでも相続財産管理人の選任その他相続財産の保存に必要な処分をすることができます（民法第897条の2第2項）。

(2) 相続財産清算制度の申立手続
❶ 申立ての要件
被相続人の相続が開始し、「相続人のあることが明らかでない場合」、利害関係人または検察官は、家庭裁判所に対し、相続財産清算人の選任を申し立てることができます（民法第952条）。相続の開始は、自然死亡、失踪宣告による死亡、認定死亡の3種類が含まれます。なお、死亡の法的効果が発生しない戸籍法上の事務処理の一つである高齢者職権消除は含まれません。

上記の「相続人のあることが明らかでない場合」とは、相続開始日を基準として、被相続人の相続人の存否が不明である場合をいい、戸籍の記載上、相続人がいない場合や、最終順位の相続人が相続放棄をした場合などが含まれます。これに対して、相続人が生死不明・行方不明である場合には、相続人は存在するため、相続財産清算人の選任申立ては認められず、当該相続人の不在者財産管理人を選任して遺産分割等を行うことになります。

❷　申立権者

　相続財産清算人の選任の申立権は、利害関係人または検察官にあります（民法第952条第1項）。ここでいう利害関係とは、法律上の利害関係である必要があります。具体的には、①被相続人の債権者（担保権者を含む）や債務者、②事務管理を行った者、③成年被後見人の死亡に伴い業務を終了した者、④特別縁故者、⑤受遺者、⑥国や地方公共団体等が含まれます。

　市町村長は、空き家特措法に規定する空家等について、その適切な管理のため特に必要があるときは、相続財産清算人の選任申立てをすることが認められています（空き家特措法第14条）。また、所有者不明土地の利用の円滑化等に関する特別措置法によって、国の行政機関の長または地方公共団体の長には、所有者不明土地（＝相当な努力が払われたと認められるものとして政令で定める方法により探索を行っても、なお、その所有者の全部または一部を確知することができない一筆の土地）について、一定の要件を満たすときは、相続財産清算人の選任の申立てをすることも認められています（同法第42条）。

❸　管轄

　相続財産清算人の選任申立ての管轄は、相続開始地（＝被相続人の最後の住所地）を管轄する家庭裁判所です（家事事件手続法第203条第1号）。

❹　申立書類

　裁判所のウェブサイトには、申立書関係の書式一式が公表されています。詳しくは、該当する管轄家庭裁判所のウェブサイトをご参照ください。申立書に添付する主な資料として、次のような書類があります。

- （a）　被相続人の出生時から死亡時までのすべての戸籍（除籍、改製原戸籍）謄本
- （b）　被相続人の父母の出生時から死亡時までのすべての戸籍（除籍、改製原戸籍）謄本

(c) 被相続人の子（及びその代襲者）で死亡している者がいる場合、その子（及びその代襲者）の出生時から死亡時までのすべての戸籍（除籍、改製原戸籍）謄本

(d) 被相続人の直系尊属の死亡の記載のある戸籍（除籍、改製原戸籍）謄本

(e) 被相続人の兄弟姉妹で死亡している者がいる場合、その兄弟姉妹の出生時から死亡時までのすべての戸籍（除籍、改製原戸籍）謄本

(f) 代襲者としての甥姪で死亡している者がいる場合、その甥姪の死亡の記載がある戸籍（除籍、改製原戸籍）謄本

(g) 被相続人の住民票除票または戸籍附票

(h) 財産を証する資料（不動産登記事項証明書（未登記の場合は固定資産評価証明書）、預貯金及び有価証券の残高が分かる書類（通帳写し、残高証明書等）など）

(i) 利害関係人からの申立ての場合、利害関係を証する資料（戸籍謄本（全部事項証明書）、金銭消費貸借契約書写し等）

(j) 相続財産清算人の候補者がある場合にはその住民票または戸籍附票

❺ 申立費用

(a) 収入印紙　800 円分

(b) 郵便切手　各家庭裁判所が定める金額

(c) 官報公告料　5,075 円

(d) 予納金

　　相続財産を金銭的に評価して、相続財産清算人が相続財産を管理するために必要な費用（相続財産清算人に対する報酬を含む）に不足が出る可能性がある場合は、予納金の納付を命じられることがあり、事案にもよりますが、おおむね数十万円以上の費用を要することになります。

❻ 相続財産清算人の選任から業務終了までの流れ

家庭裁判所は、相続財産清算人を選任したときは、相続財産清算人を選

任した旨及び6か月以上の期間を定めて、その期間内に、相続人にその権利を主張すべき旨の公告を行います（民法第952条第2項）。

　この公告が行われると、相続財産清算人は、全ての相続債権者及び受遺者に対し、2か月以上の期間を定めて、その期間内にその請求の申出をすべき旨を公告することになります（民法第957条第1項）。相続財産清算人が定める期間は、家庭裁判所が公告した相続人が権利を主張すべき期間内に満了するように定められます。

　相続人が権利を主張すべき期間内に、相続人としての権利を主張する者がいないときは、相続人、相続財産清算人に知れなかった相続債権者及び受遺者は、その権利を行使できなくなり、権利関係が確定します（民法第958条）。令和3年4月の民法改正以前は、権利関係の確定まで10か月を要していましたが、現行法では権利関係の確定まで最短で6か月まで短縮されています。

(3)　相続財産清算人の権限

　相続財産清算人の権限は、原則として、①保存行為、②利用行為や改良行為の範囲（ただし、物または権利の性質を変えない範囲内）にとどまります。これを超える行為を行うときは、家庭裁判所の許可を得る必要があります（民法第953条、第28条、第103条）。空き家等の不動産の売却その他処分行為を行う場合には、家庭裁判所から権限外行為の許可を得て行うことになります。

3 不在者財産管理制度

(1) 不在者財産管理制度の意義

　従来の住所または居所を去った者（以下「不在者」という）がその財産の管理人を置かなかったときは、財産が適切に管理されないため不在者が損害を受ける可能性があるほか、不在者の債権者その他の利害関係人も権利行使できずに不測の損害を被る可能性があります。そこで民法は、家庭裁判所が選任する不在者財産管理人に財産管理全般を行わせることで、このような不利益を回避することにしています。

(2) 不在者財産管理制度の申立手続

❶ 申立ての要件

　財産があるにもかかわらず、不在者が管理人を置いていないことが必要です（民法第25条第1項）。不在者とは、従来の住所または居所を去り、連絡がつかず行方不明の者をいいます。

　不在者が生存していることは要件ではありませんが（生死不明の場合でも申立ては可能）、不在者の生死が7年間明らかでない場合には、失踪宣告によって不在者は死亡したものとみなされるため（民法第30条、第31条）、不在者財産管理人によることなく問題を解決できることもあります。

❷ 申立権者

　不在者財産管理人の選任の申立権は、利害関係人または検察官にあります（民法第25条第1項）。ここでいう利害関係とは、法律上の利害関係である必要があり、具体的には①相続人が遺産分割協議を求める場合、②不在者の財産管理の不全等によって損害を被るおそれがある者が予防措置を求める場合、③不在者の財産を時効取得するため時効の援用をする場合等には、法律上の利害関係が認められます。

❸　管轄

　不在者財産管理人の選任申立てに関する管轄は、不在者の従来の住所地または居所地を管轄する家庭裁判所です（家事事件手続法第 145 条）。

　しかし、不在者の住所地や居所地すら明らかにならないときは、裁判管轄が定まらないことになります。そこで、家事事件手続法は、不在者の財産の所在地にある家庭裁判所か東京家庭裁判所に管轄を認めています（家事事件手続法第 7 条、家事事件手続規則第 6 条）。

---

column

空き家の購入希望者の利害関係

　不在者の空き家を購入したい場合に、購入希望者に利害関係が認められるかが問題となる場合があります。民法には契約締結の自由があるため、売買契約の申込みを受けたとしても、申込みを受けた者にはこれに応じる義務はありません。そうすると、不在者の空き家の購入希望者というだけでは、不在者との間に法律上の利害関係は認められないことになりそうです。

　この問題に関して、不在者の土地の取得を希望する宅地造成業者が不在者の所有する土地を除く一帯の土地の造成工事を完了していた場合に、当該宅地造成業者に利害関係を認めた事例があります（大分家審昭和 49 年 12 月 26 日家月 27 巻 11 号 41 頁）。もっとも、この事案は、当該宅地造成業者が不在者の土地の造成もすでに行っており、不在者が帰来したときには、不在者に対して損害賠償等を行う必要があったという点で、法律上の利害関係を認めやすい事案でした。

　このように、単に不在者の土地の購入を希望しているというだけでは、不在者財産管理人の選任の申立ては否定される可能性が高いことに留意が必要です。

---

❹　申立書類

　裁判所のウェブサイトには、申立書関係の書式一式が公表されています。詳しくは、該当する管轄家庭裁判所のウェブサイトをご参照ください。申立書に添付する主な資料として、次のような書類があります。

- (a)　不在者の戸籍謄本（全部事項証明書）
- (b)　不在者の戸籍附票
- (c)　財産管理人候補者の住民票または戸籍附票
- (d)　不在の事実を証する資料
- (e)　不在者の財産に関する資料（不動産登記事項証明書、預貯金及び有価証券の残高が分かる書類（通帳写し、残高証明書等）など）
- (f)　利害関係人からの申立ての場合、利害関係を証する資料（戸籍謄本（全部事項証明書）、賃貸借契約書写し、金銭消費貸借契約書写し等）

❺　申立費用

- (a)　収入印紙　800円分
- (b)　郵便切手　各家庭裁判所が定める金額
- (c)　予納金

　　　不在者財産管理人が不在者の財産を管理するために必要な費用（不在者財産管理人に対する報酬を含む）に不足が出る可能性がある場合には、予納金の納付を命じられることがあり、事案にもよりますが、おおむね数十万円以上の費用を要することになります。

(3)　不在者財産管理人の権限

❶　不在者財産管理人の権限

　不在者財産管理人の権限は、原則として、①保存行為、②利用行為や改良行為の範囲（ただし、物または権利の性質を変えない範囲内）にとどまります。これを超える行為を行うときは、家庭裁判所の許可を得る必要があります（民法第28条、第103条）。

　また、不在者財産管理人は、職務の執行について委任の規定が準用されており、善管注意義務や受取物の引渡義務、金銭消費の責任を負います（家事事件手続法第 146 条第 6 項）。

❷　権限外行為の許可の要否

1)　遺産分割と権限外行為の許可の要否

　遺産分割協議は、新たな権利の取得や義務の負担が生じるため、不在者財産管理人が遺産分割協議を成立させるためには、家庭裁判所の権限外行為の許可が必要です。また、遺産分割調停も同様に権限外行為の許可が必要と解されますが、遺産分割審判は裁判所によって内容が決定されるため、権限外行為の許可は不要です。

　不在者財産管理人は他の相続人との間で遺産分割協議を進め、分割案がまとまった時点で裁判所に遺産分割協議書案を提出して、権限外行為の許可を得ることになります。

　家庭裁判所の許可の審査は、不在者の権利や利益を不当に害するものか否かという観点から行われます。不在者が現に遺産分割協議に参加していれば、法定相続分を取得していたと考えられるため、不在者に法定相続分が確保されているかどうかが基準となります。また、不在者の権利を保護するという観点から、形式的に法定相続分が確保されているかどうかだけでなく、実質的に不利益が発生しないかも含めて審査されることになります。

2)　不在者財産管理人の行う遺産分割協議

　1)のとおり、不在者財産管理人は、不在者に不利益を与えない場合を除いて、法定相続分を取得する遺産分割協議を行うことになります。

　相続財産の中に現預金のような財産が十分にあれば、各相続人の取得できる財産の調整を比較的容易に行うことができるため、不在者に現預金を相続させる方法も考えられます。

　これに対して、被相続人が居住していた空き家の相続財産に占める割

合が高く、かつ、他の相続人も空き家の相続を望んでいない場合に、不在者に空き家を相続させる遺産分割協議は、家庭裁判所の許可が出ない可能性があります。このような遺産分割は、不在者に日常の管理だけでなく、土地工作物責任や各種の行政法上の管理責任を負わせることになり、不在者のみに不利益を負担させる結果となるからです。空き家以外の相続財産での調整が難しい場合には、特定の相続人に空き家を相続させ、不在者には帰来時に代償金を支払う旨の遺産分割協議（帰来時弁済型の遺産分割協議）を成立させることも考えられます。

3）帰来時弁済型による遺産分割協議

帰来時弁済型の遺産分割協議とは、遺産分割協議の時点では、不在者を除く相続人に具体的な相続財産を相続させ、不在者には所在が判明して請求があったとき（＝帰来時）に代償金を支払う遺産分割協議のことをいいます。

空き家の売却が困難である場合や、生家である実家の売却に同意しない共同相続人がいる場合には、特定の相続人に空き家を相続させ、代償金を不在者に取得させる帰来時弁済型の遺産分割を行うことが考えられます。

帰来時弁済型の遺産分割は、不在者が帰来したときに、代償金の支払義務を負う相続人が不在者に対して代償金を確実に支払える必要があります。そこで、権限外行為の許可の判断は、不在者の帰来の可能性、代償金の額、代償金の支払義務者の資力等を総合考慮して行われることになります。

4）相続放棄と権限外行為の許可の要否

相続放棄をするかどうかは、本来、不在者が第一次的に判断するべきものであり、相続放棄は不在者の財産の増減にも影響するため、権限外行為の許可に服させることが妥当です。

少なくとも相続財産が債務超過である場合には、権限外行為の許可を得て相続放棄ができることに争いはありませんが、それ以外の場合に、

どのような事情があれば許可が得られるかは個別の判断になります。たとえば、不在者の固有財産が少ないにもかかわらず、相続財産を相続することによって多額の管理費用を支出しなければならないことが想定される場合には、相続放棄が認められると考えられます。

5) **相続の承認と権限外行為の許可の要否**

相続を承認することによって不在者の財産を増加させることになる場合、相続の承認は保存行為の一種としてみることができます。そのため、このような場合の相続の承認には、権限外行為の許可は不要と考えられています。

相続の承認が問題となり得るのは、不在者財産管理人が遺産分割協議において、権限外行為の許可を得て相続財産を売却した後に、帰来した不在者が借入金等の相続を免れるために相続放棄の申述をするような場合です。この問題に関して、不在者財産管理人による相続財産の売却は、不在者財産管理人が不在者のために相続が発生していることを知って行った場合には、法定単純承認事由（民法第921条第1号）に該当するため（最判昭和42年4月27日民集21巻3号741頁）、不在者が帰来後に相続放棄をすることはできないと解されます（名古屋高判平成26年9月18日判例秘書L06920481）。

このように、不在者財産管理人の行う遺産分割協議と不在者の相続放棄とは相反する可能性があります。家庭裁判所の行う遺産分割協議の権限外行為の許可の審査は、不在者が帰来したときに不利益を被らないように、相続財産の内容やその内容から推知し得る不在者の相続放棄の意思等を考慮して行われる必要があります。

(4) **不在者財産管理人の管理の合理化**

従来、不在者財産管理人による管理や処分等により金銭が生じた場合に、その金銭を不在者に引き渡すことができず、管理が長期化する問題がありました。そこで、令和3年4月に家事事件手続法が改正され、不在者財産

管理人は、不在者財産管理人を選任した裁判所の所在地を管轄する家庭裁判所の管轄区域内の供託所に供託できることになりました（同法第146条の2）。また、不在者財産管理人は、管理している財産の全部を供託したことによって、管理するべき財産がなくなった場合には管理事務を終了することができるようになりました（同法第147条）。そのため、不在者が関与する遺産分割協議は、帰来時弁済型による方法よりも、不在者財産管理人に代償金を取得させ、これを供託させる方法が増えていくものと考えられています。

4 所有者不明土地・建物及び管理不全土地・建物に関する管理制度

(1) 創設の経緯

　所有者不明土地や所有者不明建物の中には、適切に管理されることなく放置されているものがあります。また、所有者が判明している土地や建物でも、その所有者が適切に管理しないため、危険な状態となっているものもあります。

　このような土地や建物について、不在者財産管理人に管理させることによって対応することもできました。しかし、不在者財産管理制度は、不在者の財産全般を対象とする制度であるため、土地や建物に特化して管理することは想定されていませんでした。また、所有者が判明している場合は、不在者財産管理制度を利用することはできず、当該所有者に対して適切な管理を求めていかざるを得ず、解決するまでの間に、いたずらに時間と労力を要するという問題もありました。

　そこで、令和3年4月の民法改正によって、所有者不明の土地・建物や管理不全の土地・建物の管理に特化した制度として、所有者不明土地・建物管理制度と、管理不全土地・建物管理制度が新たに創設されることになりました。令和3年4月の民法改正は、所有者不明土地問題に対応するための法改正ですが、これらの新たな管理制度は、空き家を適切に管理する

ための手段としても活用されていくことが期待されます。

(2)　所有者不明土地・建物管理制度

❶　概要

　所有者不明土地・建物管理制度とは、所有者不明土地・建物を対象として、地方裁判所が選任する管理人に管理（処分を含む）をさせる制度です。所有者不明土地管理制度と所有者不明建物管理制度は別個独立の手続ですが、所有者不明土地管理制度に関する条文の多くが所有者不明建物管理制度に準用されています。

❷　申立ての要件

　所有者不明土地管理人の選任申立てを行うためには、当該土地の所有者を知ることができず、またはその所在を知ることができない土地であることが必要です（民法第264条の2第1項）。また、所有者不明建物管理制度の場合は、当該建物の所有者を知ることができず、またはその所在を知ることができない建物であることが必要です（同法第264条の8第1項）。なお、土地や建物が共有である場合は、当該共有持分が対象になります。どの程度の調査をすれば、所有者不明土地や所有者不明建物と認められることになるかは、個別の案件によりますが、不動産登記簿・住民票の公的書類の確認や現地調査の実施など、必要な調査を尽くしても、所有者を特定できない場合に認められるものと考えられます。

❸　申立権者

　所有者不明土地・建物管理人選任の申立権は、利害関係人に認められてます（民法第264条の2第1項、第264条の8第1項）。ここでいう利害関係とは、法律上の利害関係である必要があります。具体的には、所有者不明土地や所有者不明建物が適切に管理されていないため、不利益を受けるおそれのある隣地の所有者などが利害関係人として認められます。また、不在

者財産管理人の場合と異なり、所有者不明土地や所有者不明建物の購入希望者も、取得後の適切な管理が期待できるため、利害関係人として認められる可能性があります（ただし、購入計画の具体性や購入する資金を有していることが必要になると考えられます）。

❹　管轄

　所有者不明土地・建物管理人の選任申立てに係る管轄は、当該土地・建物の所在地を管轄する地方裁判所です（非訟事件手続法第90条第1項）。

　申立てを受けた地方裁判所は、所有者不明土地・建物管理人選任の申立てがあったことや、所有者不明土地・建物管理命令をすることについて異議がある者は一定期間（1か月以上）内にその旨届出をするべきこと等を公告します。当該公告期間が異議なく経過した場合に、所有者不明土地・建物管理命令が出されることになります（非訟事件手続法第90条第2項、第6項）。

❺　所有者不明土地・建物管理人の職務

　所有者不明土地・建物管理人は、所有者不明土地や所有者不明建物の管理及び処分する権利を専属的に有しており、保存行為や利用行為、改良行為（ただし、所有者不明土地等の性質を変えない範囲内）を行うことができるほか、これらを超える行為（処分行為）については、地方裁判所の許可を得れば行うことができます（民法第264条の3第2項、第264条の8第5項）。

　所有者不明建物管理人の権限は、所有者不明建物を管理するためのものですので、原則的には建物を取り壊すことは認められません。もっとも、所有者の出現可能性、建物の価値、管理コストと取壊し費用の多寡、建物が周囲に与える損害やその内容等を総合考慮して、建物を取り壊すことが相当と認められる場合には、例外的に取壊しが認められることもあると考えられます。

(3)　管理不全土地・建物管理制度

❶　概要

　管理不全土地・建物管理制度とは、土地・建物の所有者によって適切に管理されていない土地や建物が、他人の権利を侵害するおそれがあるような場合に、地方裁判所が選任する管理人に管理（処分を含む）をさせる制度です。管理不全土地管理制度と管理不全建物管理制度は別個独立の手続ですが、管理不全土地管理制度に関する条文の多くが管理不全建物管理制度に準用されています。

❷　申立ての要件

　管理不全土地管理人の選任申立てを行うためには、所有者による土地の管理が不適当であることによって他人の権利または法律上保護される利益が侵害され、または侵害されるおそれがある土地であることが必要です（民法第264条の9第1項）。また、管理不全建物管理制度の場合も、土地と同様の基準を満たす必要があります（同法第264条の14第1項）。どのような場合に管理不全土地や管理不全建物と認められることになるかは、個別の案件によりますが、土地に設置された擁壁が損傷して隣地に倒壊するおそれがあるような場合や、土地や建物に放置されたごみから著しい悪臭が発生しているような場合に認められるものと考えられます。なお、管理不全の状態が不可抗力によって生じたものであっても、その後の適切な管理が行われないため、管理不全の状態が現在も継続している場合には、管理不全土地や管理不全建物と認められる可能性があります。

　また、管理不全土地や管理不全建物であるかどうかは、土地や建物の状態に着目して判断されますので、土地や建物が共有にある場合に一部の共有者に対してのみ管理不全土地・建物管理人を選任することは認められていません。

135

❸ 申立権者

　管理不全土地・建物管理人の選任の申立権は、利害関係人に認められています（民法第264条の9第1項、第264条の14第1項）。ここでいう利害関係とは、所有者不明土地・建物管理制度と同様に法律上の利害関係である必要があります。

❹ 管轄

　管理不全土地・建物管理人の選任申立てに係る管轄は、当該土地・建物の所在地を管轄する地方裁判所です（非訟事件手続法第91条第1項、第10項）。

　申立てを受けた地方裁判所は、管理不全土地・建物管理人の選任申立てを受けて管理命令を出す場合には、管理不全土地・建物の所有者に対して意見を聴くことが求められています（非訟事件手続法第91条第3項、第10項）。

❺ 管理不全土地・建物管理人の職務

　管理不全土地・建物管理人には、所有者不明土地・建物管理人と異なり、管理及び処分する権利が専属するものとはされていません。もっとも、管理不全土地・建物管理人は、保存行為や利用行為、改良行為（ただし、管理不全土地等の性質を変えない範囲内）を行うことができるほか、これらを超える行為（処分行為）については、地方裁判所の許可を得れば行うことができます（民法第264条の10第2項、第264条の14第4項）。また、裁判所が処分行為の許可を行うためには、管理不全土地や管理不全建物の所有者の同意が必要となります（民法第264条の10第3項、第264条の14第4項）。

　管理不全建物の取壊しについては、所有者に対する侵害の程度が大きいことから、当該建物が廃墟に近い状態である場合や、当該所有者が取壊しに同意しているような場合に限定される可能性があります。また、取壊費用は、管理不全建物管理人の申立人に予納金名目で先に負担させることになるものと考えられます。

　このような費用負担の問題もあるため、管理不全建物管理制度が空き家問

題に利用されるとすれば、対象となるのは、すぐに取り壊す必要がなく、差し迫った危険性のないような空き家に限られてくると思われます。

第**7**章 空き家問題と
行政法

空き家特措法に基づく規制権限

1 空き家特措法の目的

　空き家特措法は、適切な管理が行われていない空き家等が防災、衛生、景観等の観点から、地域住民の生活環境に深刻な影響を及ぼしており、地域住民の生命・身体・財産の保護、生活環境の保全、空き家等の活用のために対応が必要であったことを受けて、平成26年11月19日に成立しました。また、空き家特措法の施行後も、空き家数は増加しており、この中には、空き家特措法に規定する「特定空家等」の予備軍である適切に管理が行われていない空き家も相当数含まれています。そのため、空き家が特定空家等の状態になってから措置を講じるより早い段階から対策を講じる必要があります。そこで、「空き家の活用の拡大」「管理の確保」「特定空家等の除却等」の3つの観点から、空き家特措法の改正が行われました。改正後の空き家特措法は、令和5年6月14日に公布され、同年12月13日から施行されています。

2 空き家特措法の対象となる空き家

　空き家特措法は、市町村による空家等に関する施策を推進するために必要な事項などを定めていますが、その中核をなすのが、市町村長による行政処分等、行政代執行です（空き家特措法第22条）。空き家特措法は、「空家等」の定義を設けた上で、市町村長による行政処分等の対象になる空家等を「特定空家等」と定義しています（同法第2条）。また、空家等が特定空

141

家等になってから対策を講じるのでは遅いため、法改正によって、新たに「管理不全空家等」を規定し、その所有者等に対する指導や勧告を行えるようにしました。

なお、後記(2)(3)のとおり、特定空家等や管理不全空家等の基準が抽象的であるため、空き家特措法第22条第16項に基づいて、「管理不全空家等及び特定空家等に対する措置に関する適切な実施を図るために必要な指針（ガイドライン）」（以下「特定空家等ガイドライン」という）が定められており、具体的な判断基準が示されています。

(1) 空家等

「空家等」とは、建築物またはこれに附属する工作物であって居住その他の使用がなされていないことが常態であるもの及びその敷地（立木その他の土地に定着する物を含む）をいいます。

「建築物」は、建築基準法第2条第1号の「建築物」と同義であり、土地に定着する工作物のうち、屋根及び柱または壁を有するもの（これに類する構造のものを含む）、これに附属する門または塀等をいいます。また、「これに附属する工作物」とは、門または塀以外の建築物に附属する工作物が該当すると考えられています。なお、いわゆる長屋であっても、隣接する住戸との界壁が二重となっている場合等、それぞれの住戸が別個の建築物である場合には、個別の住戸を一つの建築物として扱うことになります。

「居住その他の使用がなされていないこと」とは、現に人の日常生活が営まれていないだけでなく、営業や事業が行われていない場合も含みます。また、このことが「常態」であるとは、建築物等が長期間にわたって使用されていない状態をいい、たとえば、年間を通じて建築物等の使用実績がない場合には、「常態」にあるものと考えられます。なお、長屋のような共同住宅については、個別の住戸が一つの建築物として扱われる場合を除くと、建築物全体を単位にして、空家等の要件を満たすかどうかを判断することになります。そのため、長屋の一部に居住者がいる場合には、空家等

には該当しないことになります。

　さらに、空家等の定義には、建築物や工作物の敷地も含まれています。これは、建築物や工作物の所有者と敷地の所有者が異なることもあり、建築物の所有者だけでなく、敷地の所有者に対しても助言、指導、勧告、処分を行えるようにするためのものです。

(2)　特定空家等

　「特定空家等」とは、空家等のうち、次の状態にあるものをいいます。

類型①　そのまま放置すれば倒壊等著しく保安上危険となるおそれのある状態
類型②　そのまま放置すれば著しく衛生上有害となるおそれのある状態
類型③　適切な管理が行われていないことにより著しく景観を損なっている状態
類型④　その他周辺の生活環境の保全を図るために放置することが不適切である状態

　特定空家等のうち類型①と②は、現に著しく保安上危険または著しく衛生上有害な状態の空家等だけでなく、将来的にそのような状態になることが予見される空家等も含まれるため、より早い段階で対策を講じることが可能となります。空き家特措法が規定する基準だけでは抽象的なため、特定空家等ガイドラインは、類型①〜④までの具体的な判断基準を、別紙1〜別紙4でそれぞれ整理しています。これらを参考にして、個別の事例が特定空家等に該当するかを判断することになります。

(3)　管理不全空家等

　「管理不全空家等」とは、空家等が適切な管理が行われていないことにより、そのまま放置すれば特定空家等に該当することとなるおそれのある状

態にある空家等のことをいいます（空き家特措法第13条第1項）。管理不全空家等の判断基準は、特定空家等ガイドラインに、特定空家等の4類型にあわせて定められています。

3 行政機関による特定空家等に関する措置

(1) 空家等に関する調査

　市町村長は、空家等の所在及び当該空家等の所有者等を把握するための調査その他空家等に関して、必要な調査を行うことができます（空き家特措法第9条第1項）。この同条第1項の調査の法的性質は任意調査であり、特に罰則はありません。これに対して、同条第2項に基づく同法第22条のための報告徴求や立入調査については、虚偽報告や拒否等をした者に過料を課すことができるものとされています（同法第30条第2項）。

(2) 特定空家等に関する措置

❶ 助言または指導

　市町村長は、特定空家等の所有者等に対して、当該特定空家等の除却、修繕、立木竹の伐採その他周辺の生活環境の保全を図るために必要な措置をとるよう助言または指導をすることができます（空き家特措法第22条第1項）。

　なお、特定空家等のうち、建築物の除却を内容とする助言や指導は、上記の類型③や④については認められていません。これは、類型③や④の特定空家等は、類型①や②とは異なり、地域住民への危険性が低く、侵害の程度の強い除却措置まで含めるのは、合理性を欠くと考えられているためです。

❷ 勧告

　助言・指導後に、当該特定空家等の状態が改善されない場合、市町村長は勧告をすることができます（空き家特措法第22条第2項）。この勧告を受け

ると、特定空家等の敷地が住宅用地特例制度の対象から除外されるため、固定資産税及び都市計画税の負担が増加することになります（地方税法第349条の3の2、第702条の3）。

　勧告の法的性質は行政指導であると考えられるため、行政手続法に規定する不利益処分の手続を行う必要まではないと考えられています。もっとも、勧告と地方税法上の不利益が連動する仕組みになっていることから、勧告を不利益処分とみて、行政手続法上の不利益処分の手続を行うべきとする見解もあります。

❸　措置命令

　特定空家等の所有者等が正当な理由なく勧告に従わず、特に必要があると認められる場合には、市町村長は、相当の猶予期限を付けて、勧告に係る措置を命じることができます（空き家特措法第22条第3項）。

　この場合、特定空家等の所有者等は、自らまたは代理人を通じて、市町村長に対して、意見書及び自己に有利な証拠を提出することができるほか、これらの書面等の提出に代えて公開による意見聴取を求めることができます（空き家特措法第22条第4項、第5項）。

❹　措置の内容と名宛人の権限の関係

　空家等の定義に建築物や工作物の敷地が含まれているため、市町村長の行う助言、指導、勧告、措置命令は、建築物や工作物の所有者とは別に、敷地の所有者に対しても行われます。しかし、敷地の所有者が、建築物や工作物の修繕や除却の権限を有しないこともあります。このような場合に、敷地の所有者が勧告を受けると、自らに権限がないにもかかわらず、住宅用地の特例の適用が除外される不利益等を受けることになります。そのため、敷地の所有者としては、建築物の所有者に対して、普段から改善等を行うように求めておく必要があります。

　また、空家等の所有者に相続が発生し、複数の相続人がいる場合、当該

空家等は共有関係にあるため、除却等の処分行為は相続人全員で行う必要があります。相続人の一部に行方不明者がいる場合には、市町村長は、除却等の措置を命じることができず、略式代執行によらざるを得ないこともあります。

ところで、相続放棄をした相続人は、相続放棄をした時点において、相続財産を現に占有しているときは、相続人または相続財産清算人に当該財産を引き渡すまでの間、自己の財産におけるのと同一の注意をもって当該財産を保存する義務を負うため（民法第940条第1項）、保存義務を負う者が措置命令の名宛人となるかが問題となります。

この問題に関して、相続放棄をした相続人が負う保存義務は第三者に対して負う義務ではないと考えられているため、措置命令の名宛人にならないと解されます。

(3) 特定空家等に関する代執行

❶ 行政代執行の緩和

市町村長は、空き家特措法第22条第3項に基づく命令を出したにもかかわらず履行されない場合、行政代執行法に基づいて代執行を行うことができます（空き家特措法第22条第9項）。行政代執行法第2条によれば、代執行を行うためには「その不履行を放置することが著しく公益に反すると認められるとき」という公益要件を満たす必要があります。しかし、空き家特措法は、公益要件を行政代執行の要件から外しているため、より容易に代執行を行うことが可能となっています（空き家特措法第22条第9項）。

❷ 略式代執行

市町村長が、空き家特措法第22条第3項に基づいて措置を命じようとする場合に、当該措置を命じようとする者を確知できないこともあります。そこで、過失なく（＝合理的な調査を尽くしたこと）その措置を命ぜられるべき者を確知できない場合は、市町村長は、その者の負担において、その措

置を自ら（委任等する場合を含む）行うことができます（空き家特措法第22条
10項）。

　措置を命ぜられるべき者は、当該措置の内容を行う権限を有する者であ
るため、相続人の一部に行方不明者がおり除却ができない場合や相続放棄
が行われたような場合には、略式代執行を行えると考えられます。

　なお、略式代執行の代替手段として、不在者財産管理人や相続財産清算
人の選任を申し立てる場合もあります。①市町村が当該空家等の所有者等
に対して債権を有している場合や、②空き家特措法第22条に基づく措置を
講じている場合、市町村長は、利害関係人として不在者財産管理人または
相続財産清算人の選任を申し立てることができます。また、当該空家等の
敷地が「所有者不明土地の利用の円滑化等に関する特別措置法」第2条第
1項に規定する所有者不明土地に該当し、その適切な管理のために特に必
要があると認められる場合には、市町村長は同法に基づいて不在者財産管
理人または相続財産清算人の選任を申し立てることもできます（所有者不明
土地の利用の円滑化等に関する特別措置法第42条）。

❸　緊急代執行

　市町村長が行政代執行を行うためには、空家等の所有者等に対して、意
見書提出等の事前手続（空き家特措法第22条第4項～第8項）を経る必要があ
るため、迅速に特定空家等を除却する必要があるような場合に対応できな
いとの問題が指摘されていました。そこで法改正によって、市町村長は、
①災害その他非常の場合に、②特定空家等に関し緊急に除却、修繕、立木
竹の伐採その他周辺の生活環境の保全を図るために必要な措置をとる必要
があり、③事前手続を経て措置命令を発するいとまがないときに、措置命
令を経ることなく、代執行を行えることになりました（緊急代執行、同条第
11項）。なお、緊急代執行は、措置命令を経ずに代執行の実施を認めるもの
であり、措置命令前の助言・指導、勧告を不要とするものではありません。

❹　代執行費用の徴収の円滑化

　市町村長が代執行を行った場合、代執行に要した費用の支払を命じ、訴訟を経ることなく国税徴収法に基づいて当該費用を強制徴収することができます（行政代執行法第5条、第6条）。しかし、改正前の空き家特措法は、略式代執行を行った場合、国税徴収法に基づいて費用を強制徴収することは認められておらず、市町村は債務名義を得た上で強制執行によって回収する必要がありました。そこで法改正によって、代執行に要した費用の徴収の円滑化を図るため、略式代執行や緊急代執行を行った場合でも、国税徴収法に基づいて費用を強制徴収することができるようになりました（空き家特措法第22条第12項）。

(4)　管理不全空家等に関する措置

　市町村長は、管理不全空家等の所有者等に対して、国が定める管理指針に即して、管理不全空家等が特定空家等になることを防止するために必要な措置を講じるよう指導することができます（空き家特措法第13条第1項）。また、指導をしても、管理不全空家等の状態が改善されず、そのまま放置すれば特定空家等になるおそれが大きいときは、市町村長は、特定空家等になることを防止するために、修繕、立木竹の伐採その他特定空家等になることを防止するために必要な措置を勧告することができます（同法第2項）。

　当該勧告が行われた場合、特定空家等の場合と同様に、管理不全空家等の敷地が住宅用地特例制度の対象から除外されることになります（地方税法第349条の3の2、第702条の3）。

4　空家等活用促進区域

(1)　空家等活用促進区域と空家等活用促進指針

　中心市街地や地域再生拠点等の地域の拠点となるエリアに空き家が集積

すると、当該地域が有している本来の機能を低下させるおそれがあります。また、空き家を利活用する際に、建築基準法等の行政上の規制が支障となることもあります。そのため、空き家の用途変更や建替え等を促進するため、市町村が重点的に空き家の利活用を図る区域を定め、当該区域内の行政上の規制を緩和することができる制度を設ける必要性が指摘されていました。

　法改正によって、市町村は、中心市街地、地域再生拠点、地域住宅団地再生区域等の区域のうち、経済的社会的活動の促進のために当該区域内の空家等及び除却した空家等の跡地の活用が必要になると認められる区域を「空家等活用促進区域」として、空家等対策計画（空き家特措法第7条第1項）に定めることができるようになりました（同条第3項）。

　また、市町村は、空家等活用促進区域における空家等及び空家等の跡地の活用の促進を図るための指針（空家等活用促進指針）を、空家等対策計画に定めることができます（空き家特措法第7条第3項）。空家等活用促進指針には、空家等の活用の基本的な事項、対象となる空家等の種類や誘導すべき用途等のほかに、後述する行政上の規制の緩和措置の内容が定められることになります（同条第4項、第5項）。

(2)　接道規制の合理化

　建築物の敷地は、原則として、幅員4m以上の道路に2m以上接する必要があるため（建築基準法第43条第1項）、これを満たさない場合には建替えや改築をできません。例外的に、特定行政庁の許可があれば建替え等を行えますが（同条第2項）、許可の予見可能性が低いとの問題が指摘されていました。

　そこで、法改正によって、空家等対策計画に定められた敷地特例適用要件を満たす場合には、建築物の前面道の幅員が4m未満であっても、特定行政庁の許可を受けられるようになりました（空き家特措法第7条第5項、第6項、第17条第1項）。

(3) 用途規制の合理化

建築基準法上の用途地域は、建築できる建築物の種類を制限しています（同法第48条）。

例外的に、特定行政庁の許可があれば本来の用途以外の用途への変更も可能となりますが（建築基準法第48条第1項ただし書等）、接道規制の場合と同様に、許可の予見可能性が低いとの問題が指摘されていました。

そこで、法改正によって、空家等対策計画に定められた用途特例適用要件を満たす場合には、用途変更の特定行政庁の許可を受けられるようになりました（空き家特措法第7条第5項、第17条第2項）。用途特例適用要件は、市町村が特定行政庁と協議して、特定行政庁の同意を得て定められることになります（同法第7条第9項、第10項）。

(4) 市街化調整区域内の用途変更

市街化調整区域内において建築物の用途変更を行う場合、都道府県知事から許可を得る必要があります（都市計画法第42条第1項ただし書、第43条）。空家等の利活用を促進していくために、都道府県知事にも、許可の判断をする際に配慮させることが有益です。

そこで、法改正によって、市町村は、市街化調整区域を空家等活用促進区域に含めるときに、あらかじめ都道府県知事と協議するものとしました（空き家特措法第7条第8項）。また、都道府県知事は、協議が整った場合、用途変更の許可を判断するに当たって、空家等活用促進指針に定める誘導用途（同条第4項第二号）としての活用促進が図られるように適正な配慮をすることとされました（同法第18条第1項）。

(5) 所有者等への要請等

市町村長は、空家等対策計画を作成した場合、空家等活用促進区域内の空家等の所有者等に対し、当該空家等を誘導用途に供するために必要な措置を講ずることを要請できます（空き家特措法第16条第1項）。また、当該

要請をした場合、市町村長は、空家等の所有者等に対し、空家等に関する
権利の処分のあっせんその他の必要な措置を講ずるよう努めるものとされ
ています（同条第2項）。

5　空家等管理活用支援法人

　空き家の所有者が空き家の管理・活用・除却に関する情報を容易に入手
したり、相談できる環境が少なく、これに対応するための地方公共団体の
マンパワーにも限界があることが指摘されていました。そこで、法改正に
よって、市町村長はNPO法人、一般社団法人、一般財団法人、空家等の管
理や活用を図る活動を行うことを目的とする会社を、「空家等管理活用支援
法人」（以下「支援法人」という）として指定できることになりました（空き
家特措法第23条第1項）。

　支援法人は、空き家特措法第24条各号に規定する業務として、①管理・
活用に係る情報提供や普及啓発（第1号、第5号）、②空家等の状態確認、
改修、管理等（第2号）、③空家等の所有者等の探索（第3号）等の業務を
行うことが想定されています。

　また、支援法人は、業務遂行のために空家等の所有者等を知る必要があ
る場合には、市町村長から所有者等に関する情報の提供を受けることがで
きます（空き家特措法第26条第2項）。なお、市町村長は、当該情報を提供
する場合、あらかじめ本人の同意を得る必要がありますが、当該本人の所
在が判明している場合に同意を求めれば足りるものとされています（同条
第3項、第4項）。

　さらに、支援法人は、市町村の空家等対策計画の作成や変更に際して提
案できるほかに（空き家特措法第27第1項）、市町村長に対して、不在者財
産管理人（民法第25条）、相続財産清算人（民法第952条）、所有者不明建物
管理人（民法第264条の8）、管理不全土地・建物管理人（民法第264条の9、
第264条の14）の選任申立てを行うように求めることもできます（空き家特

措法第 28 条第 1 項）。

6 空き家に関する条例

(1) 条例の類型

空き家特措法が成立する以前から、地方公共団体の中には、空き家の対策に関する条例を制定しているところもありました。また、空き家特措法も、条例による拡充を排除するものではありません。

❶ 対象を拡張する条例

空き家特措法では、空家等に該当するためには、「居住その他の使用がなされていないことが常態」となっていることが必要です。そのため、年に数回利用しているような場合は、空き家特措法の対象から外れることになります。しかし、そのような場合であっても、管理が適切に行われていない空き家もあるため、空家等の予備軍を条例で定義して、規制の対象としているものもあります。

❷ 義務履行確保手段を追加する条例

空き家特措法は、助言・指導、勧告、措置命令を基礎とした仕組みを採用していますが、条例の中には勧告を受けたにもかかわらず、正当な理由なく従わなかった場合に、氏名、住所を公表するなど、独自の義務履行確保手段を設けているものもあります。

(2) 法律と条例の関係

当該条例で設ける規制が、空き家特措法との関係で認められるかは、徳島市公安条例事件最高裁判決（最大判昭和 50 年 9 月 10 日刑集第 29 巻 8 号 489 頁）が示した基準に基づいて判断されることになります。

徳島市公安条例事件最高裁判決は、法律と条令との関係について、特定事

項について国の法令と条例とが併存する場合でも、次の①と②の場合は、国の法令と条例との間にはなんらの矛盾抵触はなく、条例が国の法令に違反する問題は生じ得ないと判断しています。

①　条例が法令とは別の目的に基づく規律を意図するものであり、その適用によって法令の規定の意図する目的と効果をなんら阻害することがないとき

②　両者が同一の目的に出たものであっても、国の法令が必ずしもその規定によって全国的に一律に同一内容の規制を施す趣旨ではなく、それぞれの普通地方公共団体において、その地方の実情に応じて、別段の規制を施すことを容認する趣旨であると解されるとき

各地方公共団体の空き家対策に関する条例と空き家特措法の目的は、基本的には同一の目的であることが想定されるため、条例と空き家特措法との関係は②の要件を満たすかどうかによって判断されることになると考えられます。この問題に関して、特定空家等ガイドラインによれば、助言または指導、勧告、措置命令の三段階ではなく、助言または指導、勧告を前置せずに措置命令を行うことを規定するような条例は、慎重な手続を踏むこととした法の趣旨に反するため無効となるとの考え方が示されており、参考になります。

建築基準法に基づく
規制権限

1 建築基準法と既存不適格建築物

　建築基準法は建築物の敷地、構造、設備及び用途に関する最低の基準を規定しているため、建築物は、同法に規定する基準を満たさなければ、違法な建築物となります。もっとも、建築基準法が施行等された際に、すでに存在していた建築物については、その施行された法律の適用は除外されることになります。このような建築物のことを、既存不適格建築物などといいます（同法第3条第2項）。

　既存不適格建築物に対しては、現行法の基準を満たしていないことを理由に、行政指導や建築基準法第9条に基づく処分等を行うことはできません。そのため、既存不適格建築物に行政処分を行うためには、特別な規定を設ける必要があります。

　適切な管理がされていない空き家の中には、建築当時から長期間経過しており、建築後の建築基準法の規定する基準を満たしていない既存不適格建築物が少なからずあります。不適切な管理事案に対しては、既存不適格建築物のための規定に基づいて対処する必要があります。

2 既存不適格建築物に対する助言、指導、措置命令

　特定行政庁（建築主事を置く市町村の区域については当該市町村の長をいい、その他の市町村の区域については都道府県知事）は、既存不適格建築物の敷地、構造または建築設備について、損傷、腐食その他の劣化が生じ、そのまま

放置すれば保安上危険となる、または衛生上有害となるおそれがあると認める場合に、当該建築物またはその敷地の所有者、管理者または占有者に対して、修繕、防腐措置その他当該建築物またはその敷地の維持保全に関して、必要な指導及び助言をすることができます（建築基準法第9条の4）。

　また、特定行政庁は、既存不適格建築物の敷地、構造または建築設備が著しく保安上危険である、または著しく衛生上有害であると認める場合に、所定の手続を経て、当該建築物またはその敷地の所有者、管理者または占有者に対して、相当の猶予期限を付けて、当該建築物の除却、移転、改築、増築、修繕、模様替、使用禁止、使用制限その他保安上または衛生上必要な措置をとることを命ずることができます（建築基準法第10条第3項）。なお、建築基準法第10条第1項は、特殊建築物の既存不適格建築物に対する勧告、措置命令に関しても規定していますが、一般的な民家の空き家については、同条第3項が適用されることになります。

　建築基準法に基づく措置命令は、所有者等の主観的事情に着目する処分ではなく、建築物等の状態に着目して行われる対物処分と考えられます。そのため、仮に措置命令が行われた後に所有権が移転されたとしても、譲受人にも措置命令の効力が及ぶことになります。

　ところで、助言や指導の基準となる「そのまま放置すれば保安上危険」「そのまま放置すれば衛生上有害」や、措置命令の基準となる「著しく保安上危険」「著しく衛生上有害」については、その基準が明らかではありません。そこで、国土交通省は、平成27年5月に「既存不適格建築物に係る是正命令制度に関するガイドライン」を、令和元年6月に「既存不適格建築物に係る指導・助言・勧告・是正命令制度に関するガイドライン」（以下「令和元年ガイドライン」という）を定めるなどして、これらの要件について明確化を図っています。

(1) 建築基準法第10条第3項の措置命令

　令和元年ガイドラインによれば、「著しく保安上危険」かどうかは、①建築物において、劣化や自然災害等が原因で倒壊等する可能性が高いか、②建築物が倒壊等した場合に、通行人などに被害が及ぶ可能性が高いかによって判断されます。

　①については、建築物が倒壊等する可能性が高いことの判断は、(a)建築物の著しい傾斜（1/20超の傾斜）の有無、(b)建築物の構造耐力上主要な部分（基礎、土台、柱、はり、筋かい、柱とはりの接合など）の損傷等、(c)屋根や外壁（ブロック塀）などが脱落したり飛散したりする等の可能性を考慮して行われることになります。

　②については、建築物が倒壊等した場合に、その飛散物や落下物等が生じる危険がある範囲内で通行人などが存在または通行し、被害を与える状況にあるか否か等により判断するものとされています。

　また、令和元年ガイドラインによれば、「著しく衛生上有害」かどうかは、建築物または設備等の破損等が原因で、通行人などに被害が及ぶ可能性が高いかどうかによって判断されます。たとえば、吹付け石綿等が飛散して暴露する可能性が高い状況などが想定されています。

　さらに、建築基準法第10条第3項に基づく措置は、特定行政庁として既存不適格建築物に対して措置を行う意味に鑑みて、社会的相当性の観点から対象となる建築物について、(a) 既存不適格であることを許容せず是正させる必要性、(b) これまでの行政指導等の経過と所有者等の対応、(c) 危険の切迫性（地域の実情を含む。たとえば、冬季に突発的に大量の屋根雪が積もりやすい地域を考慮する等）、(d) 他の手段によってその履行を確保することの可否、(e) 所有者・占有者等の特別な事情などを総合的に分析・検討して行うものとされています。

(2) 建築基準法第9条の4における助言や指導

　令和元年ガイドラインによれば、建築物の現状として、建築基準法第10

条第3項の「著しく保安上危険」な状態に至っていないものであっても、「そのまま放置すれば保安上危険」となるおそれがある場合には、同法第9条の4に基づく指導・助言を行うことができるものとされています。具体的には、外壁のタイルに浮きがあるものの狭い範囲にとどまっている場合や、外壁に軽微なひび割れがある場合等が想定されています。

　また、令和元年ガイドラインによれば、建築物の現状として、建築基準法第10条第3項の「衛生上有害」な状態に至っていないものであっても、「そのまま放置すれば衛生上有害」となるおそれがある場合には、同法第9条の4に基づく指導・助言を行うことができるものとされています。具体的には、吹付け石綿が飛散するおそれがあるものの暴露する可能性がある段階までにはなっていない状態や、排水設備等の破損により、敷地周辺に著しい害臭または汚水などが流出されている等の状態が想定されています。

3　行政代執行

　既存不適格建築物に対して建築基準法第10条第3項に基づく措置が命じられたにもかかわらず、措置が履行されない場合や完全に履行されないような場合には、行政代執行が行われる可能性があります（建築基準法第10条第4項、第9条第12項）。もっとも、過失がなく（≒調査を尽くすこと）当該措置命令を命ずるべき者を知ることができない場合には、特定行政庁は、自ら代執行を行うことができます（略式代執行、同法第10条第4項、第9条第11項）。

4　既存建築ストック活用のための建築基準法の改正

　空き家の総数が増加していることを受け、用途変更等による利活用が重要であることが指摘されていました。他方で、用途変更等による活用のた

めには、建築基準法に適合させるために、大規模な工事が必要となる場合があることが課題でした。そこで、平成30年に、既存建築ストックを活用するための建築基準法の一部改正が行われました。

　具体的には、①戸建住宅等（延面積200㎡未満かつ3階建て以下）を福祉施設や商業施設等の他の用途に変更する場合に、在館者が迅速に避難できる措置を講じることを前提に、耐火建築物等とすることを不要とする改正や、②用途変更に伴って建築確認が必要となる規模の見直し（不要の規模上限を100㎡から200㎡に見直し）等が行われています。

3

消防法に基づく規制権限

1 消防法第3条に基づく措置命令

(1) 措置命令

　消防長等は、屋外（建築物の外部をいい、敷地の内外を問わない）において、火災の予防に危険であると認める行為をする者または火災の予防に危険であると認める物件もしくは消火、避難その他の消防の活動に支障になると認める物件の所有者、管理者、占有者その他権原を有する者に対して、必要な措置をとるべきことを命ずることができます（消防法第3条第1項）。必要な措置には、①危険物または放置もしくはみだりに存置された燃焼のおそれのある物件の除去その他の処理（同項第3号）、②放置され、またはみだりに存置された物件の整理または除去（同項第4号）等が含まれます。たとえば、空き家の敷地に燃焼性のある物件が、特段管理されることなく放置されたり存置されている場合には、消防法第3条に基づく措置命令の対象になり得ると考えられます。

　ここでいう「放置」や「みだりに存置」される場合は、特に存置する理由がない点で共通しますが、「放置」の場合は、所有者、管理者、占有者等にその場所に存置する積極的な意志がなく、「みだりに存置」の場合は、これらの者に存置する意志が一応認められる点で異なります。

(2) 行政代執行

　消防長等が消防法第3条に基づく措置を命じたにもかかわらず、その措置が履行されないとき、完全に履行されないとき、または期限までに完了

する見込みがないときには、行政代執行を行うことができます（同条第4項）。

　他方、消防長等が消防法第3条に基づく措置を命じようとしても、当該物件の所有者、管理者または占有者その他権原を有するものを確知することができない場合があります。このような場合、消防長等は、自ら必要な措置を講じることができます（略式代執行、同条第2項）。略式代執行を認める行政法規（空き家特措法や道路法等）は複数存在しますが、消防法においては、権原を有する者を確知できないことについて過失のないことは求められていません。これは、権原を有する者を把握することが一般的に難しいだけでなく、深刻な被害をもたらす火災の発生を予防する等のために迅速性が求められることによるものと考えられています。

2 消防法第5条関係に基づく措置命令

　消防法は、防火対象物（山林または舟車、船きよ、もしくは、ふ頭に繋留された船舶、建築物その他の工作物もしくはこれらに属する物、同法第2条第2項）に関して、各種の措置命令の権限を規定しており、その概要は、おおむね**図表15**のように整理できます。

　消防法第5条関係の措置命令は、同法第3条とは異なり、空き家等の防火対象物を対象とした措置命令です。

　消防法第5条及び同法第5条の2に基づく措置が命じられたにもかかわらず履行されない場合には、行政代執行が行われる可能性があります（消防法第5条第2項、第5条の2第2項）。また、同法第5条の3については、同法第3条第2項と同様に、略式代執行が認められます（同法第5条の3第2項）。

図表15 消防法第5条関連の措置命令

	消防法第5条	消防法第5条の2	消防法第5条の3
主体	消防長または消防署長	消防長または消防署長	消防長、消防署長、その他の消防吏員
名宛人	権原を有する関係者（特に緊急の必要があると認める場合においては、関係者及び工事の請負人または現場管理者）	権原を有する関係者	・防火対象物において火災の予防に危険であると認める行為者 ・火災の予防に危険であると認める物件もしくは消火、避難その他の消防の活動に支障になると認める物件の所有者、管理者もしくは占有者で権原を有する者
発令要件	防火対象物の位置、構造、設備または管理の状況について、次のいずれかに該当する場合 ①火災の予防に危険であると認める場合 ②消火、避難その他の消防の活動に支障になると認める場合 ③火災が発生したならば人命に危険であると認める場合 ④その他火災の予防上必要があると認める場合	防火対象物の位置、構造、設備または管理の状況について、次のいずれかに該当する場合 ・消防法第5条第1項等の措置命令が出た後も、当該措置の履行等がされず、引き続き、火災の予防に危険であると認める場合、消火、避難その他の消防の活動に支障になると認める場合または火災が発生したならば人命に危険であると認める場合 ・消防法第5条第1項等の措置命令によっては、火災の予防の危険、消火、避難その他の消防の活動の支障または火災が発生した場合における人命の危険を除去することができないと認める場合	・防火対象物において火災の予防に危険であると認める場合 ・防火対象物において消防の活動に支障になると認める場合
措置内容	当該防火対象物の改修、移転、除去、工事の停止または中止その他の必要な措置	当該防火対象物の使用の禁止、停止または制限	消防法第3条第1項各号に規定する必要な措置

※消防法第5条の2は、同法第5条第1項の命令違反等を前提としており、同項の発令要件④が除外されていることから、火災の危険性がより具体的に認められるような場合に発令されることになります。

※消防法第5条の3は、発令主体に防火査察等を直接担当する消防吏員が含まれている点に特徴があります。これにより迅速な火災の予防に資することになります。

4 道路法に基づく規制権限

1 道路法第43条による禁止行為

　道路法は、一般交通の用に供する高速自動車国道、一般国道、都道府県道、市町村道を道路と定義し（道路法第2条第1項、第3条）、同法第43条各号は次の行為を禁止しています。

(1) みだりに道路を損傷し、又は汚損すること（第1号）

　正当な権限なく、道路を掘削することや道路にゴミ・汚物等を放棄するような行為をいいます。空き家の敷地から道路上にゴミや汚物等が流出しているような場合も該当すると考えられます。

(2) みだりに道路に土石、竹木等の物件をたい積し、その他道路の構造又は交通に支障を及ぼすおそれのある行為をすること（第2号）

　正当な権限なく、土石や竹木を放置したり、道路の交通を妨害するような作業のことをいいます。空き家の敷地から立木等が倒れ込んでいたり、道路内に植物の枝葉が出ていて明らかに交通を妨害しているような場合に該当すると考えられます。

2　道路法上の行政上の監督処分等

(1)　道路法第71条による措置命令

　道路管理者は、道路法第43条を含む法令等に違反している者がいる場合、道路に存する工作物等の改築、移転、除去、道路の損害予防措置、道路の原状回復等を命じることができます（道路法第71条第1項）。

(2)　道路法第44条による措置命令

　立木等が道路区域外にとどまっている場合、道路法第43条による禁止の対象とはなりません。しかし、当該道路外の部分が沿道区域に指定されている場合、沿道区域内の土地や竹木または工作物の管理者は、竹木等が道路の構造に及ぼす損害や交通に及ぼす危険を防止する義務を負います。そのため、状況によって道路管理者から措置命令を受ける可能性があります（道路法第44条第3項、第4項）。

(3)　行政代執行

　道路法第71条第1項に基づく措置命令（道路法第44条第4項による場合を含む）を受けた者が当該措置命令に従わない場合、道路管理者は、行政代執行を行うことができます。

　もっとも、過失がなく当該措置命令を命ずるべき者を知ることができない場合には、道路管理者は、自ら代執行を行うことができます（略式代執行、道路法第71条第3項）。なお、行政主体は、略式代執行を講じる代わりに、土地の所有権に基づく民事上の請求も行うことも考えられます。

3　道路法第44条の3による措置

　道路法第43条第2号に違反して、違法に道路に放置または設置された物件等が、道路の構造に損害を及ぼし、あるいは交通に危険を及ぼし、また

はそのおそれがあり、以下の(a)と(b)のいずれかに該当する場合には、道路管理者は、自ら違法に放置または設置された物件を除去すること等ができます（道路法第44条の3第1項）。この場合、道路管理者は、当該物件を保管することになりますが、公示等の所定の手続を経ることによって売却や処分等を行うことができます（同条第2項～第8項）。

　現に道路に損害や危険等を及ぼしている場合だけでなく、そのおそれがある場合も含むため、空き家の敷地上のブロック塀が傾いており、崩壊した後に道路の構造を損壊するおそれがある場合や、交通に支障を生じさせるおそれがある場合でも、本条の措置が講じられる可能性があります。

(a)　違法に放置または設置された物件の占有者、所有者等の権原を有する者が、道路法第71条第1項に基づく措置命令を受けたにもかかわらず、当該措置を講じようとしないとき（第1号）。

(b)　違法に放置または設置された物件の占有者、所有者等の権原を有する者が現場にいないために、道路法第71条第1項に基づく措置を命ずることができないとき（第2号）。

　なお、第2号の「現場にいない」場合には、占有者、所有者その他の権原を有する者が現場にいない場合だけでなく、その住所等を知ることができない場合も含みます。

5 廃棄物処理法に基づく規制権限

1 廃棄物とは

「廃棄物の処理及び清掃に関する法律」（以下「廃棄物処理法」という）上の「廃棄物」は、一般廃棄物と産業廃棄物に分類されており、一般廃棄物は、産業廃棄物以外の廃棄物と定義されています（廃棄物処理法第2条第2項）。産業廃棄物は、事業活動に伴って生じた廃棄物であることや、輸入された廃棄物、日本に入国する者が携帯する廃棄物であることを前提としているため（同条第4項）、一般的な空き家の所有者に関して問題になるのは、一般廃棄物であることが多いと考えられます。

廃棄物処理法上の「廃棄物」とは、ごみ、粗大ごみ、燃え殻、汚泥、ふん尿、廃油、廃酸、廃アルカリ、動物の死体その他の汚物または不要物であって、固形状または液状のものをいいます（廃棄物処理法第2条第1項）。

ここでいう不要物とは、自ら利用しまたは他人に有償で譲渡できないために不要になった物をいい、これに該当するか否かは、その物の性状、排出の状況、通常の取扱い形態、取引価値の有無及び事業者の意思等を総合的に勘案して判断するものとされています（総合判断説。最判平成11年3月10日刑集53巻3号339頁）。なお、当該最高裁は、おからの産業廃棄物該当性を判断したものですが、一般廃棄物の判断においても参考になります。

空き家問題に関しては、空き家から物品があふれ出ているような場合の判断が問題になり得ますが、①当該物品が一般的にゴミと扱われるものであるか、②当該物品がどのように集積されたものか（たとえば、ごみ集積所から集められたものかどうか等）、③当該物品が所在地の市町村においてどの

ように扱われるか、④当該物品が有価物として扱われるものか、⑤客観的にみて占有者が有価物を廃棄しているか等を考慮して判断することになると考えられます。

2　廃棄物の投棄の禁止

　何人も廃棄物をみだりに捨ててはならない義務を負い（廃棄物処理法第16条）、これに違反した場合、刑事罰（5年以下の懲役または1,000万円以下の罰金／併科、同法第25条第14号）となります。

　ここでいう「みだりに」とは、社会通念上許容されていないことをいい、私人が一度でも社会通念上許容されていない方法で廃棄物を投棄した場合に該当することになります。また、「捨てる」とは、不要物としてその管理を放棄することをいうものと解されています（最判平成18年2月20日刑集60巻2号182頁）。

　なお、空き家の所有者が自ら敷地内に廃棄物を投棄した場合は、当該義務に違反する可能性がありますが、何者かによって空き家の敷地内に廃棄物が投棄された場合には、当該義務違反があるとまでは認められないと考えられます。

3　廃棄物処理法上の措置命令

　市町村長は、一般廃棄物処理基準に適合しない一般廃棄物の収集、運搬または処分が行われた場合に、生活環境の保全上支障が生じ、または生ずるおそれがあると認められるときに当該収集、運搬または処分を行った者に対して措置を命じることができます（廃棄物処理法第19条の4第1項）。措置命令の対象となるのは、一般廃棄物の収集、運搬、処分を行った者であるため、敷地内に廃棄物を不法投棄されただけの空き家の敷地の所有者については、同法の措置命令の対象から外れることになります。

　また、廃棄物処理法第19条の4第1項に規定する場合に、生活環境の保全上の支障が生じ、または生ずるおそれがあり、かつ、措置命令を履行される見込みがないとき、過失なく措置命令の対象者を特定できないときに加えて、緊急に支障の除去等の措置を命じる時間的余裕がないとき等には、市町村長は、当該者の負担において、行政代執行を行うことができます（廃棄物処理法第19条の7第1項、第2項）。

　なお、地方公共団体の条例では、空き家の所有者及び管理者に対して、空き家が廃棄物の不法投棄場所にならないように管理義務を負わせ、廃棄物が不法投棄された場合に、廃棄物を撤去し、予防措置を講じる義務を負わせているものもあります。条例に違反した場合、条例で規定する指導・勧告・措置命令や公表の対象となるだけでなく、罰金が科される可能性もあるため留意が必要です。

事例
解説編

立木の侵入や擁壁が
崩壊した場合等の法的責任

事 例

　私は、現在、関西で暮らしていますが、東北の実家で一人暮らしをして
いた母が亡くなったため、母名義の実家の土地と建物を相続しました。
実家は、現在は空き家となっています。

　私の実家の土地は、隣家より少し高い位置にあるため、隣家との法面
をブロック塀で補強しており、ブロック塀に沿って木を植えています。
ある日、私が実家に立ち寄った際に、ポストに隣家の方からの手紙が届
いていました。手紙には、次の２つのことが書かれていました。

【１】昨年の大雪で一部崩れたブロック塀の間から木の根が出ており、枝
　　　も成長して侵入しているため、枝と根を切除すること。

【２】ブロック塀が崩れて土砂が流入しているため、除去すること。

　このような場合、どのように対応すればよいでしょうか。

1　空き家の類型と管理責任について

　空き家に関する議論は、空き家の取壊しに関するものから有効活用に関
するものまで、広がりを見せています。ひと言に「空き家」と言っても、
①建物自体の管理が放棄されていて、周囲に危険を及ぼすおそれがあるも
の、②周囲に危険を及ぼすおそれは低いが、適切な管理が行われていないも
の、③有効活用できる状態のものなど、様々な状態の空き家があるため、
空き家の管理に関する法律問題を考えるに当たっては、どのような状態の
空き家であるかを意識して検討することが有益です。

本件のように、空き家に関する相続が発生した場合、時間的・距離的制約のため、相続人による空き家の管理が適切に行われず、隣家との間でトラブルになることがあります。この①～③の空き家の類型でいえば、②の類型に生じやすい法律問題といえます。

2　隣地の権利関係の調整

　所有者は、自由に、その所有物の使用、収益及び処分をすることができますが（民法第206条）、土地は物理的に連続しているため、土地の所有者間の相互の利用を調整する必要が生じます。そこで、民法は、第209条から第238条において、「相隣関係」に関する規定を設けて、各種の利用調整を図っています。

　土地の所有権は、その土地を十分に利用する範囲で上下に及ぶため、境界付近に樹木を植えることに問題はありません。しかし、成長した樹木の枝や根が空中や地中を経て隣地に侵入することがあるため、隣地との権利関係を調整する必要が生じます。このような場合を想定して規定されたのが、民法第233条（竹木の枝の切除及び根の切取り）であり、同条によれば、①隣地の竹木の枝が境界線を越えるときは、その竹木の所有者に対して、その枝を切除させることができ、②隣地の竹木の根が境界線を越えるときは、その根を切り取ることができます。

　このように民法は、隣地から枝が侵入してきた場合と、根が侵入してきた場合とで、侵入された所有者がとり得る手段に差を設けています。このような差があるのは、①枝の方が根よりも高価であることや、②枝が侵入した場合は、竹木の所有者が自らの土地の中からその枝を切除できるのに対して、根が侵入した場合は、隣地に入らなければ切除できないことによるものと考えられています。

　しかし、①竹木の所有者に対して枝の切除を求めたにもかかわらず任意に応じてくれない場合や、②当該竹木の所有者が行方不明のために、切除

を求めることができない場合等もあります。

　そこで、令和３年の民法改正によって、①竹木の所有者に枝を切除するよう催告（おおむね２週間程度）したにもかかわらず、竹木の所有者が相当の期間内に切除しない場合、②竹木の所有者を知ることができず、またはその所在を知ることができない場合、③急迫の事情がある場合には、越境された土地の所有者は、竹木の枝を自ら切除できることになりました（民法第233条第３項）。もっとも、このような請求が無制限に認められるわけではなく、悪影響が生じていない状況において、枝の切除を請求し、あるいは枝を切除することが権利の濫用と評価されることもあります。また、侵入してきた根を自らの判断で切除する場合でも、たとえば、根の侵入による影響がほとんどないにもかかわらず、根を切除して高価な竹木を枯らしてしまったときは、権利の濫用と評価されることもあるため、留意が必要です。

3　流出した土砂の処理について

　所有権は物に対する排他的支配権であるため、所有者は、所有権を侵害されたり、そのおそれがある場合には、所有権に基づく物権的請求権を行使することができます。物権的請求権には、侵害の態様に応じて、①返還請求権、②妨害排除請求権、③妨害予防請求権の３種類があります。

　物権的請求権の法的性質は積極的行為請求権、つまり、その相手方が侵害状態を作り出したか否かにかかわらず、費用を負担させて、侵害状態やそのおそれがある状態を取り除くことを請求する権利と解されています。

　しかし、過去の判例によれば、不可抗力によって第三者の土地を侵害する状態が生じたような場合には、物権的請求権の行使が制限されることがあるように読めるものもありました。その他、裁判例の中には、妨害予防請求権が行使された事案において、隣地所有者間の双方に便益が生じることや、工事に多額の費用が生じること等を理由に、費用の分担を命じてい

るものもあり、誰が除去するかの問題と、誰が費用を負担するかの問題を切り分けているものもあります。学説上も、所有者は、自らの費用負担で侵害状態を除去することができ、これを相手方に認容させることができるにとどまるとする見解など、積極的行為請求権を修正する見解も有力に主張されています。

4 本件について

(1) 隣家からの要望【1】について

　空き家の敷地の所有者は、隣地に枝や根を侵入させているため、枝や根を切除する必要がありますが、隣地に入って作業をする必要がある場合には、隣地の所有者から隣地に入る同意を得た上で作業を行うことになります。隣地の所有者から枝や根の切除を求められたにもかかわらず、対応しない場合には、隣地の所有者によって枝や根が切除され、その切除費用の請求を受ける可能性があります。

(2) 隣家からの要望【2】について

　ブロック塀が崩れて、その隙間から土砂が流出しており、隣地の所有権を侵害することになるため、空き家の敷地の所有者は、自らの負担で土砂を除去し、ブロック塀を補修するなど適宜工事を行う必要があります。この場合も、隣地に入って作業をする必要があるときは、事前に隣地の所有者から同意を得ておく必要があります。

(3) その他の留意事項

　ブロック塀が崩れて土砂が流出した先に、隣家の花壇等があり、これらを損壊したような場合には、別途不法行為に基づく損害賠償請求をされる可能性があるため、作業する際には留意が必要です。

越境した枝を
切除したい場合の方法論

事 例

　隣地の木の枝が境界線を越えて伸びており困っています。隣家の方に
枝を切るようにお願いしていたのですが、枝を切り取ることなく引越し
をされ、隣家は空き家となっています。隣家の方は「自分としては対応
したい気持ちはあるけれど、樹木の他の共有者の意見を聞いてみないと
対応できない。」といって、対応しない状況が続いていました。

　このような場合に、私の判断で枝を切り取ることはできるでしょうか。

1　隣地の使用権について

(1)　隣地の使用権

　民法は、土地の所有者間の相互の利用を調整するための「相隣関係」の
中に隣地の使用に関するルールを規定しています。令和3年の民法改正に
よって、民法第209条第1項各号に定める場合に、隣地を使用することが
できる権利が認められました（以下「隣地使用権」という）。つまり、民法の
規定する実体的要件を満たすことによって、所有者は隣地使用権を当然に
取得することになります。もっとも、隣地が住家の場合には、その居住者
の承諾を得る必要があります（同項ただし書）。

(2)　隣地使用権が認められる場合

　隣地使用権が認められるのは、①境界またはその付近における障壁、建

物その他の工作物の築造、収去または修繕する場合（民法第209条第1項第1号）、②境界標の調査または境界に関する測量（同項第2号）、③民法第233条第3項の規定による枝の切取り（同法第209条第1項第3号）を行う場合です。

(3) 手続的要件としての通知

隣地使用権が認められる場合、隣地の所有者の権利行使を制限することになりますので、隣地使用権を行使するための手続的要件として、事前の通知をすることが義務付けられました（民法第209条第3項）。もっとも、隣地の所有者を調査しても明らかにならない場合のように、あらかじめ通知をすることが困難な場合もあります。このような場合は、使用開始後に遅滞なく通知をすれば足りるものとされています（同項ただし書）。あらかじめ通知をすることが困難な場合に該当するためには、一定の調査を尽くすことが前提となっていますが、所有者が隣地を使用する必要性や緊急性に応じて、調査の程度には差異が生じるものと思われます。

2 越境した枝の取扱いについて

(1) 枝を自ら切り取ることができる場合

土地の所有者は、隣地の竹木の枝が境界線を越えているときは、その竹木の所有者に枝の切除を請求できます（民法第233条第1項）。これに対して、根が境界線を越えているときは、土地の所有者は自ら根を切り取ることができます（同条第4項）。もっとも、越境された土地の所有者は、枝が境界線を越えているとき、①竹木の所有者が切除するよう催告したにもかかわらず相当期間内（おおむね2週間程度）に応じない場合、②竹木の所有者を知ることができない場合、または所在不明の場合、③急迫の事情がある場合には、自ら枝を切除できます（同条第3項各号）。

⑵　竹木が共有されている場合の取扱い

　隣地の竹木が共有されている場合もあり、竹木の共有者に枝を切り取るかどうかを判断する機会を保障するため、全員に対して枝の切取りを催告する必要があると考えられます。もっとも、竹木の共有者の調査をしても全員の所在等が明らかにならない場合もあります。このような場合、越境された土地の所有者が自ら枝を切除できるかどうかは、所在等の判明している竹木の共有者との関係は民法第233条第3項第1号によって判断され、所在等の不明な共有者との関係は同項第2号によって判断されることになります。

　他方で、竹木の共有者にとって、枝の切取りが共有物の変更（民法第251条第1項）に該当すると、共有者全員の同意が要件となります。そうすると、越境された土地の所有者は、共有者間の意見がまとまらないことを理由に、枝の侵入を受忍させられることになってしまいます。そこで、民法第233条第2項は、竹木が共有物である場合、各共有者が単独で枝を切除できることを明らかにしています。そうすると、土地の所有者は、竹木の共有者の一部から承諾を得ることによって、枝を切除することもできることになります。なお、枝の切除費用は、竹木の所有者が土地の所有権を侵害していると考えられるので、竹木の所有者が負担するのが相当と考えられます。

3　本件について

　本件の竹木は共有されているため、共有者の一部が切除に同意しているのであれば、その者から承諾を得て枝を切除することが考えられます。しかし、「樹木の他の共有者の意見を聞いてみないと対応できない。」との回答は、他の共有者が承諾をするまで切除には同意しないことを意味しているとも考えられます。この場合、土地の所有者は、竹木の共有者の所在調査や催告等を行い、民法第233条第3項第1号または第2号を満たす場合

には枝を自ら切除することができます。なお、このような手続を経る時間的余裕のない急迫の事情がある場合（同項第3号）にも枝を自ら切除することができます。

　なお、隣家は空き家となっており住家ではないので、土地の所有者が枝を切除するために隣地・隣家に立ち入る必要がある場合でも（民法第209条第1項第3号）、隣地・隣家の所有者から承諾を得る必要はありません。もっとも、手続的要件として、事前または事後の通知（同条第3項）は必要となるため留意が必要です。

事例
3

ライフラインの設備を
設置・使用するための方法

事 例

　自宅の土地は公道と接しておらず、公道の地下に埋設されている給水管に接続することができなかったため、以前から隣地の空き地部分に給水用配管を設置してきました。給水用配管が老朽化してきたこともあり、取替工事を行うことを検討しています。

　しかし、隣地は空き家となっており連絡先や行方も分かりません。このような場合に、どのようにして給水用配管の取替工事を行えばよいでしょうか。

1　検討の視点

　現代の生活において、電気、ガス、水道等のライフラインの確保は必要不可欠です。しかし、令和3年の民法改正まで、ライフラインを確保するために、他人の所有地に導管等の設備を設置することや、他人の所有する導管等の設備を使用することに関する一般的規定が置かれていませんでした。そこで、所有者不明土地問題に関する民法改正の一環として、ライフラインの設備の設置権等に関する一般的規定が新設されました。

　本事例では、民法改正を踏まえて、ライフラインの設備を設置・使用するための方法を検討します。

2 令和3年の民法改正までの裁判例の状況

　民法には、①高地の所有者の低地への排水権（民法第220条）や、②高地または低地の所有者が所有する通水設備の使用権（同法第221条）に関する規定のように、ライフラインに関する規定が限定的に置かれていました。また、下水道に関しては、民法の特則である下水道法第11条が、他人の土地に排水設備を設置し、他人の設置した排水設備を使用できることを認めていました。裁判例においても、民法改正前から、上記各規定の場面に限らず、ライフラインを確保するために他人の所有地に導管等の設備を設置等することは認められていました。

　もっとも、その法的根拠は、①民法第220条を類推適用するものや、②同法第209条、第210条、第220条、第221条や下水道法第11条の趣旨を類推適用するものなどがあり、必ずしも統一されていませんでした（なお、設備の設置ではなく、既設の設備の利用の可否が争われた最判平成14年10月15日民集56巻8号1791頁は、民法第220条及び同法第221条の類推適用と判示していました）。また、類推適用による法的効果（権利の内容）についても判断は分かれており、①土地の所有者は一定の場合に他人の所有地に設備を設置し、既設の設備を利用する権利を有するとするものや、②設備の設置等の承諾を求める権利を有するとするものなどがみられました。

3 ライフラインの設備の設置権等に関する規定の内容

(1)　設備設置権・設備使用権の新設

　土地の所有者は、他人の土地（注：隣地や囲繞地に限られない）に配管等の設備を設置し、または他人が所有する設備を使用しなければ、電気、ガス、水道等の供給を受けられない場合、損害が最も少ない方法によって、他人の土地に設備を設置し、他人が所有する設備を使用することができます（民法第213条の2第1項、第2項）。ただし、設備設置権や設備使用権は、

土地の所有者の権利ですが、自力救済まで認めるものではありません。

(2) 通知義務と留意点

　土地の所有者は、設備設置権や設備使用権を行使する場合、設備を設置する土地の所有者や設備の所有者、現に土地を利用している者に対して、あらかじめ目的、場所、方法を通知する必要があります（民法第213条の2第3項）。この通知には、隣地使用権の事後の通知の規定（同法第209条第3項ただし書）が準用されていないため、通知の名宛人が行方不明の場合等には公示による意思表示（同法第98条）を行う必要があります。なお、当該設備を現に使用している当該設備の所有者以外の者がいる場合、法律上、その者に対する通知までは求められていませんが、事実上、通知を行っておくことが望ましいと考えられます。

　また、土地の所有者は、設備設置権や設備使用権を行使するために、設備を設置する土地や設備が設置された土地を利用することができます。この場合、隣地使用権の規定に準じて通知等を行う必要があります（民法第213条の2第4項）。この通知は、設備設置権・設備使用権を行使する際の通知と同時に行うこともできます。

(3) 償金の支払義務

　設備設置権者は、設備の設置工事等のために一時的に他人の土地の利用を制約し、その後も継続的にその土地の利用を制約することになるため、設備設置権の行使を受ける者に対して償金の支払義務を負います。また、設備使用権者も設備の接続工事等のために一時的に他人の土地の利用を制約することになるため、設備使用権の行使を受ける者に対して償金の支払義務を負うほかに、設備の設置、改築、修繕、維持に要する費用を分担する必要があります。

図表1 償金の種類等

	設備設置権	設備使用権
一時的損害の償金の支払義務	あり 第213条の2第4項 （第209条第4項の準用）	あり 第213条の2第6項
継続的損害の償金の支払義務	あり 第213条の2第5項	なし。ただし費用分担あり。 第213条の2第7項

（※）　条文番号はいずれも改正後民法

4　改正後民法の適用関係

　令和3年に改正された民法は、令和5年4月1日から施行され、個別の経過措置がない限り施行日より前から発生している権利義務関係についても適用されることになります。設備設置権や設備使用権に個別の経過措置は規定されていないため、施行日より前から他の土地に設備を設置していたり、既設の設備を使用している場合であっても、施行日以降は、改正後の民法が適用されることになります。

5　本件について

　給水用配管の取替工事のために隣地を使用する必要があることから、給水用配管の取替えを行うこと及び土地を利用することを隣地の所有者に通知する必要があります。もっとも、隣地の所有者が行方不明であるため、公示による意思表示の方法によって通知を行うことになると考えられます。

　次に、隣地の所有者が行方不明である場合に、訴訟を経ずに設備設置権を行使することが違法な自力執行に当たらないかが問題となります。この問題に関して、隣地を実際に使用している者がおらず、かつ設備の設置等が妨害されるおそれもないような場合には、訴訟を経ずに設備の設置を適法に行えると解されます。本件のように、従前から同じ場所に給水用配管

が長期間設置されてきたことや、隣地が空き家となっていることからすると、隣地の所有者が給水用配管の取替工事を妨害するおそれは低いため、訴訟を経ずに給水用配管の取替工事を行うことができると考えられます。

　また、隣地の所有者に対する償金を支払う必要があるかも問題となります。個別の判断にならざるを得ませんが、取替工事時に隣地の所有者に実損害が発生せず、取替工事後も空き家の利用を制限しないような場合には、償金の支払義務が発生しないこともあり得るように思われます。

隣接する空き家から雨水が流入してくる場合の諸問題

事 例

　私の自宅の隣には、空き家になった2階建の民家がありますが、2階の縦といが外れており、横といの部分も私の自宅側に向かって傾いているため、雨天の時には、縦といと横といとの境目から、雨水が地面に向かって直接降り注ぐような状態となっています。

　大雨のときには、隣地との擁壁を越えて私の自宅敷地内に降り注ぎ、壁や窓ガラスに当たることもあります。

　隣地の所有者に対して、修繕請求等はできるのでしょうか。

1　雨水に関する民法のルール

　近年、豪雨や大型台風に伴う自然災害が増加しており、これによって住環境に深刻な被害を及ぼしています。老朽化して管理が十分に行われていない空き家の中には、排水設備が損傷したまま放置されているものも少なからず存在し、隣地の所有者に被害を与えていることもあります。

　民法は、隣接する土地や建物の一方の利用が他方の利用を阻害することもあるため、相隣関係に関する各種の規定を設けています（民法第209条〜第238条）。隣接する土地の場合、自然に流れてくる雨水等を遮断すると、当該隣地の排水を行えなくなり、土地の利用や公衆衛生上の支障が生じることになります。そこで、土地の所有者に、隣地から自然に流れてくる雨水等の流れを妨げてはならない義務を負わせています（同法第214条）。他

方で、土地の所有者に対して、隣地に雨水を直接注ぐ構造の屋根その他の工作物を設けてはならない義務を負わせています（民法第218条）。

　なお、土地の所有者は、建物を建築する場合、境界線から50センチメートル以上距離を保つ必要があります（民法第234条第1項）。ただし、建築基準法第65条所定の防火地域または準防火地域内にある建築物で、外壁が耐火構造のものについては、同項の適用は排除されています（最判平成元年9月19日民集43巻8号955頁）。問題は、建物のどの部分から境界線までが50センチメートル以上である必要があるかです。この問題に関して、民法第234条第1項の趣旨は、一定の距離を確保することによって、通風や日照を良好に保つとともに、境界線付近において、建物の建築や修繕の際に必要な空間を確保することにあります。そこで、同条の距離は、建物側壁や出窓のような固定された突出部分と境界線との最短距離をいうものと解されています（東京地判平成4年1月28日判タ808号205頁）。

2　受忍限度論

　土地の所有者は、隣地からわずかでも人工的な雨水等の流入がある場合、隣地の所有者に対して雨水等の流入をさせないように求めることができるのでしょうか。民法第218条によれば、隣地の建物の雨どいから雨水が注がれているような事実関係さえあれば、修繕工事や損害賠償等を請求できるようにも思われます。しかし、隣接する土地でそれぞれが生活を営むことからすると、一定の生活環境上の支障が生じることは当然のことであり、いかなる侵害も許されないと解するのは、社会共同生活に支障を生じさせることになり、現実的ではありません。そのため、当該不利益の程度が受忍限度を超えた場合に限って、違法性が認められ、修繕工事の請求や損害賠償請求を行うことが認められることになると考えられます。受忍限度を超えているかどうかは、①雨水が流入してくる頻度や量、隣地への影響といった侵害される側の不利益の内容、②雨水の流入の原因となって

いる排水設備の状況といった侵害する側の態様等を比較衡量して判断されます。

3 本件について

　隣家の雨どいが損傷しており、雨天時には自宅敷地内や自宅に雨水が直接注がれている状況であるため、所有権や占有権等の侵害は認められます。しかし、雨水の流入は豪雨のときに限られ、頻度も決して高くないと考えられ、受忍限度を超えていないと判断される可能性も否定できません。裁判例の中には、雨水が雨どいから隣地に流入していることは認めつつも、その頻度等が限られていることや、当該建物の所有者が雨どいの改善工事を行っていたことを考慮して、受忍限度を超えるものではないと判断しているものもあり、実務の指針として参考になります。

　なお、受忍限度を超えていない場合や、受忍限度を超えていても修繕の請求に応じてもらえないような場合、または空き家の所有者と連絡が取れないような場合には、事務管理として隣家の雨どいの修繕を行い、費用償還請求を事後的に行うことも法律構成としては考えられますが、他人の建物の修繕工事を行うことは現実的ではありません。そのため、自宅敷地内において暫定的な予防措置を講じるなどして、より被害が現実的・具体的なものになった段階で再び請求を検討することになると考えられます。

無道路地にある空き家と
通行権の問題

事 例

　私は相続した空き家を所有しています。かつては空き家に通路があっ
たのですが、今では周囲を他の所有者の土地に囲まれ、公道に接続して
いない状況になっています。建物も老朽化しており、周囲への悪影響を
避けるために、取壊しや売却を検討していますが、公道に接続していな
いため売却することは難しいといわれています。隣地に通路があれば売
却しやすくなると思うのですが、通路を設定する方法はありますか。

1　通路がないことによる不利益

　数次の相続が発生し、管理が適切に行われなくなった土地の中には、時
間の経過とともに周囲を土地に囲まれ、公道に接続しなくなった土地（以
下「袋地」という）があります。袋地の所有者が再築や売却を試みようと
しても、公道に接続していないため、建物を再築できないことや、売却で
きないこともあります。袋地の所有者は、これらの不利益を回避するため
に、通路を開設する等して袋地の公道への接続を試みることが考えられま
すが、どのような方法があるでしょうか。

2　通行権の種類

袋地の所有者が公道に出るためには、他人の土地を通行する正当な権原が

必要となります。そのための方法として、①通行地役権を設定する方法、②債権的通行権（賃貸借契約等）を設定する方法、③囲繞地通行権を設定する方法が考えられます。通行権の設定は、現在の当事者間で合意を締結できる場合や過去の合意に関する資料がある場合は別として、数次の相続が発生した土地のように、隣接する土地の所有者間に面識等がなく、事実関係も明らかではないような場合には、合意に至らないこともあり得ます。

　合意を立証できない場合、袋地の所有者が隣地の賃借権や地役権の取得時効を主張することも考えられます。賃借権の取得時効が認められるためには、賃借の意思に基づいて不動産を使用収益し、その使用収益が賃借の意思に基づくものであることが客観的に表現されていることが要件となるため（最判昭和43年10月8日民集22巻10号2154頁）、賃料を継続して支払っていることが必要となります。しかし、管理が放棄されたような袋地の事案では、賃料が支払われていないこともあり、賃借権の取得時効の立証は容易ではありません。また、地役権の取得時効についても、地役権が継続的に行使されており、そのことが外形上認識できることが要件となるため（民法第283条）、隣地に通路を開設して利用していることが必要となりますが、外形上、通路すら確認できないような場合もあり、地役権の取得時効の立証も容易ではありません。

3　囲繞地通行権と建築基準法との関係

　囲繞地通行権とは、袋地の所有者が公道まで囲繞地を通行する法定上の通行権（民法第210条）です。この通行権は、隣接する土地の利用の調整を目的として、特定の土地が袋地に当たる場合に、囲繞地の所有者に、袋地の所有者が囲繞地を通行することを受忍させる義務を課し、袋地の効用を全うさせようとするものです。これによって、袋地の所有者は、必要最小限の範囲で囲繞地を利用することができる反面、囲繞地の所有者に対して償金を支払う義務を負うことになります。

　なお、ここでいう袋地は、必ず袋地の周囲がすべて他の所有者の土地で囲まれている必要まではありません。たとえば、公道に接続する通路が存在する場合でも、当該土地の利用のために不十分と判断されるようなときには、当該土地を袋地として評価して囲繞地通行権が認められることもあります。

　問題は、袋地の所有者が空き家を建て替えたい場合に、どの程度の範囲で囲繞地通行権が認められるかです。言い換えれば、建築基準法に規定される接道条件を満たす囲繞地通行権は認められるかということです。

　建築基準法は、道路と敷地との関係について、建築物の敷地が道路に2メートル以上接していることを要件としています（接道条件、建築基準法第43条第1項）。なお、接道条件は、同法の施行日である昭和25年11月23日より前から存在する建物や敷地に対しては適用されません（既存不適格、同法第3条第2項）。

　しかし、新たに建物を建築するときは、接道条件を満たす必要があるため、袋地の所有者が建物を建て替えようとする場合や、建替えを想定して売却するような場合に、接道条件を満たす囲繞地通行権が発生していることを主張できないかが問題となります。

　この問題に関して、判例は、囲繞地通行権の趣旨が相隣関係の調整にあるのに対して、建築基準法の接道条件が設けられた趣旨は、主として避難または通行の安全を期することにあることを理由に、単に特定の土地が接道要件を満たさないことをもって、当該土地の所有者のために、隣接する他の土地につき接道要件を満たす囲繞地通行権は当然に認められないものと判断しています（最判平成11年7月13日集民193号427頁）。

　もっとも、この判例は、接道条件を満たす目的のためだけに、接道条件を満たす囲繞地通行権の発生を否定したにとどまると理解することも可能です。また、囲繞地通行権を認めることによって、囲繞地の所有者の土地利用の現状を変更し、このことがかえって建築基準法違反の事態を招くおそれがあることを、接道条件を考慮しない理由として指摘しています。そ

うすると、現状を変更しないような場合には、接道条件を考慮することも可能であると理解できるように思われます。

　もっとも、現在の判例は、一般論としては、囲繞地通行権の範囲において、建築基準法上の接道条件を考慮することを否定しています。そこで、囲繞地通行権を主張する必要性がある場合には、囲繞地の所有者の所有権に係る主張を権利濫用等の一般条項で制限するなどして、接道条件を満たす囲繞地通行権の発生を認めようとする考え方等が示されており、注目されるところです。

4　本件について

　本件においては、空き家の所有者が新たに建物を建て替えるためには、建築基準法の接道条件を満たす必要があります。第一次的には、囲繞地の所有者との間で、地役権の設定や債権的合意を締結するための交渉を行うことになると考えられますが、奏功しない場合には、囲繞地通行権の主張を行うことも検討せざるを得ません。もっとも、現在の判例からすると、接道条件を満たす囲繞地通行権の発生が認められることは難しいでしょう。このような場合には、隣地の所有者に売却を試みることが現実的な手段になってくるように思われます。

事例
6

共同で使用する私道の 管理上の問題

事　例

　私の自宅は、中古で取得した分譲住宅ですが、周囲には同様の分譲住宅が立ち並んでいます。これらの住人は、転圧された砂利道の私道を利用して公道に出ていますが、私道も陥没等があり修復したいと思っています。ところが、分譲地の中には所有者の行方が分からない空き家もあります。

　このような場合に、どのような方法で私道の修復を行えばよいでしょうか。

1　検討の視点

　市街地においては、複数人が所有する土地が宅地の通路として供されていることがあります。このような通路の補修をする必要が生じた場合に、補修をするための要件が必ずしも明らかではなく、実務上の運用として、権利者全員の同意が要件とされ、権利者の一部が所在不明であるような場合に、補修を行えない問題等があると指摘されていました。

　このような問題に対応するための指針として、平成30年1月に共有私道の保存・管理等に関する事例研究会「複数の者が所有する私道の工事において必要な所有者の同意に関する研究報告書～所有者不明私道への対応ガイドライン～」が公表され、令和4年6月に第2版（以下、「所有者不明私道への対応GL」という）が公表されました。

所有者不明私道への対応GLによれば、中小都市や中山間地域において、地目が道路で、相続登記が未了となっているおそれのある土地のうち、最後の登記から50年以上経過しているものが31.2％あることが指摘されており、大都市の5.5％に比べて、著しく高い割合を示しています。このような道路は、隣接する宅地やその上の建物も同様の状態である可能性が高く、建物の中には空き家も含まれることが想定されます。

2　共同で利用される私道の権利関係

(1)　二種類の私道の権利関係

　所有者不明私道への対応GLの分類によれば、共同で使用する私道の権利関係には、次のように二種類あることが指摘されています。

❶　共同所有型私道

　私道全体を複数の者が所有しており、民法第249条以下の共有の規定が適用されるものをいいます。

図表2 共同所有型私道の権利関係図

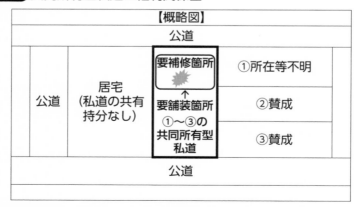

出典 ● 共有私道の保存・管理等に関する事例研究会「複数の者が所有する私道の工事において必要な所有者の同意に関する研究報告書〜所有者不明私道への対応ガイドライン〜（第2版）」（令和4年6月）

❷ 相互持合型私道

　私道が複数の筆から成っており、隣接宅地の所有者等が私道の各筆をそれぞれ所有し、相互に利用させ合うものをいいます。

図表3 相互持合型私道の権利関係図

【概略図】			
公道			
公道	居宅 (私道の共有 持分なし)	③所有	①所在等不明
		①所有 要補修箇所	②賛成
		要舗装箇所 ②所有	③賛成
公道			

出典 ● 共有私道の保存・管理等に関する事例研究会「複数の者が所有する私道の工事において必要な所有者の同意に関する研究報告書～所有者不明私道への対応ガイドライン～（第2版）」（令和4年6月）

(2) 共同所有型私道の利用上のルール

　共同所有型私道は、共有者間に利用上の合意がなければ、民法第249条以下の規定が適用されることから、保存行為（同法第252条第5項）、管理行為（軽微変更を含む。同条第1項本文）、変更行為（同法第251条第1項）の各ルールが適用されることになります。どのような行為が保存行為、管理行為、変更行為に該当するのかについては、所有者不明私道への対応GLを参考に、共有物の形状・性質、共有物の従前の利用方法、工事による改変の程度、工事費用の多寡、その他の諸般の事情を個別具体的に考慮することになります（所有者不明私道への対応GLでは、一例として、砂利道をアスファルト舗装する行為は、軽微変更に該当する旨紹介されています）。

　なお、共同所有型私道の共有に遺産共有が含まれていることもありますが、遺産共有の法的性質は民法第249条以下の共有と同じと解釈されてい

るため（最判昭和30年5月31日民集9巻6号793頁）、上記の利用上のルール
の考え方が当てはまります。

(3)　相互持合型私道の利用上のルール

　相互持合型私道は、宅地を所有する複数の者が宅地とは別に所有する土
地を通路として、それぞれ提供することによって形成されている私道です。
所有者不明私道への対応GLでは、相互持合型私道の権利関係について、
各土地の所有者が、互いに各自の所有宅地の便益のために、通行等を目的
とする通行地役権（民法第280条本文）を設定したものと整理しています。

　通行地役権は当事者間の合意によって設定されるものですが、明示的な
合意がない場合であっても、土地の権利関係や利用状況からすれば、お互
いに、他の者が所有する通路を継続的に利用することによって、公道から
自身の宅地まで通行することが前提となっていたものとして黙示の地役権
設定の合意が認められることもあります（東京地判平成16年4月26日判例タ
1186号134頁等）。

　このような相互持合型私道は、宅地分譲に伴って設定されることが多い
と考えられますが、通行地役権が設定された場合、地役権者は、通行の目
的の限度で、通路土地全体を自由に使用できるため、地役権に基づく妨害
排除や妨害予防請求権に基づき、承役地の所有者に対して、通行を阻害す
るような行為の禁止を求めることもできます（最判平成17年3月29日集民
第216号421頁）。

　地役権は登記をすることができますが、黙示の地役権の設定の場合だけ
でなく、明示的に地役権が設定される場合でも、地役権の登記がされるこ
とは多くないように思われます。そのため、地役権の負担を受ける承役地
が譲渡された場合、要役地の所有者は、登記がなければ承役地の所有者に
対して地役権があることを対抗できないことになります（民法第177条）。
もっとも、通行地役権の承役地が譲渡された場合に、譲渡の時に、承役地
が要役地の所有者によって継続的に通路として使用されていることがその

位置、形状、構造等の物理的状況から客観的に明らかであり、かつ、譲受人がそのことを認識していたか、または認識することが可能であったときは、譲受人は、通行地役権が設定されていることを知らなかったとしても、特段の事情がない限り、地役権の設定登記の欠缺を主張するについて正当な利益を有する第三者に当たらないと解されています。そのため、要役地の所有者は、登記がなくとも、譲受人に地役権を対抗することが可能となります（最判平成10年2月13日民集52巻1号65頁）。

3 本件について

(1) 共同所有型私道の場合

共同所有型私道の場合、砂利道の陥没箇所を修復する限度であれば、共有物の保存行為に当たるため、単独で補修工事を行うことができます。これに対して、陥没箇所の修復を超えて、特段の必要がない状況で、砂利道にアスファルト舗装を行うような場合、管理行為として各共有者の持分価格の過半数で決定する必要があります。なお、所在等の不明な共有者や賛否の意思が不明な共有者がいるため、過半数を得られないような場合、民法第252条第2項第1号または同項第2号に基づいて、当該共有者を除いて管理行為の決定を行うことも考えられます。

(2) 相互持合型私道の場合

相互持合型私道の場合、要役地の所有者は、地役権に基づいて、通路土地全体を自由に使用できるため、承役地の所有者の所在が不明で意向を確認できないとしても、陥没箇所を修復することはできます。

これに対して、承役地の通行に影響がないにもかかわらず、私道全体にアスファルト舗装を行うような場合にまで、承役地の所有者に当該工事を受忍する義務はないため、要役地の所有者の判断のみで工事を行うことはできません。このような場合、承役地の所有者の不在者財産管理人の選任

申立てや、所有者不明土地管理人の選任申立てを行うなどし、当該管理人との間で協議をして対応することになると考えられます。

空き家で火災が起きた場合の法的責任

事 例

　私は、相続した実家を所有しています。その実家は、昭和の頃に建築された木造家屋で、現在は空き家になっています。

　ある日、地元の消防団から連絡があり、実家が火事になっており、隣家に延焼しているとの連絡を受けました。無事消火できたものの、隣家にも延焼してしまいました。調査の結果、タバコとライターが発見され、火災の原因は、タバコの火の不始末と考えられるとのことでした。

　近所の方に聞いた話によれば、実家の雨戸の一部が外れており、割れた窓ガラスから不審者が頻繁に出入りしていたとのことでした。隣家の方からは、空き家の管理を適切に行っていなかったことが原因だと責められています。私は、実家に火災保険をかけていませんが、隣家の方に対して、どのような責任を負うのでしょうか。

1　空き家と火災について

　消防庁が公表した令和5年版の消防白書によれば、建物火災発生件数が出火件数に占める割合は、全体の約6割に及んでいます。令和4年中の主な出火原因別の出火件数表によると、次の出火原因が上位を占めています。

①　たばこ……3,209件　　②　たき火……3,105件

③　こんろ……2,771件　　④　放　火……2,242件

　空き家に関しては、所有者の管理が十分に行き届かないため、不審者の侵入や放火の対象となることもあります。それでは、第三者が空き家に侵

入して火災を発生させ、隣家を延焼させた場合、空き家の所有者は、隣家の所有者に対して、どのような法的責任を負うのでしょうか。

2 不法行為に基づく損害賠償請求について

(1) 失火責任法とその趣旨

　わが国には、歴史的に木造家屋が多く存在するため、火災が一度発生すると、延焼によって多大な被害を発生させる可能性があります。しかし、一般的な不法行為の場面と同様に、失火者に軽過失がある場合にまで損害賠償義務を負わせることは、酷な結果を招くことになります。そこで、不法行為の特別法である失火ノ責任ニ関スル法律（以下「失火責任法」という）において、損害賠償責任を負うのは失火者に重過失がある場合に限定されています。もっとも、後述するように、民法第709条以外に基づく不法行為責任との関係では、例外もあります。

(2) 重過失とは何か

　失火責任法上の「重過失」とは、通常人に要求される程度の相当な注意をしないでも、わずかの注意さえすれば、たやすく違法有害な結果を予見することができた場合であるのに、漫然とこれを見過ごしたような、ほとんど故意に近い著しい注意欠如の状態をいうと解されています（最判昭和32年7月9日民集11巻7号1203頁）。裁判例においては、①寝タバコにより引火した事例、②天ぷら油を入れた鍋をガスコンロで加熱したまま長時間その場を離れた間に引火した事例、③石油ストーブのそばにガソリンの入った蓋のないビンを置き、ビンが倒れて引火した事例、④石炭ストーブの残火のある灰を段ボール箱に投棄して火災が発生した事例等で、重過失が認められています。

　それでは、空き家に侵入した第三者の失火が原因となって火災が発生した場合に、空き家の所有者に重過失が認められるのでしょうか。この問題

に関して、不良少年の倉庫内での火遊びによって発生した火災で、延焼被害を受けた者が、倉庫の所有者に対して、民法第709条及び失火責任法に基づいて損害賠償請求をした裁判例があります（那覇地判昭和50年6月28日判タ327号253頁以下）。

　那覇地判は、倉庫の所有者に、火災防止についての過失があったことを認めつつも、所有者が外部からの侵入を防止するための通常必要とされる一応の手段を講じており、不良少年が倉庫内に侵入することを予測できなかったこと等を理由に、重過失を否定しました。那覇地判は、倉庫の所有者の損害賠償責任を否定しましたが、建物や施設の管理の態様によっては、第三者の行為が介在していても建物や施設の所有者が損害賠償責任を負う可能性があることを認めた点において、不審者による空き家の失火事例においても参考になります。

(3)　本件について

　本件の場合、雨戸の一部が外れ、窓ガラスが割れている点では、建物の管理に過失がないとまではいえません。もっとも、雨戸を付ける等、一定の防犯措置が講じられているような場合には、不審者が窓から建物内に侵入してタバコを吸って失火することまで予見することは難しいため、建物の所有者に重過失が認められる可能性は低いと考えられます。

3　民法第717条に基づく損害賠償請求について

(1)　危険責任に基づく無過失責任

　民法第717条は、土地の工作物の瑕疵によって生じた損害について、占有者に第一次的責任を負わせ、占有者が責任を負わない場合に、所有者に無過失責任を負わせています。同条が、所有者に無過失責任を負わせているのは、危険責任（危険なものを作り出した者や所有者がこれによって生じた損害を賠償する責任を負うべきとする考え方）を根拠にしています。

⑵ 設置・保存の瑕疵

　民法第717条に規定する「土地の工作物」とは、土地に接着して人工的作業によって土地に設置されたものをいい、建物は土地の工作物に含まれます。問題は、空き家の管理に問題があった場合に、同条に規定する「瑕疵」があったと認められるかどうかです。

　この問題に関して、民法第717条に規定する「瑕疵」とは、建物に代表される工作物が、その種類に応じて、通常予想される危険に対し、通常備えているべき安全性を欠いていることをいうものと解されています（最判昭和45年8月20日民集24巻9号1268頁。ただし、国家賠償法第2条の事案）。つまり、瑕疵の判断において重視されているのは、当該工作物が通常予想される危険に対する安全性を有しているかどうかであり、第三者等が異常な方法で土地の工作物を利用したことによって生じた危険に対する安全性までは求められていないということです。

⑶ 本件について

　居住用の建物の安全性の判断において、一般論としては、第三者が外部から侵入して火災を発生させる予見可能性を含めるのは困難です。そうすると、本件における空き家の所有者は、隣家の所有者に対して、民法第717条に基づいて損害賠償責任を負う可能性は低いと考えられます。

4 土地工作物責任と失火責任法の関係

　本件とは異なりますが、建物の天井裏の電気配線は、当該電気配線が建物と一体をなすことから、裁判例の中には土地の工作物と判断されているものがあります。そのため、天井裏の電気配線が短絡（ショート）によって燃焼した結果、火災が発生して隣家に損害を与えた場合、当該建物の所有者は、隣家に対して、民法第717条に基づく損害賠償責任を負う可能性があります。

　一方で、失火責任法は、失火者の損害賠償責任を重過失の場合に限定しているため、所有者に無過失責任を負わせる民法第717条との関係をどのように考えるかが問題となります。この問題に関する最高裁判決はなく、下級審や学説においても見解が別れています。もっとも、現在の下級審は、危険責任の考え方を重視して、失火責任法を適用せずに民法第717条に基づく損害賠償責任を負わせる傾向にあるとされています。

空き家で火災が発生した場合の火災保険金の支払の有無

事 例

　私は、父から相続した実家で生活し、実家と家財道具に火災保険を付していました。その後、私は転居したため、半年に1度くらいの割合で実家に立ち寄るようにしていましたが、施錠を十分に行えていませんでした。以前、実家に立ち寄った際に、近所の方からの立ち話で、夜中に灯のようなものがついていることがあった旨聞いていましたが、そのことを失念しており対処を怠っていました。

　ある日、実家で火災が発生し、放火の可能性が高いとの連絡を受けました。今後、保険会社に火災保険金を請求することを考えているのですが、保険金を請求することに問題はありますか。

1 火災保険の重過失免責

　空き家を所有している場合、管理が行き届かず、不審火が発生するリスクがあります。火災保険を付すことで財産的損害の発生を予防することはできますが、問題は実際に保険金が支払われるかどうかです。保険法第17条は「保険者は、保険契約者又は被保険者の故意又は重大な過失によって生じた損害をてん補する責任を負わない」旨規定しています。これを受けて、各保険会社の保険約款でも、免責事由の1つとして、保険契約者、被保険者またはこれらの者の法定代理人の故意もしくは重大な過失または法令違反がある場合などと規定しています。

　保険法や保険約款に規定する重過失とは、通常人に要求される程度の相

当の注意をしないでも、わずかの注意さえすれば、たやすく違法有害な結果を予見することができた場合であるのに、漫然とこれを見過ごしたような、ほとんど故意に近い著しい注意の欠如の状態などと解されています。

なお、重過失免責の趣旨は、火災の発生により損害が生じたことを火災保険金請求権の成立要件とし、その損害が保険契約者、被保険者またはこれらの者の法定代理人の故意または重大な過失によるものであることを免責事由としたものと解されており（最判平成16年12月13日民集58巻9号2419頁）、保険契約者は火災保険金を請求するに当たって、火災によって損害を被った旨を主張立証すれば足り、保険会社側が重過失を根拠付ける具体的な事情を主張立証する必要があります。

2 重過失による免責の有無が争われた事例

実際の裁判例においても、空き家が放火され、重過失による免責の有無が争われた事例があります。たとえば、火災当時に建物の一部が施錠されておらず、そこから侵入した者によって放火された事例において、保険契約者に空き家である建物の施錠を十分にしていなかったことについて過失があることを認定した上で、①火災当時、当該建物付近で放火が相次いでいたり、②当該建物内に第三者が何度か立ち入っていたなど、当該建物に侵入されて放火される具体的な危険性があったとは認められない場合には、重過失は認められないとしたものがあります（東京地判平成18年2月8日判例集未登載）。

その一方で、保険契約者が、施錠をせずに建物を長期間空き家状態にして放置していた事例において、放火犯が施錠されていない入口から侵入した場合には、火災の発生について重過失が認められると判断したものもあります（福島地判会津若松支部平成8年3月26日判タ918号241頁）。

重過失の判断基準を、ほとんど故意に近い著しい注意の欠如の状態とすると、第三者が空き家に侵入して放火したことのみをもって重過失を認定

203

することには慎重であるべきと考えられます。もっとも、福島地判のように、長期間空き家を放置していた事例において、比較的緩やかに重過失を認定した事例もあることから、空き家の所有者・保険契約者としては、普段から施錠の確認や管理事業者を通じて、日頃から空き家の状態を管理できるようにしておくことが必要です。

　なお、放火の場合と異なりますが、火災発生前から空き家の漏電の可能性を疑い、再三にわたって電力会社の職員に調査を依頼しており、漏電の可能性が指摘されていたにもかかわらず、漏電による火災の発生を未然に防止する手段を尽くしていなかったため、火災が発生した事案において、重過失が認められたものもあります（津地判伊勢支部平成元年12月27日判タ731号224頁）。

3　本件について

　相続した実家は、空き家として長年放置されており、施錠が十分にされておらず、近所の住民からも不審者の侵入の可能性を聞いていたことから、火災の発生原因は、放火あるいは不審者の火の不始末による可能性が高いと思われます。火災が第三者の行為による場合、火災保険金の請求をしても保険会社から重過失による免責が主張される可能性があります。この場合、具体的には、①空き家の施錠の有無、②管理のための訪問の頻度、③第三者が侵入していたとされる時期や頻度、④不審火・事件事故の有無や回数、⑤不審火に関する情報提供を受けた後の所有者の対応等を総合的に判断して、所有者の重過失の有無が判断されることになります。

　なお、空き家に関する火災保険は、一般的な自宅に付保するような火災保険と同様ですが、居住を目的とした建物である「住宅物件」とは異なり、「一般物件」と扱われ、火災保険料は住宅物件よりも割高となります。もっとも、空き家であっても、空き家にしている期間が一時的である場合や、家財が常時備えられているような場合には、「住宅物件」と扱われることも

あります。空き家に火災保険を付保することを検討する場合は、各保険会
社に個別に確認することが必要です。

地震が発生した場合の
空き家の管理責任

事 例

　父は、祖父から相続した建物（空き家）を所有しています。空き家は物置として利用されており、父に代わって私が年に数回、換気や整理のために訪れる程度です。空き家は、旧耐震基準のもとで建築された建物であり、屋根や壁面も老朽化しています。もし、地震によって空き家の外壁などが崩れて通行人等にケガを負わせた場合、損害賠償責任を負うのでしょうか。

1　空き家の利用状況

　国土交通省は、全国の戸建て住宅の空き家等について、利用状況や管理実態などを把握し、空き家に関する基礎資料を得ることを目的として、昭和55年からほぼ5年ごとに「空家実態調査」（令和元年から「空き家所有者実態調査」に名称変更している）を行っています。直近の調査結果である令和元年空き家所有者実態調査によれば、空き家の建築時期は、昭和55年以前（旧耐震基準時代）のものが69.1％を占めており、管理する頻度は、「月に1回～数回」と「年に1回～数回」とを併せたものが61.1％を占めています。また、今後5年間で、空き家にしておく割合は28％とされており、その主な理由は、「物置として必要」「解体費用をかけたくない」ことにあるようです。

　これらの調査結果によれば、耐震性能の低い老朽化した建物が管理され

ないままに物置等として利用されている実態を垣間見ることができます。このような耐震性の低い空き家は、大地震が起きた場合に災害の原因となるため、この場合の空き家所有者の責任について検討することにします。

2 地震と工作物責任（民法第717条）

⑴ 工作物責任の判断枠組み

事例7で述べたように、民法第717条は、工作物の設置または保存の瑕疵によって生じた損害について、その占有者に第一次的責任を負わせ、占有者が責任を負わない場合に、所有者に無過失責任を負わせています。また、同条に規定する工作物の「瑕疵」とは、建物に代表される工作物が、その種類に応じて、通常備えているべき安全性を欠いていることをいいます（最判昭和45年8月20日民集24巻9号1268頁）。「設置」とは、当該工作物が設置された当時のことをいい、「保存」とは、当該工作物が設置された後のことを意味します。

⑵ 設置または保存の瑕疵について

地震に関しては、建物が備えているべき通常発生することが予測される地震動に耐え得る安全性をどのように判断するかが問題となります。地震が建物に及ぼす影響は、地震そのものの規模に加えて、地盤、地質の状況、建築物の構造、施工方法等の事情によって異なるため、瑕疵の判断に当たっても、このような事情を総合考慮して、当該建物の安全性を判断することになります。

また、地震に関する工作物責任が争われた裁判例においては、当該工作物が耐震基準に適合していたかどうかが争点になっているものがあります。実際の裁判例を踏まえて、耐震基準と設置または保存の瑕疵との関係を整理すると、次のようになります。

❶ 設置の瑕疵と耐震基準の関係

　賃貸マンションの１階部分が阪神・淡路大震災によって倒壊し、賃借人が死亡した事故に関して、裁判所は、当該マンションの設置の瑕疵の有無について、当該マンションが建築当時の耐震基準に反して建築されていたことから、建物が通常有すべき安全性を有していなかった旨判断しています（神戸地判平成11年9月20日判時1716号105頁）。この事案は、当該マンションが建築当時の設計震度による耐震性を有していたとしても倒壊したと推認された事案でしたが、建築当時の設計震度に適合していれば、実際の倒壊状況と同様の結果にはならなかった可能性があることを重視し、当該マンションの設置の瑕疵を認めています。

　このように、建物の設置の瑕疵を判断する場合において、建築当時の耐震基準を満たしていたかどうかは、重要な判断要素であるといえます。本件の空き家は、旧耐震基準下において建築されたものですが、旧耐震基準に満たない建物である場合は、建物の設置に瑕疵があると認められる可能性は高くなります。

❷ 保存の瑕疵と耐震基準の関係

　建築当時の旧耐震基準を満たしていた建物が、建築後に生じた地震で倒壊した場合、保存の瑕疵の有無をどのように考えるべきでしょうか。構造基準等の法規制がなかった当時に設置されたブロック塀が宮城県沖地震によって倒壊し、通行人が死亡した事故について、裁判所は、ブロック塀の保存の瑕疵の有無について、次のように判示しています（仙台地判昭和56年5月8日判時1007号30頁）。

　一般に瑕疵の有無は、相対的、社会経済的な見地に立って考慮さるべきものであるから、ブロック塀についての研究及び技術に格段の進歩発展があり、しかも旧来のものによるときは極めて危険であるとしてすべて新規の技術に従って在来のブロック塀を補修ないし改造することが法令によって要求されるか、或いは

> そうでなくても、その指摘がなされてそれが一般に行われていたような特別事情があれば格別、そうでない以上設置当時瑕疵がなかった建築物につきその後何らの異常がない場合にも新たな法規による基準に適合すべくこれが補修ないし改造をすることは必ずしも一般に期待できないところであるから、これを怠ったからといって保存について瑕疵があったものと言うことはできないものと解するのが相当である。
>
> **出典** ● 仙台地判昭和 56 年 5 月 8 日判時 1007 号 30 頁

　この仙台地判の判断枠組みには異論もあるところですが、ブロック塀は、設置された当時の旧耐震基準に適合しており、その後に耐震基準が変更されても、そのことのみでは違法とはならないため、原則として、保存の瑕疵がないとする判断は一応妥当と考えられます。問題は、仙台地判の判示する「特別事情」がどのような場合に認められるかです。たとえば、行政や周辺住民などから老朽化による倒壊の危険性が指摘されており、これを所有者が認識していたにもかかわらず、是正等を放置していたような場合には、保存の瑕疵が認められる可能性があると考えられます。

(3)　占有者の第一次的責任の可能性

　上記(1)で指摘したとおり、民法第717条の工作物責任を第一次的に負うのは「占有者」です。所有者に代わって空き家の管理を任されている者が、同条の「占有者」に当たるかが問題となります。

　民法第717条第1項が占有者に第一次的責任を負わせているのは、占有者が工作物から生じる損害の発生を防げる立場にあるからです。一方で、同項ただし書は、占有者が損害の発生を防止するのに必要な注意をしたときは免責しています。このような条文構造からすると、「占有者」と認められるためには、当該工作物の設置または保存の瑕疵から生じる損害の発生を防止することが社会的に期待できるだけの地位にあることが必要と考えられます。

本件において、相談者は、父親に代わって空き家の換気や整理といった限られた一部の事務を行っているにとどまり、損害の発生の予防に関係する建物の修繕等までは任されていません。そうすると、相談者が「占有者」に当たる可能性は低いと考えられるため、所有者である父親が、民法第717条の責任主体となるものと考えられます。

(4)　不可抗力が損害額に及ぼす影響

　土地工作物の瑕疵と不可抗力が競合して第三者に損害が生じた場合、占有者や所有者は全損害を賠償する義務を負うことになるのでしょうか。損害賠償制度の趣旨は、損害の公平な分担にあるため、建物の設置の瑕疵と想定外の自然力とが競合して損害発生の原因となっているようなときは、自然力の損害発生への寄与度を考慮して損害額が限定されることになると考えられます。現に、上記の神戸地判は、同様の考え方によって、建物所有者の損害賠償の範囲を建物賃借人の全損害の一定割合に限定しています。

地震によって空き家が倒壊する
おそれがある場合の対処法

事　例

　最近、地震によって倒壊した空き家のニュースを見る機会がありました。自宅の隣地には傾いて屋根の崩れかかった木造家屋がありますが、ここ数年間、誰も出入りしている様子はなく、所有者が誰なのかも分かりません。地震が発生する場合に備えて隣家の修繕を求めたいのですが、どうすればよいでしょうか。

1　所有権に基づく物権的請求権及び仮処分

　隣家の損壊や倒壊によって、自己の所有する土地や建物が損傷させられるおそれがある場合、隣家の所有者に対して、所有権に基づく物権的妨害予防請求権を行使して、予防措置を求めることが考えられます。しかし、登記簿等を確認して所有者を把握できても、その者が行方不明の場合には請求を行えず、仮に請求できたとしても隣家の所有者が修繕を行わない場合もあります。このような場合には訴訟の提起や強制執行の申立てを行わざるを得なくなりますが、時間がかかるため急を要する場合には実効的な手段ではありません。

　そこで、所有権に基づく物権的妨害予防請求権を被保全権利として、予防工事等の実施を求める仮処分命令を申し立てることが考えられます。もっとも、仮処分は、迅速性という点で優れていますが、建物の継続的な管理を実現する点においては、必ずしも適切な手段とまでは言い切れません。

なお、令和３年の民法改正の立法過程において、土地の所有者が他の土地や他の土地の工作物等に瑕疵がある場合に、当該他の土地に立ち入り、損害の発生を防止するための工事を行う権限を認める規定の導入が検討されていました。しかし、当該権限の発生要件が不明確であることや、かえって物権的請求権の行使を阻害するおそれがあること等を理由に導入は見送られています。

2　事務管理による方法

　隣家の空き家の所有者のために、事務管理（民法第697条）として、屋根等の修繕工事を行うことが考えられます。しかし、修繕工事を行った場合に当該所有者に修繕契約の効果を帰属させるためには本人の追認が必要となります。また、事務管理者は当面の費用負担を強いられるだけでなく、費用回収のリスクも負うことになるため、現実的な手段ではないと考えられます。

3　損害賠償を求める方法

　空き家が通常備えているべき安全性を欠いているため地震等によって損壊等し、隣地の所有権に損害を与えた場合、隣地の所有者は、当該空き家の所有者に対して、民法第717条に基づく損害賠償請求を行うことができます。しかし、損害賠償を求める方法も、事後的な金銭的救済にすぎないため、危険を予防したい場合には機能しません。

4　令和３年の民法改正を踏まえた対応方法

(1)　新たな管理制度導入の背景

　建物の所有者が行方不明の場合、当該建物を管理させるために、不在者

財産管理制度等を利用することもできましたが、不在者の全財産を管理する必要があるため、管理人の負担が重いといった批判がされていました。また、適切に管理されていない建物がある場合に、上記 **1** ～ **3** のような法的手段はあるものの、適切な管理を継続させられない点において問題がありました。そこで、令和 3 年の改正民法において、所有者の不明な建物や管理不全の建物を、裁判所が選任する管理人が、継続的に管理する制度が新設されました。前者は所有者不明建物管理制度（民法第 264 条の 8 ）と呼ばれ、後者は管理不全建物管理制度（同法 264 条の 14）と呼ばれています。

(2)　所有者不明建物管理人の概要

　所有者不明建物の利害関係人は、裁判所に対して、所有者不明建物管理人の選任を申し立てることができます。ここでいう利害関係は法律上の利害関係のことを意味しており、当該建物の隣地の所有権や身体等の利益が侵害されるおそれがあるような場合に認められることになります。

　申立人は、申立てに当たって、所有者探索のために必要な調査を尽くしていることが必要となります。そのため、建物の登記簿謄本から所有権の名義人を特定し、住民票等で生存の有無や所在を確認することになります。なお、当該名義人が死亡していることが判明した場合には、相続調査を行うことも必要となります。

　また、申立人は、裁判所から予納金の納付を求められることがありますが、その納付を怠ると、管理人を選任する必要がないことを理由に申立てが却下されることになります。

　所有者不明建物管理人は、当該建物を管理処分する権限が専属しており、当該建物の保存行為（屋根の修繕等）や性質を変えない範囲内での利用・改良行為をすることができるほか、裁判所の許可を得て売却・解体等の処分をすることもできます（民法第 264 条の 8 第 5 項、第 264 条の 3 ）。

(3) 管理不全建物管理人の概要

　所有者不明建物管理人の場合と同様に、管理不全建物について法律上の利害関係がある者は、裁判所に管理不全建物管理人の選任を申し立てることができます。なお、上記の所有者不明建物管理人の申立てと管理不全建物管理人の申立ては、それぞれの要件を満たしていれば選択的に行うことができます。

　建物の管理が不適当であるかの判断は個別事情によります。当該建物の屋根や外壁が崩壊・倒壊するおそれのある状態になっており、この状態が修繕されずに期間が経過しているような場合には認められると考えられます。なお、本事例とは異なりますが、地震によって屋根が崩れ、その状態が放置されているなど、当該建物の不適切な状態の発生が不可抗力によるものであったとしても、その後の管理状態によっては管理不適当と認められる可能性もあります。

　管理不全建物管理人の場合、本来の所有者が管理・処分権を行使する可能性があるため、所有者不明土地管理人と異なり、管理不全建物管理人に当該建物を管理処分する権限は専属しません。管理不全建物管理人は、当該建物の保存行為や性質を変えない範囲内での利用・改良行為はできますが、売却や解体等の処分行為は、所有者の同意を得る必要があり、これが裁判所の許可の条件となっています（民法第264条の14第4項、同法第264条の10第2項、第3項）。

台風・強風によって空き家の
屋根瓦等が飛散した場合の法的責任

事 例

　私は、隣市に空き家となった実家を所有しています。その建物は昭和40年代に建築された木造瓦葺の建物で、相当に経年劣化しています。先日、台風17号（仮称）が隣市を縦断し、実家の屋根瓦が一部落下したほか、屋根に残っている瓦も剥がれそうな状態になりました。応急処置としてブルーシートを貼って瓦の落下や雨漏りを防いでいますが、修繕工事の目途は立っていません。天気予報によれば、間もなく大型の台風18号（仮称）も隣市を縦断するようです。もし、この台風によって瓦が飛散して、第三者に損害を与えた場合、私にはどのような法的責任がありますか。

1 台風・強風による建物への影響

　近年、大型の台風が発生し、各地に甚大な被害を及ぼしています。令和6年には台風10号が発生し、全国各地に大きな被害を与えました。今後も大型の台風や暴風雨によって、民家の屋根瓦が飛散する等の被害が発生することも予想されるため、このような場合の法的責任について検討します。

2 自然災害と工作物責任（民法第717条）

(1) 民法第717条の工作物責任の範囲

　民法第717条は、工作物の設置または保存の瑕疵によって生じた損害について、その占有者に第一次的責任を負わせ、占有者が責任を負わない場合に、所有者に無過失責任を負わせています。設置または保存の瑕疵とは、建物等の工作物がその種類に応じて通常備えているべき安全性を欠いていることをいい（最判昭和45年8月20日民集24巻9号1268頁）、当該工作物の客観的性状から見て判断することになりますが、異常な自然力による危険に対する安全性まで備えている必要性まではないと解されています。

(2) 屋根瓦の工法と安全性判断

　屋根瓦は、一般的には、建築基準法に基づく告示基準（昭和46年建設省告示第109号）の定める技術基準に従って緊結されてきたものと思われます。このような技術基準が採用されていなかったり、採用されていても釘等が錆びて脆くなっていたりする場合には、台風・強風による瓦の飛散について、設置または保存の瑕疵が認められると考えられます。台風による瓦の飛散事故について、民法第717条の責任を認めた事例としては、福岡高判昭和55年7月31日判タ429号130頁が参考になります。

　昨今、風水害の威力が以前に比して強くなっていることが指摘されており、今後も安全基準や技術水準が変わっていくものと考えられます。この点に関して、工作物の占有者や所有者が、いつの時点の安全基準や技術水準に基づいて、工作物の安全性を保つべきかが問題となります。この問題に関しては、損害賠償義務を負わせることとの関係上、事故が生じた時点を基準に判断していくものと解されており、事故後に明らかになった新たな技術や工法等までは考慮されません。

　ただし、新たな工法については、普及の程度等にも留意が必要です。たとえば、一般社団法人全日本瓦工事業連盟は、平成13年に「瓦屋根標準

設計・施工ガイドライン」を公表しており（令和3年に改訂版も公表）、瓦業界の自主的基準として台風や強風に強いガイドライン工法を推奨していますが、このような工法が事故発生当時に、相当程度標準化されて全国的・当該地域に普及しているような事情がある場合には、設置または保存の瑕疵を判断する事情に含まれる余地があります。この問題に関しては、点字ブロックの普及具合等を考慮することを指摘した事例として、最判昭和61年3月25日民集40巻2号472頁の考え方が参考になります。その後、建築基準法に基づく告示基準はガイドライン工法を踏まえて改正され、令和4年1月1日以降に建設物を新築等する際には、新たな基準の緊結方法によることが義務付けられています。

(3) 設置または保存の瑕疵と時間軸との関係

　一見、工作物の安全性に欠陥があると認められる場合でも、設置または保存の瑕疵が否定される場合があります。たとえば、道路管理者が夜間の道路掘削工事のために設置した工事標識板、バリケード及び赤色灯標柱が、第三者によって道路上に倒されたまま放置されていた場合に、「道路の安全性に欠如があったといわざるをえないが、それは夜間、しかも事故発生の直前に先行した他車によって惹起されたものであり、時間的に被上告人において遅滞なくこれを原状に復し道路を安全良好な状態に保つことは不可能であった」として道路管理の瑕疵を否定した事例があります（最判昭和50年6月26日民集29巻6号851頁）。一方で、国道上に駐車中の故障した大型貨物自動車を約87時間放置していたことが、道路管理の瑕疵にあたるとされた事例もあります（最判昭和50年7月25日民集29巻6号1136頁）。

　これらの各判例は、道路管理が問題になった国家賠償法第2条の営造物責任に関する事例であり、直ちに民法第717条の土地工作物責任の判断にまで射程が及ぶものではありません。もっとも、これらの各判例からすると設置または保存の瑕疵の判断は、当該工作物の客観的性状のみから判断するのではなく、時間軸等も考慮して、より規範的に判断するべきことを

示唆しています。

　すなわち、本来、国家賠償法第2条の営造物責任や民法第717条の土地工作物所有者の責任は無過失責任と解されているため、事故発生時の当該営造物や土地工作物の客観的な性状のみが瑕疵（通常有すべき安全性の欠如）の判定の基準となるはずですが、個別具体的な事案の妥当な解決を図るために、設置者または所有者側の予見可能性や結果回避可能性に類似した判定基準が取り込まれているということです。

3　本件について

　隣市の実家は、台風17号によって瓦が剥がれたような状態となっています。これが瓦の設置工法や管理が不適切であったために生じたものなのであれば、台風18号によって瓦が飛散して第三者に損害が生じた場合には、設置または保存の瑕疵が認められる可能性が高いと考えられます。これに対して、台風17号が稀にみる大型台風であり、通常有すべき安全性を備えていても瓦の剥離を防げなかった場合には、別の考慮が必要になります。たとえば、台風17号の通過後、瓦職人の人手が不足し、ブルーシートでの応急処置に留めざるを得なかったところに、台風18号が隣市を縦断し、瓦が飛散して第三者に損害が生じた場合には、**2**の**(3)**の判例のように、設置または保存の瑕疵を否定する場合もあり得るように思われます。

　なお、「稀に見る大型台風」か否か、すなわち異常な自然力（不可抗力）によるものか否かは、わが国が「台風立国」であり、例年、一定規模の台風の襲来が避けられないことからすると、数十年に一度の規模の場合には不可抗力の認定に傾く可能性がありますが、数年に一度程度の規模の場合、その認定には慎重であるべきです。

避難のため自宅を空き家にする場合の法的問題

事 例

　震度7の地震が発生し、自宅の瓦やブロック塀に被害が出ました。また、建物も倒壊の危険性があります。避難のために自宅を空き家にする場合にどのような問題がありますか。また、隣家の瓦やブロック塀が自宅に向かって倒れてくる可能性もありますが、隣人に対して、どのような請求ができるでしょうか。

1　検討の視点

　大規模な地震等の災害によって自宅が損壊し、避難生活を余儀なくされる場合、自宅を空き家にせざるを得ません。余震が継続するような状況では、長期間にわたって修繕を行えないこともあります。適切な対応が行われないままの空き家が増加すると、二次被害を発生させることもあります。そこで、避難のために自宅を空き家にする場合を念頭に、その法的問題を検討します。

2　相隣関係で生じる法的責任

(1)　隣家の所有権を侵害した場合

　隣家の敷地に瓦やブロック塀が流入した場合、隣家の所有権を侵害することになります。そのため、隣家の所有者から所有権に基づいて妨害排除

請求や妨害予防請求を受けた場合、自ら費用を負担して撤去や予防措置を講じる必要があります。

また、自らの土地からの流入物を撤去したり、建物やブロック塀の修繕をするために、隣地を利用する必要がある場合、隣地を使用することができます（民法第209条第1項）。隣地を使用する際は、隣地の所有者と使用者に事前に通知する必要がありますが、隣人が避難等をしており、事前に通知することが難しい場合には、事後的に遅滞なく通知することで足ります（同条第3項）。

(2) 隣家に損害を与えた場合

地震によって建物が崩れたり、瓦やブロック塀が損傷するなどして隣家に被害を与えた場合、土地工作物責任（民法第717条）の有無が問題となります。

土地工作物責任が認められるためには、土地工作物の設置や保存に瑕疵のあることが要件となります。ここでいう瑕疵とは、通常有すべき安全性を欠いていることを意味し、瑕疵の有無は、建物やブロック塀等の土地工作物が、当時発生が予想された地震に耐えられる安全性を有していたかどうかを、諸般の事情を踏まえて総合的に判断することになります。なお、不可抗力の場合に免責される余地もありますが、損害賠償義務があることを前提に、不可抗力の程度に応じて損害額を減額することで調整されることもあります。

国土交通省によれば、住宅の耐震化率は全国的には約87％（平成30年時点）まで進んでいますが[※]、異なる見方をすれば、現在でも耐震工事が進んでいない建物が少なからず存在することを意味します（[※]国土交通省「住宅・建築物の耐震化の現状と目標」）。もっとも、現在の安全基準等に適合していない建物の瑕疵の有無は、そのことのみで判断するのではなく、法令上の改修義務の有無や、特別の事情（改修することが一般的に行われている等）の有無も考慮して判断することになると考えられます（仙台地判昭和56年5月8日判時1007号30頁参照）。また、地震の発生時点で建物やブロック

塀に、設置や保存の瑕疵がないと認められる場合でも、地震の発生後に損傷した建物やブロック塀の管理を放置し、隣人に新たな被害を発生させたような場合には、そのことを理由に建物やブロック塀の保存に瑕疵が認められることもあるので留意が必要です。

3 修繕・解体と行政上の支援

(1) 行政上の経済的支援

建物の所有者には上記2のような法的責任が生じ得るため、避難生活のために自宅を離れる場合には、建物の状況に応じた修繕・解体等の措置を講じておくことが期待されます。また、被災後は生活再建のための資金も必要になることから、どのように修繕・解体費用を確保するかも重要な問題となります。そこで、次のような行政上の支援が用意されています（内閣府「防災情報のページ」等）。

❶ 災害救助法に基づく応急修理

災害救助法が適用される場合、地震によって、自宅の屋根、外壁、建具（窓・玄関）等に損傷が生じ、雨が降れば浸水を免れず、地方公共団体から準半壊以上と判断された世帯は、災害発生日から10日以内の期間に、1世帯5万円以内の範囲で、①ブルーシート、ロープ、土嚢等の資材の現物給付や、②修理業者によるブルーシート展張等の修理の提供を受けることができます。被災者は、申請時に、応急修理を受ける必要があることを明らかにできるように、発災直後の写真をスマートフォン等で撮影しておくことが重要です。

また、①住家が準半壊（焼）以上の被害を受け、自ら修理する資力がない世帯や、②大規模な補修を行わなければ居住することが困難である程度に住家が半壊した世帯は、災害発生日から3か月以内の期間（災害対策基本法に基づく国の災害対策本部が設置された場合は6か月以内）に、被災した住

宅の居室、台所、トイレ等の日常生活に必要な最小限度の部分について、修理限度額の範囲内（半壊（焼）以上の場合：706,000円以内、準半壊の場合：343,000円以内）で、応急的な修理を受けることができます。全壊の場合は、修理することで居住することが可能となる場合には修理の対象になるものとされています。なお、スマートフォン等による発災直後の写真撮影の必要性は上記と同様です。

❷　被災者生活再建支援金の活用

被災者生活再建支援金は、政令で定める自然災害が生じた場合に、一定の被災世帯の世帯主に対して支給されるものです。次の区分に応じて支給されるものであり、これらを修繕費用に充てることも考えられます。

図表4 被災者生活再建支援金の概要

（※世帯人数が1人の場合は、各該当欄の金額の3／4の額）

	基礎支援金	加算支援金		計
	（住宅の被害程度）	（住宅の再建方法）		
①全壊 （損害割合 50%以上） ②解体 ③長期避難	100万円	建設・購入	200万円	300万円
		補修	100万円	200万円
		賃借（公営住宅を除く）	50万円	150万円
④大規模半壊 （損害割合 40%台）	50万円	建設・購入	200万円	250万円
		補修	100万円	150万円
		賃借（公営住宅を除く）	50万円	100万円
⑤中規模半壊 （損害割合 30%台）	―	建設・購入	100万円	100万円
		補修	50万円	50万円
		賃借（公営住宅を除く）	25万円	25万円

出典 ● 内閣府「被災者生活再建支援制度の概要」

❸ 災害援護資金の貸付け

災害援護資金は、都道府県内に災害救助法が適用された市町村が1以上ある場合に、災害によって負傷または、住居、家財に被害を受けた世帯の世帯主に対して貸し付けられるものです。貸付けを受けるに当たっては、世帯人員あたりの市町村民税における前年の総所得金額による所得制限が設けられていますが、負傷や損壊の程度に応じて、最大350万円の範囲で貸付けを受けることができます。

(2) 公費解体の利用

建物は所有権の対象ですので、その解体費用は原則として自ら負担する必要がありますが、公費によって解体が行われることもあります（公費解体）。

公費解体とは、地震によって被災した建物等を、所有者の申請に基づいて、市町村が所有者に代わって解体・撤去を行う制度です。一般的には、建物等が罹災証明において全壊と認定された場合を対象としていますが、災害規模によっては、半壊の場合でも対象となることもあります。令和6年能登半島地震においても、全壊、大規模半壊、中規模半壊、半壊（住家）、大被害（住家以外）と認定された家屋等が公費解体の対象とされています。

なお、災害が広域に及ぶような場合、業者が対応するまでに長期間を要することも少なくありません。被災者の窮状に付け込んで不当に高額な費用で解体等を受注する業者もいることから、自費解体を行うような場合には消費者被害に遭わないように留意が必要です。

4 隣家に対する法的請求

地震によって隣家が自宅に向かって崩れかかっている場合には、隣家の所有者に対して、所有権に基づいて、撤去や予防措置を請求できます。もっとも、被災後には様々な理由によって現実的に請求できない場合もあり

ます。この場合に、隣家の所有者に無断で撤去や予防措置を講じることは原則的には認められませんが、事務管理（民法第697条、第698条）の要件を満たす場合は、自ら撤去等の措置を講じ、その費用を事後的に請求することも考えられます。

　地震後に隣家の所有者が適切に対応しないため、権利を侵害される状態が継続しているような場合には、管理不全建物管理人（民法第264条の14）の選任を申し立て、当該管理人に適切な措置を講じさせることも考えられます。また、所有者の所在が不明な場合には所有者不明建物管理人（民法第264条の8）の選任を申し立てることも考えられます。

不可抗力が生じた場合の 建物賃貸借契約の諸問題

事 例

　最大震度７の地震が発生したため、賃借していた自宅から親戚宅に避難しています。自宅は地震で損傷しており、居住に支障が出る可能性があります。このような場合に、賃貸借契約を終了させることは可能でしょうか。また、賃貸借契約書を見ると、敷引特約の条項が記載されています。引越しをする場合、転居費用に充てるために敷金を使用したいと考えていますが、敷引特約は適用されますか。

1　検討の視点

　大規模な地震等の災害によって賃借物件が損壊した場合、損壊の程度によっては転居等を検討せざるを得ないこともあります。そこで、不可抗力によって賃借している建物が損壊した場合の賃貸借契約の帰趨と、敷引特約の適用の有無を検討します。

2　不可抗力と賃貸借契約の帰趨

　賃貸借契約の目的物である建物の全部が滅失その他の事由によって使用及び収益をできなくなった場合、賃貸借契約は当然に終了します（民法第616条の２）。また、当該建物の一部が滅失その他の事由によって使用及び収益をできなくなった場合、賃借人に帰責性があるときを除いて、使用及

び収益をできなくなった部分の割合に応じて、賃料債務は当然に減額されることになります（民法第611条第1項）。一部滅失の場合に残存部分のみでは賃貸借契約の目的を達成できない場合には、賃借人は、自身の帰責性の有無にかかわらず、賃貸借契約を解除することができます（同条第2項）。

　賃貸借契約の目的物である建物の全部が滅失したか否かの判断は、物理的に建物の主要な部分が消失したかどうかだけではなく、消失した部分の修復が通常の費用では不可能と認められるかどうかも考慮して判断されます（最判昭和42年6月22日民集21巻6号1468頁等参照）。もっとも、修復が通常の費用によって可能であったとしても、大規模な地震等によって付近一帯の建物が損傷し、修復までに相当の時間を要するなど、賃貸借契約を存続させることが相当ではない場合もあります。そのため、当該建物の被災状況だけでなく、地震に直接・間接に関係した地域全体の被災状況や置かれた状況等の事情を総合考慮して、賃貸借契約を存続させることが相当かどうかを判断する必要がある場合も考えられます（大阪高判平成7年12月20日判時1567号104頁は、阪神大震災後に修繕業者が優先的に公共施設の工事に従事していたこと等の事情も考慮して賃貸借契約の終了を認めています）。

　上記のとおり、一部滅失の場合には、賃料が当然に減額されることになるため、賃借人は、理論上、減額後の賃料相当額を支払うことで債務不履行を回避できるはずです。もっとも、どのように減額後の賃料を算定するかについて明確な基準がないため、事実上、暫定的に減額前の賃料を支払わざるを得ない場合もあり得るように思われます。

3 不可抗力と修繕義務の関係

　賃貸人は、賃借人に建物を使用及び収益させる積極的な債務、すなわち、賃借人の使用及び収益に適する状態に置くべき義務を負っています。そのため、賃貸人は、賃借人に帰責性がある場合を除いて、賃借人に使用及び収益をするために必要な修繕義務を負うことになります（民法第606条第1

項)。また、賃貸人が建物の修繕を行う場合のように、建物の保存に必要な行為を行う場合には、賃借人に一時的に建物から退去等を求めることも可能です（同条第2項）。

賃貸人の修繕義務は、不可抗力によって修繕しなければならない場合でも発生します。もっとも、不可抗力によって建物の修繕を要する状態が生じている場合には、賃貸人が対応できない場合や、賃貸人の対応を待っている時間的余裕がない場合もあります。このような場合には、賃借人自らが建物の修繕を行い、これに要した費用の償還を請求することも考えられます（民法第607条の2、同法第608条）。

4 不可抗力と敷引特約の関係

上記2のとおり、建物が全部の使用及び収益をできない場合には当然に賃貸借契約は終了します（民法第616条の2）。また、建物の一部を使用及び収益できない場合で、残存部分のみでは契約の目的を達成できないときには、賃借人は賃貸借契約を解除できます（同法第611条第2項）。これらによって賃貸借契約を終了させられず、合意解除もできない場合には、期間の定めの有無に応じて賃貸借契約終了のための手続を講じることになると考えられます。

賃貸借契約が終了する場合に、賃貸人は敷引特約に基づいて敷引きを行うことができるでしょうか。この問題に関して、火災、震災、風水害その他の災害によって予期していない時期に賃貸借契約が終了した場合についてまで、賃貸借契約の当事者間に敷引金を返還しない旨の合意があると認めることは難しいように思われます。そのため、災害により建物が滅失して賃貸借契約が終了したときは、特段の事情がない限り、敷引特約を適用することはできません（最判平成10年9月3日民集52巻6号1467頁参照）。この最高裁判決によれば、賃貸人が敷引特約に基づいて敷引きを行うためには、不可抗力によって賃貸借契約が終了した場合でも敷引金を返還しな

い旨の明確な合意が必要になると考えられます。もっとも、敷引特約が有効であるとしても、敷引額によっては消費者契約法第10条との関係で無効になることもあるので、別途留意が必要です（最判平成23年3月24日民集65巻2号903頁参照）。

5 本件について

　まず、賃貸人との間で合意解除の協議を行うことになると考えられますが、協議が整わない場合に備えて、上記2の基準に照らし、賃貸借契約が当然に終了するかどうか、当然に終了しない場合には、目的不達成による解除の可否や、期間満了または解約申入れによる契約終了の可否を検討することも必要です。

　また、不可抗力によって賃貸借契約が終了する場合でも敷引きをすることが明確に合意されているようなときは、敷引特約に基づいて敷引きが行われることになります。もっとも、敷引金の額が、通常損耗の補修費用として通常想定される額、賃料の額、礼金等他の一時金の授受の有無及びその額等に照らして高額に過ぎると評価されるような場合には、敷引特約自体が消費者契約法第10条に照らして無効になる可能性もあります。

廃棄物が不法投棄された空き家・空き地の所有者の法的責任

事 例

　私は、隣市に空き家を所有しています。この度、空き家の隣家の所有者から、空き家の敷地に投棄されていた廃棄物が崩れて隣地に侵入し、植栽を傷つけているため撤去するよう連絡を受けました。空き家には数年戻っておらず、隣地の所有者からの連絡によって、はじめて何者かによって不法投棄がされていることを知りましたが、不法投棄をしていない私が法的責任を負わなければならないのでしょうか。

1　投棄された廃棄物の民事上の撤去義務等

(1)　不法投棄された廃棄物の撤去義務

　空き家の適切な管理が行われないと、敷地内に廃棄物を不法投棄されるリスクがあります。空き家の敷地に廃棄物が不法投棄され、これが隣地にも流出している場合、隣地の所有者は、土地の所有権を侵害されていることになります。この場合、隣地の所有者は、土地の所有権に基づく物権的妨害排除請求権（物権的請求権）を行使して、堆積した廃棄物の撤去を請求することができます。

　問題は、誰に対して物権的請求権を行使するかです。物権的請求権の相手方は、現にその妨害状態を発生させている者とされるため、廃棄物の所有者ということになります。しかし、不法投棄事案の場合、廃棄物そのものの所有者を特定することは困難であり、特に、複数の廃棄物が混在して

いるような場合には、所有者の特定はより一層困難になります。

そこで、裁判例の中には、「その所有権を侵害し、あるいは侵害するおそれのある物の所有権を有するものに限らず、現に存する侵害状態を作出した者もその排除ないし予防の義務を負う」として、廃棄物が投棄された土地の所有者が物権的請求権の相手方になることを認めたものがあります（産業廃棄物の撤去義務の有無が争われた事例として、東京地判平成6年7月27日判時1520号107頁、東京高判平成8年3月18日判タ928号154頁等）。この裁判例にいう「現に存する侵害状態を作出した者」は、廃棄物の投棄に何らかの関与をしていたことを意味するのか、投棄された状態を放置しているような場合も含む趣旨なのかは明らかではありませんが、土地の所有者としては、撤去を求められるリスクがあることに留意して対処しておく必要があります。

(2) 第三者に損害を生じさせた場合の損害賠償義務

不法投棄された廃棄物を撤去しなかった結果、第三者に損害を生じさせた場合に、空き家の所有者（厳密には、土地の所有者）は損害賠償義務を負うかが問題となります。この問題に関して、裁判所は、第三者の放火によって、市の道路供用予定地に放置された廃棄物から火災が発生した事案において、廃棄物が土地に固定していないこと等を理由に、市の損害賠償義務を否定した上で、無関係者の立入りを防止するために遮蔽措置を講じて、廃棄物を撤去する義務がある旨判示しました（大阪地判平成22年7月9日判タ1338号79頁）。

当該裁判例は、市の営造物責任が問題になった事案であり、周辺住民から陳情があり、市が可燃性の廃棄物が放置されていることを認識していたという個別事情がありました。そのため、当該裁判例の判断枠組みを、私人の場合にまで直ちに一般化することはできません。しかし、土地の管理者に廃棄物の撤去義務が認められた点において、空き家の所有者にとっても参考となる裁判例と考えられます。空き家の所有者は、たとえ自身が不

法投棄に関与していないとしても、第三者との関係で撤去義務や損害賠償義務を負う可能性があることから、自らまたは管理業者等を通じて、的確に現地の状況を把握し、フェンス、バリケード等のような予防措置を講じておくことが期待されます。

2 投棄された廃棄物の行政上の撤去義務等

　市町村長は、廃棄物の投棄等によって生活環境の保全上支障が生じ、または生ずるおそれがあると認められるときに、収集・運搬または処分を行った者に対し、支障の除去等の措置を講ずることを命じることができます（廃棄物処理法第19条の4等）。もっとも、措置命令の名宛人となるのは、一般廃棄物の場合は、その収集・運搬・処分を行った者であり、産業廃棄物の場合は、不適切な保管・収集・運搬・処分を行った者等やこれらの者に処理を依頼・示唆をし、または助長した者のように、産業廃棄物の不適切処理に関与した者に限られています。したがって、廃棄物を不法投棄されただけの空き家の所有者については、同法の措置命令の対象から外れることになります。

　一方で、地方公共団体の条例の中には、明確に空き家の所有者や管理者の法的義務を規定するものがあります。たとえば、「松江市空き家を生かした魅力あるまちづくり及びまちなか居住促進の推進に関する条例」によれば、①空き家の所有者及び管理者には、空き家が廃棄物の不法投棄場所にならないように管理義務を規定するとともに、②廃棄物が不法投棄された場合には、廃棄物を撤去し、予防措置を講じる義務を規定しています。仮に、空き家の所有者及び管理者がこれらの義務に違反した場合には、指導・勧告・措置命令や公表の対象となるだけでなく、罰金が科される可能性もあります。このように、地方公共団体によっては行政処分の対象になる場合があるため、各地方公共団体の条例にも注意する必要があります。

3 本件について

　隣市にある空き家の敷地内には廃棄物が投棄され、隣地の植栽を傷つけており、その旨の連絡を受けていることからすると、自らが廃棄物の不法投棄に関与していないとしても、その状態を放置しているような場合には、撤去義務や損害賠償義務まで負う可能性があるため留意が必要です。空き家の所有者としては、隣地に流出している廃棄物については撤去し、今後の流出を予防するために、フェンスやバリケードを設置する等の予防措置を講じておくべきです。

　また、隣地が位置する地方公共団体が、空き家の管理義務や措置命令を対象にする条例を制定している場合には、たとえ廃棄物が第三者によって投棄されたものであるとしても、撤去義務を怠ると措置命令を受ける可能性があることにも留意が必要です。

共有関係にある
空き家の管理方法

事　例

　私は、2人の兄弟と共同相続した土地・建物を3分の1ずつ共有して
いますが、遺産分割の見込みが立っていません。建物は物置として利用
していますが、先日、管理業者から建物を転貸したいとの提案を受けた
ため、前向きに検討しています。兄弟に手紙を送ったところ1名は賛成
してくれましたが、もう1名からは回答がありません。このような状態
で賃貸する際の注意点はありますか。

1　検討の視点

　共有状態の空き家を管理するためには、民法上のルールに従うことにな
ります。もっとも、共有者の中には行方不明の者や管理に関心のない者も
おり、管理に支障が生じることもあります。

　本事例では、令和3年の民法改正を踏まえた共有物の管理方法について
検討します。

2　共有の管理に関する民法改正の概要

　従来の判例上、相続によって共同相続となった場合の権利関係（遺産共
有）は、民法物権編（249条以下）に規定された共有と同様であると解されて
きました。このことは令和3年の民法改正後も変わりません。そのため、
原則として遺産共有についても、民法物権編に規定された共有物の管理に

関するルールが適用されることになります。

　令和3年の民法改正前まで、共有物の管理に関する事項は、①変更・処分行為、②管理行為、③保存行為に分類され、①変更・処分行為は共有者全員の同意に基づいて、②管理行為は持分価格の過半数に基づいて、③保存行為は個々の決定に基づいて行うものとされていました。なお、遺産共有の場合、共有持分の割合は、原則として法定相続分に基づいて算定します。

　令和3年の民法改正後においても、変更・処分行為の規律に変更はありません。しかし、共有者に与える影響が小さい変更行為のときまで全員の同意を要件とすると、円滑な共有物の管理に支障が生じます。そこで、共有物の形状や効用の著しい変更を伴わない変更行為（軽微変更）については、管理行為と同様の規律に服することになりました（民法第251条第1項、同法第252条第1項）。また、共有物の管理者の選任・解任（民法252条第1項かっこ書）や、短期間の賃借権等（以下「短期賃借権」という）が管理行為として設定できることが明示されました（同条第4項各号）。

3　短期賃借権と借地借家法の関係

　民法第252条第4項第3号は、短期賃借権として3年を超えない建物の賃借権等を規定しています。問題は、借地借家法の適用を受ける場合に管理行為として行うことができるかです。同法の適用を受ける建物賃貸借契約の賃貸人は正当な事由がなければ期間満了によって契約を終了させることができなくなります（同法第26条、第28条）。このように、借地借家法の適用がある場合、共有者に与える影響が大きいため、たとえ期間が3年以下であったとしても、借地借家法の適用を受ける賃貸借契約は管理行為として行えないものと解されます。したがって、共有関係にある建物の賃貸借を行う場合、共有者全員の同意に基づいて行う必要があると考えられます。

　これは借地借家法の更新等のルールの適用を受ける賃貸人の不利益を考慮したものであるため、これらの適用を受けない賃借権（例：定期建物賃貸

借（同法第38条））については、管理行為として評価することに支障はありません。そこで、3年以下の定期建物賃貸借契約については管理行為として決定できるものと解されます（同法第39条の取壊し予定の建物の賃貸借、第40条の一時使用目的の建物の賃貸借も同様に解されます）。

　共有者全員の同意を得ずに短期賃借権の期間を超えた賃貸借契約が締結された場合や共有者全員の同意を得ずに借地借家法の適用を受ける賃貸借契約が締結された場合、その効力は無効と解されていますので留意が必要です。

4　管理人の権限と制限

　上記2のとおり、令和3年の民法改正によって、管理行為として、共有物の管理人の選任・解任を行えることが明示されました。管理人の資格は定められておらず、共有者以外の第三者（自然人・法人）でも管理人となることができます。

　管理人は、管理行為や保存行為を単独で行うことができますが、管理人が選任時や共有者との委任契約締結時に管理行為の範囲について制限を受けていたにもかかわらず、これに違反して第三者と契約等を行った場合、共有者は当該制限を善意の第三者に対抗することはできません（民法第252条の2第4項ただし書）。また、条文上、第三者に無過失が求められていないことからすると、共有者は、管理人の権限に制限を加える場合、これを第三者に対抗できるようにするため、当該制限を第三者に認識させる仕組みを作っておくことが有益です。たとえば、第三者と契約する際には、管理人ではなく、共有者が署名押印することを条件等とすることが考えられます。なお、第三者保護の規定は、管理行為の内部制限についてのものですので、管理人の行為が変更・処分行為に該当する場合に、共有者全員の同意を得ていないことについて第三者が善意であったとしても、当該規定によって、当該第三者は保護されません。

5 本件について

　本件の建物の共有持分は３分の１ずつであるため、１名の賛否が不明で
あったとしても、管理行為として貸借人との間で３年以内の定期建物賃貸
借契約を締結し、当該貸借人が定期建物転貸の限度で転貸することを承諾
することが考えられます。また、管理業者を管理人として選任した上で、
定期建物賃貸借契約を締結させることも考えられます。ただし、契約を締
結できる相手を個人に限定したい場合その他管理人の権限を制限したい場
合は、第三者保護規定の適用を受けないように、第三者との契約に共有者
自ら署名押印するような条件を付すことを検討しておく必要があります。

所在等が不明な共有者がいる 場合の共有物の譲渡方法

事 例

私の母Aは、Bと1/2ずつ共有している建物で生活しておりました。Aの死後、建物は空き家となっており、今後、建物を利用する者もいませんので、私と弟は建物を売却したいと考えています。そこで、共有者のBと協議しようとしましたが、住民票の住所地にBはおらず、Bの所在を知る者もいません。このような場合に、どのような方法で建物を売却すればよいでしょうか。

1 検討の視点

共有関係を解消するためには共有物分割の手続等を経る必要がありますが、共有者の一部が行方不明の場合や共有者を特定できない場合もあります。

本事例では、令和3年の民法改正を踏まえた対応について検討します。

2 令和3年の民法改正前までの方法

通常共有と遺産共有が混在することになった場合、共有関係の解消は、通常共有の共有物分割の方法によることになります。もっとも、共有物分割協議は、共有者全員で行う必要があるため、一部の共有者の所在等が不明な場合には成立させることができません。このような場合、所在等の不明な共有者以外の共有者が、所在等の不明な共有者の不在者財産管理人の

選任を申し立てた上で共有物分割の協議を行ったり、共有者全員を相手にして共有物分割の訴えを提起すること等によって、共有関係を解消する必要がありました。

しかし、不在者財産管理人の選任申立てに際して、管理人報酬相当額の予納金の納付を求められることがあり、手続的負担に加えて経済的負担を強いられることもあります。また、共有物分割の訴えも、その性質は共有者全員を相手にしなければならない必要的共同訴訟とされているため、共有者が多数人になるような事案においては、少なくない手続的負担を強いられることになります。

3　所在等の不明な共有者の持分を譲渡する方法

令和3年の民法改正によって、共有者が「他の共有者を知ることができず、又はその所在を知ることができないとき」に、裁判所の裁判に基づいて、当該他の共有者（以下「所在等不明共有者」という）の持分を取得することができることになりました（民法第262条の2第1項）。この手続を利用することもできますが、共有物を第三者に譲渡する場合には、所在等不明共有者の共有持分権を取得した上で第三者に譲渡する必要があるため、手続的に迂遠です。

そこで、令和3年の民法改正によって、上記の手続とともに、共有者が、裁判所に対して、所在等不明共有者以外の共有者全員が共有持分権を特定の者に譲渡することを停止条件として、所在等不明共有者の共有持分権を譲渡する権限の付与を求めることができるようになりました（民法第262条の3）。申立人となる共有者は、所在等不明共有者に対する公告と届出期間の経過後に、共有持分権の時価相当額を供託することによって、所在等不明共有者の共有持分権を特定の者に譲渡する権限を付与する旨の裁判を受けることができます。当該裁判が確定すると、申立人は、2か月以内に所在等不明共有者の共有持分権を譲渡する権限を有することになります。

　当該仕組みは、申立人となった共有者に、所在等不明共有者の共有持分権を特定の者に譲渡する権限を付与するものであるため、所在等不明共有者は譲渡契約の当事者にはなりません。そのため、所在等不明共有者は、譲渡の相手方から譲渡対価の一部を直接取得することはできません。その代わりに、所在等不明共有者は、譲渡権限を付与された共有者に対して、共有持分権の時価相当額の支払を請求することができます（民法第262条の3第3項）。もっとも、時価相当額の支払には供託金が充てられるため、所在等不明共有者が実際に時価相当額請求権を行使するのは、供託金よりも高い金額で譲渡が行われ、供託金との間に差額が生じたような場合に限られると考えられます。

　なお、所在等不明共有者の共有持分権が相続財産に属する場合（共同相続人間で遺産分割をすべき場合に限る）には、特別受益や寄与分等を考慮した遺産分割協議に対する期待を保護する必要があるため、所在等不明共有者の共有持分権を譲渡する仕組みは、相続開始の時から10年を経過した後でなければ使用できません（民法第262条の3第2項）。

4　本件について

　AとBの通常共有の関係は、Aの死亡によってAの共有持分権は相談者とその弟が共同相続し、Bの通常共有と遺産共有が混在した状態となります。相談者とその弟は建物を売却する方針で一致しているため、Bの所在について一定の調査を尽くしてもBの所在を把握できないような場合には、Bの不在者財産管理人の選任を申し立て、当該管理人との間で建物を第三者に譲渡する協議を行うことが考えられます。もっとも、このような方法は、相談者や弟に予納金の負担等が生じる可能性もあるため、所在等不明共有者Bの共有持分権を譲渡する権限の付与を求める仕組みを利用して、建物全体を第三者に譲渡する方が合理的であるようにも思われます。

所在等が不明な共有者がいる
場合の共有関係の解消方法

事 例

　次の【1】【2】の場合に、空き家の共有者の持分を取得するために
は、どのような方法が考えられますか。
【1】 共有者のうちXが外国籍の者で、不動産登記簿上の住所も海外の住
　　　所となっており、当該外国住所宛に手紙を送付しても返送されてき
　　　た場合のXの持分
【2】 Xの相続（相続人はB、C）が10年前に発生し、遺産分割協議が
　　　行われないうちにCの相続（相続人はD、E）も発生した場合のD
　　　の持分（Dの所在等は不明）

1　検討の視点

　不動産が共有関係にある場合に、所在等不明共有者がいると、当該不動
産の利用や管理に支障が生じることがあります。このような支障を避ける
ために、共有関係を解消することが期待されます。

　本事例では、令和3年の民法改正を踏まえた共有関係の解消方法につい
て検討します。

2　共有物分割請求訴訟による方法と外国における送達の問題

　共有物分割請求訴訟は固有必要的共同訴訟であるため、共有者全員を訴
訟の当事者にする必要があります。訴えを提起するに当たって、訴状等の

訴訟上の書類を被告に送達する必要がありますが、外国への送達は、民事訴訟法第108条に基づいて、外国の権限を有する当局や当該国に駐在する日本国の大使、公使、領事に嘱託して行うことになります。

　民事訴訟法第108条の外国における送達を行う前提として、各種の条約や司法共助の取決めのような相手国の応諾が必要となり、相手国と締結している条約の種類や司法共助の有無によって、嘱託の手続が異なります。また、外国における送達は、関係機関が複数関与するため、1年以上要することもあります。

　一方で、民事訴訟法第110条第1項第3号は「外国においてすべき送達について、第108条の規定に……によっても送達をすることができないと認めるべき場合」には、公示送達によることができる旨規定しています。外国にいる共有者については、現在の住所等を把握できず、不動産登記簿等から把握できた過去の外国の住所宛に郵便物を送付しても配達できないこともあります。このような状況が当初から見込まれる場合にまで、外国における送達を求めることは、訴えを提起しようとする者にとって少なくない負担となります。そこで問題となるのは、外国における最後の住所宛への郵便物の送付ができないことを理由に、訴え提起の時点から民事訴訟法第110条第1項第3号による公示送達が認められるかです。

　この問題に関して、訴訟の相手方の手続保障の観点から、外国の住所に郵便物を配達できないとしても、原則として、そのことを理由に直ちに公示送達は認められず、外国における送達を一度試みるべきものとされています。もっとも、例外的に、「相当以前に日本を去り、以後来日したことがない者については同人にあてた手紙等が不送達になり返送されている事実及び受送達者の近親者や知人等の陳述書あるいは証明書等を総合して、所在不明であるとの要件が証明されたと判断される」場合には、公示送達を認める余地があるものとされています（以上につき、裁判所職員総合研修所監修「民事訴訟関係書類の送達実務の研究－新訂－（裁判所書記官実務研究報告書)」（司法協会、2006年）181頁等）。

このように、所在等の不明な外国の共有者に対して共有物分割請求訴訟を提起することには相当の制約があります。そのため、特別代理人（民事訴訟法第35条）の選任要件を満たす場合には、特別代理人の選任を申し立てた上で訴訟を行うことや、当該共有者の不在者財産管理人の選任を申し立て、当該管理人との間で共有物分割手続（訴訟含む）を行うことが妥当と考えられます。

3 所在等の不明な共有者の持分を取得する方法

(1) 手続の概要

事例16のとおり、令和3年の民法改正によって、共有者は裁判所の裁判に基づいて、所在等不明共有者の持分を取得することができることになりました（民法第262条の2第1項）。

所在等不明共有者の持分を取得したい共有者は、裁判所による公告と届出期間の経過後に、供託金を納付することによって、所在等不明共有者の持分の取得の裁判を受けることができます。申立人となった共有者は、当該裁判が確定すれば、所在等不明共有者の持分を取得することができます。

所在等不明共有者に該当するかは、必要な調査を尽くしても、共有者の氏名や名称、所在を知ることができないかどうかによって判断されます。自然人の場合には、少なくとも戸籍、住民票、登記簿等の公的書類に記載された住所の調査を行うことになります。外国の住所しか判明しないような場合には、その外国の住所宛の郵便物の送付、関係者からの事情聴取、外国籍の者の場合は外国人登録原票の調査を行うことなどが考えられます。

(2) 数次相続が発生している場合の取扱い

遺産が共有されている場合、相続人の具体的相続分による遺産分割への期待を保護する必要があります。そのため、所在等不明共有者の持分権が相続財産に属する場合、所在等不明共有者の持分の取得手続は、相続開始

の時から10年を経過した後でなければ利用できません（民法第262条の2第3項）。所在等不明共有者が生じるような事例では、数次相続が発生していることも少なくありません。このような数次相続の事例においては、民法第262条の2第3項に規定する「相続開始の時」を、いつの相続を基準にするかが問題となり得ます。

令和3年の民法改正時の議論によると、一次相続から10年経過し、二次相続から5年経過した数次相続の事例では、以下の【数次相続の場合の整理表】のように、所在等不明共有者の持分が誰の相続財産と評価できるかによって判断されています。

図表5 数次相続の事例（イメージ）

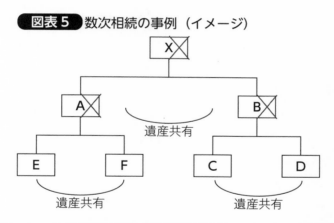

出典 ● 法務省ホームページ「法制審議会民法・不動産登記法部会第17回会議（令和2年8月25日開催）」『蓑毛幹事提供資料』（図3）から抜粋

図表6 数次相続の場合の整理表

誰の持分の取得か（※）	Eの持分のみ	E・Fの持分
誰の相続財産か	A	X
相続開始の起算点	Aの相続開始の時	Xの相続開始の時

（※）E及びFが所在等不明共有者の前提

4 本件について

⑴ 【1】の場合

　Xに対する共有物分割請求訴訟による方法は、公示送達を利用できるような例外的事情がなければ、相当の時間と労力を要することになるため、必ずしも適当な方法ではありません。そこで、Xに相続が発生しており、相続人が存在しないと認められるような事情がある場合には、特別代理人の選任の申立てによって対応することが考えられます。また、特別代理人の選任が難しいようなときは、Xの不在者財産管理人の選任を申し立て、当該管理人との間で共有物分割協議を行うことや、所在等不明共有者Xの持分の取得手続を利用してXの共有持分権を取得することによってXとの共有関係を解消することが考えられます。

⑵ 【2】の場合

　Dの所在等が不明のため、不在者財産管理人の選任を申し立て、当該管理人及び他の共有者との間で遺産分割協議を行うことが考えられます。なお、Dの持分のみを取得しようとする場合、Cの相続開始の時から10年を経過していないため、所在等不明共有者Dの持分取得の手続を利用することはできません。

遺産共有が混在する場合の
共有物分割の方法

事 例

　私はＡ社と空き家となった賃貸物件を共有しておりますが、その敷地は私、妻、長男Ｂが代表を務めるＡ社で共有しています。敷地の共有持分は私とＡ社が95/100を占めており、妻の共有持分は5/100にすぎません。妻が死亡し、私は、相続人であるＢと協議し、敷地上の建物を取り壊してマンションを新築するため土地をＡ社の単独所有にすることを考えていますが、長女Ｃと二女Ｄが反対しています。このような場合、どのような方法で土地の分割をすればよいでしょうか。

1　検討の視点

　共有には通常共有と遺産共有の2種類がありますが、遺産共有の法性質は、通常共有と同様であるとされています（最判昭和30年5月31日民集9巻6号793頁）。しかし、遺産分割協議が整わない場合に、遺産共有を解消するためには、家庭裁判所において遺産分割の手続を経る必要があり、通常共有のための共有物分割手続によることはできません。もっとも、共有関係の中には、通常共有と遺産共有が混在する場合があり、このような場合に、どちらの分割手続を利用するかを判断する必要があります。

　本事例では、通常共有と遺産共有が混在する場合の共有物分割の方法について検討します。

2　通常共有と遺産共有の混在が発生する場面と共有物分割の方法

　通常共有と遺産共有は、次のような場合に混在することになり、その解消を求める者には次のような者が考えられます。

〈通常共有と遺産共有の混在が発生する場合の一例〉
　①　もとは通常共有の関係にあったが、一部の共有者につき相続が発生し、その者の共有持分につき遺産共有の関係が生じた場合
　②　もとは遺産共有の関係にあったが、一部の相続人が第三者に共有持分を譲渡し、その共有持分が遺産から逸出して通常共有の関係となった場合

〈共有関係の解消を求める者の種類〉
　イ　通常共有持分のみを有している者
　ロ　遺産共有持分のみを有している者
　ハ　通常共有持分と遺産共有持分を有している者

　このうち②のロの事案であった最判昭和50年11月7日民集29巻10号1525頁は、共同相続人の一人から遺産を構成する不動産について、同人の有する共有持分権を譲り受けた第三者は、適法にその権利を取得できることを前提に、他の共同相続人と通常共有の関係にあることから、通常共有と遺産共有との関係は、通常共有の共有物分割手続によって解消することになる旨判示しました。

　また、①のイ・ロ・ハの事案であった最判平成25年11月29日民集67巻8号1736頁は、通常共有と遺産共有が混在するに至った経緯や共有物分割を求める者の有する共有持分の性質にこだわることなく、通常共有と遺産共有との解消は、通常共有の共有物分割手続による旨判示しています。その上で、共有物分割の判決によって遺産共有持分権者に分与された財産

がある場合、その財産は遺産分割の対象となり、遺産分割手続によって共有関係の解消を図るべきものと判示しています。

ところで、共同相続人が全員の合意で、遺産分割前に遺産の一部を第三者に売却した場合、これによって得た売買代金は、共同相続人全員の合意があるなど特段の事情のない限り、遺産分割の対象とならず、各相続人が持分に応じて取得するものと解されてきました（最判昭和54年2月22日集民126号129頁）。上記平成25年判決では、遺産共有の持分権者は、通常共有の持分権者から分与された財産を、遺産分割で確定するまで保管する義務を負う旨判示されており、上記昭和54年判決との関係をどのように理解するかが問題となります。この問題について、共有物分割手続の判決により保管を命じられたような場合は、上記昭和54年最判の判示する特段の事情がある場合に該当するものと考えられます。

3 令和3年の民法改正による整理

民法第258条の2第1項は、共有物の全部またはその持分が相続財産に属する場合には、通常共有の共有物分割手続によることはできないことを明記しました。その上で、遺産共有と通常共有が混在する共有物については、相続開始の時から10年を経過した場合には、遺産共有の遺産分割の請求があり、相続人が通常共有の共有物分割手続をすることに異議を出したときを除いて、遺産共有の分割も含めて通常共有の共有物分割手続によって一括で分割できることとなりました（民法第258条の2第2項）。

なお、民法第258条第1項は、通常共有と遺産共有が混在する場合に、通常共有と遺産共有との間の関係を通常の共有物分割手続で行うこと自体を禁止する趣旨ではないため、上記2の各判例のとおり、通常共有の共有物分割手続で分割することができると考えられます（＝遺産共有部分は通常共有の共有物分割手続で分割されていないと考えることになります）。

4 本件について

　本件において、妻の相続が発生したことによって、建物の敷地に関して、相談者とＡ社の通常共有持分と、妻の通常共有持分を相続した相談者、Ｂ、Ｃ、Ｄの遺産共有持分が混在することになります。

　本件では、Ａ社が敷地の持分を単独所有することについて、ＣとＤが反対して協議が整わない状況にあります。そのため、相談者、Ａ社、Ｂは、通常共有の共有物分割訴訟を提起し、通常共有と遺産共有との解消を求めることになります。具体的には、妻が有していた敷地の共有持分権がごくわずかであったことや、Ａ社に代償金を支払う能力があるような場合には、Ａ社に相談者、Ｂ、Ｃ、Ｄの共有持分をすべて取得させ、代償金を同人らに取得させる内容の分割を求めていくことになると考えられます。この場合、相談者、Ｂ、Ｃ、Ｄは、遺産分割協議において代償金を分割することになります。

倒壊のおそれがある
隣家の空き家問題

事 例

　私は、相続した建物を所有していますが、建物も古くなっていること
や使い道もないことから、取り壊すことを考えています。ところが、実
際に現地へ行ってみると、隣家の建物が傾いており、私の所有する建物
に寄りかかっているような状態となっていました。解体業者に相談した
ところ、私の所有する建物を取り壊そうとすると、支えを失って隣家が
倒壊する可能性がある旨指摘を受けました。このような場合に、どのよ
うなことに注意して取壊しをすればよいですか。隣家は空き家となって
おり、誰が所有者か分かっていません。

1 対策を講じない場合の法的責任

　建物の所有者が建物（以下「自己所有建物」という）を取り壊そうとしたとこ
ろ、隣家が傾いて寄りかかっている等の事情のために、取り壊すことに支
障があるような事例が見受けられます。隣家の倒壊予防措置が講じられな
い状態が続くと、隣家が倒壊し、その影響を受けて自己所有建物が損傷する
可能性があります。また、自己所有建物の屋根や外壁等が損傷した結果、
通行人や第三者の物件にも損害を与えるおそれもあります。

　このような原因を作ったのは隣家の空き家ではありますが、自己所有建
物の所有者が、隣家の空き家が自己所有建物側に傾いている状態を放置し
ていたような場合には、自己所有建物に保存の瑕疵（当該工作物が、その種

類に応じて、通常備えているべき安全性を欠いていること）があるとして、隣家の所有者とともに、損害賠償責任（民法第717条）を負う可能性があります。

2 隣家の修繕工事を行う方法

(1) 修繕工事の請求をする方法

自己所有建物の所有者は、隣家の倒壊等によって自己所有建物が損傷させられるおそれがあるため、隣家の所有者に対して、所有権に基づく物権的妨害排除請求権または物権的妨害予防請求権を行使することが考えられます。これらの物権的請求権は、原則として、相手方が侵害状態を作り出したか否かにかかわらず、費用を負担させて、侵害状態やそのおそれがある状態を取り除くことを請求する権利と解されているため、補強工事等の費用を隣家の所有者に負担させることができます。しかし、隣家の所有者が任意に修繕工事を行う保障はなく（むしろ修繕工事をする意思がないことから、倒壊のおそれのある状態が継続していると考えられる）、そのような場合は、調停、保全、訴訟等の法的措置を講じざるを得ません。もっとも、法的手続は一定の時間を要するため、緊急性のある事案には必ずしも適していません。

(2) 修繕工事を自ら行う方法

隣家の空き家は他人物であるため、原則として、第三者が修繕工事を行うことはできません。しかし、本来、建物の管理事務は当該所有者によって行われるものであることから、第三者は、事務管理（民法第697条）に基づいて、修繕工事を行うことも考えられます。もっとも、事務管理者（非顕名代理）と本人の代理人（顕名代理）のいずれの名義で修繕工事の契約を締結しても、本人に修繕契約の効果を帰属させるためには、本人の追認が必要となります。そのため、空き家の所有者との連絡手段に支障がある場合、工事業者から事務管理者名義で契約の締結を求められることになりま

す。この場合、事務管理を行った者は、請負代金の負担について、①修繕工事代金を支払った後、本人に対して費用償還請求（民法第702条第1項）を行うか、②本人に対して請負代金の代弁請求（同条第2項）を行うかのいずれかによることになりますが、本事例のような場合には、①によることになる可能性が高いため、経済的支出を強いられることが多いと思われます。

　なお、第三者が事務管理を開始した場合、空き家の所有者が管理をすることができる状態になるまで事務管理を継続する必要がありますが（管理継続義務、民法第700条）、空き家の所有者側に管理承継義務まで認められるかについては議論のあるところです。

(3)　各種の財産管理人の申立てによる方法

　隣家によって自己所有建物が損傷するおそれがあり、隣家の所有者が行方不明の場合には、利害関係人として、不在者財産管理人の選任を申し立てることが考えられます（民法第25条）。また、上記の場合には、利害関係人として、所有者不明建物管理人や管理不全建物管理人の選任を申し立てることも考えられます（民法第264条の8、第264条の14）。これらの管理人の権限には、当該建物の保存行為や管理行為を行う権限が含まれているため、管理人の権限行使を通じて隣家の状態の改善を図ることが考えられます。

所有者不明土地・建物管理制度を
利用した所有権の取得方法

事 例

　当社は土地を集約するため、ある地域の土地の取得を進めていますが、その中に所有者の不明な空き家と土地があります。調査をしたところ、Ａ社が土地の名義人であり、Ａ社、Ｂ、Ｃが建物の共有名義人（各共有持分1/3）となっていました。

　Ｂ、Ｃは建物の売却に賛成していますが、株式会社Ａの登記簿上の住所に本店や事務所はなく、代表者も行方不明のために売買契約を締結できずにいます。このような場合に、所有者不明土地・建物管理制度を利用して所有権を取得することはできますか。

1　検討の視点

　土地や建物の所有者や共有者の一部が行方不明の場合、連絡をとることができないため、その土地の取得を希望する者にとって支障となることがあります。このような場合、令和３年の民法改正で規定された所有者不明土地・建物管理制度を利用することが考えられます。

　本事例では、不動産を取得するため、所有者不明土地・建物管理制度を利用する方法について検討します。

2 管理人選任の申立要件

　所有者不明土地管理制度は、民法第264条の2から同法第264条の7まで規定されており、その多くが所有者不明建物管理制度に準用されています（同法第264条の8）。また、両制度は別途の制度であるため、土地と建物の両方に管理人を選任したい場合には、個別に申し立てる必要があります。

　所有者の所在等が不明な土地（以下「所有者等不明土地」という）の利害関係者は、所有者等不明土地の所有者の所在等を特定するために必要な調査を行い、調査を尽くしても特定できないような場合に、所有者等不明土地の管理人の選任申立てを行うことができます（民法第264条の2第1項）。所有者等不明土地が共有されており、一部の共有者が不明の場合にも、当該共有持分について同様の選任申立てを行うことができます（同項）。

　ここでいう利害関係は法的な利害関係である必要があり、所有者等不明土地が適切に管理されていないことによって不利益を受けている者や、そのおそれがある者に利害関係が認められることに争いはありません。問題は、所有者等不明土地の取得を希望する者のように、所有者等不明土地の所有者との間に具体的な権利義務関係を有しない者も利害関係が認められるかです。

　この問題に関して、所有者等不明土地の所有者は、売買契約の申込みを受けても、これに応じる義務を負わないため、所有者等不明土地の取得を希望する者は、法的な利害関係を有しないとも考えられます（大分家審昭和49年12月26日家月27巻11号41頁）。しかし、所有者不明土地管理制度の趣旨は、土地の不適切な管理状態を解消することにあります。所有者等不明土地の取得希望者によって、取得後に不適切な管理状態が解消されることを期待でき、取得希望者を利害関係人として認めても制度趣旨に反しません。そのため、少なくとも所有者等不明土地を購入する具体的計画があるような取得希望者は、利害関係人として認められるものと解されます。

以上のことは、所有者不明建物管理制度にも当てはまると考えられます。

3　建物の取壊しと費用負担

(1)　建物の取壊しが認められる場合

　所有者不明建物管理人は、所有者不明土地管理人と同様に、当該建物の保存行為や性質を変えない範囲内で利用または改良を加える行為を行うことができます。また、所有者不明建物管理人は、家庭裁判所の許可を得て、処分行為を行うこともできるため（民法第264条の8）、建物を取り壊すこともできます。

　問題は、どのような場合に建物を取り壊す許可を得られるかです。建物の取壊しは、権利侵害の程度が著しく大きいため、例外的に認められることになります。具体的には、所有者の帰来・出現可能性のほか、建物の価値、建物の存立を前提とした場合の管理に要する費用と取壊しに要する費用の多寡、建物が周囲に与えている損害又はそのおそれの程度等（松村秀樹＝大谷太編著「Q＆A令和3年改正民法・改正不登法・相続土地国庫帰属法」（2022年、きんざい）195頁）を総合考慮して判断されることになります。

(2)　建物の解体費用と負担者

　建物の解体を予定して申立てをする場合、所有者不明建物管理人の申立人は、申立時点において、裁判所から予納金として解体費用相当額の納付を求められる可能性があります。

　また、建物を解体して土地を更地で売却することが想定されているような場合には、予納金の納付に代えて、土地の売却代金を建物の解体費用に充てる方法も考えられます。もっとも、所有者不明土地管理人は所有者に対して善管注意義務を負うため（民法第264条の5）、土地の売却代金を別人が所有する建物の解体費用に充てることは善管注意義務違反になり得ます。そのため、このような処理ができるのは土地と建物が同一の所有者で、

同一の管理人が選任されているような場合に限られると考えられます。

4 本件について

　A社の登記簿上の本店所在地に本店や事務所がなく、代表者も行方不明であるため、土地の所有権を対象に所有者不明土地管理人の選任申立てを、建物の共有持分権を対象に所有者不明建物管理人の選任申立てをすることが考えられます。申立人となる当社は、B、Cから建物の売却の同意を得るなど具体的に売却準備が進んでいる状況ですので、利害関係が認められる可能性は高いと思われます。

　また、本件では土地を集約する目的があり、当初から建物を取り壊すことが想定されています。そのため、A社の代表者の帰来の可能性、建物の経済的価値、建物の客観的状態や、維持費用と取壊費用の見積額等を調査して、家庭裁判所から取壊しの許可を得られる見込みを検討しておく必要があります。所有者不明建物管理人の選任手続の一環として、申立時点で予納金として解体費用相当額の納付を求められる可能性もあります。もっとも、土地の所有者と建物の共有持分権者が同一であるため、予納金の納付に代えて、土地の売却代金から解体費用を支出させる方法が採られることも考えられます（なお、建物が共有関係にあるため、予納金として納付を求められる額や、土地の売却代金から支出できる解体費用の範囲はその一部になる可能性もあります）。

所有者不明土地管理制度を
利用した悪臭問題対策

事 例

　私の自宅の隣家は空き家となっており、成長した樹木の枝が境界を越えて侵入しているだけでなく、ごみも投棄されるなどして悪臭が漂う日もあります。隣家の登記名義人は知らない方で行方も分かりません。隣家の悪臭問題は自治会でも以前から話題になっているのですが、どのように対応すればよいですか。

（※）本事例では、行政法上の対応は検討対象から外しています。

1　検討の視点

　空き家の管理が放棄されると、ごみが不法投棄され、それによって周囲に悪臭等の被害を及ぼすこともあります。悪臭等の被害を受けた者は、空き家の所有者に対して、所有権侵害や人格権侵害またはそのおそれがあることを理由に、妨害排除や妨害予防等の請求をすることが考えられます。しかし、そもそも空き家の所有者を特定できないことや、特定できたとしても改善措置が講じられないこともあります。また、改善措置が講じられても、それが一時的な対応に留まることもあります。

　本事例では、所有者が行方不明の空き家の悪臭問題への対応方法を検討します。

2 所有者不明土地・管理不全土地管理人の選任申立て

(1) 所有者不明土地管理人と管理不全土地管理人

　所有者不明の土地や管理不全の土地がある場合、利害関係人は、地方裁判所に対して、所有者不明土地管理人や管理不全土地管理人の選任を申し立てることができます（民法第264条の2、第264条の9）。どの程度の被害が生じていれば利害関係人として認められるかは個別判断になりますが、条文上の要件として必要性が要件として求められていることからすると、受忍限度を超えるような被害が生じている場合またはそのおそれがある場合になると考えられます。

　これらの管理人選任の申立ては、選任要件を満たす限り、どちらも選択することができます。もっとも、所有者不明土地管理人の場合、管理権限が管理人に専属するため、裁判所の許可を得れば、管理不全土地管理人と異なり、所有者の同意を得ることなく、当該土地の処分をすることもできます（民法第264条の3）。そのため、当該土地を処分することまで想定して管理人選任を申し立てるような場合には、所有者不明土地管理人の選任を選択することになると考えられます。

　また、土地の管理だけでなく、建物も管理が必要な状態である場合には、別途、所有者不明建物管理人または管理不全建物管理人の選任を申し立てる必要があります（民法第264条の8、第264条の14）。

(2) 所有者不明土地管理人の権限

　所有者不明土地管理人の権限は、①所有者不明土地管理命令の対象とされた土地または共有持分、②所有者不明土地管理命令の効力が及ぶ動産、③管理・処分その他の事由によって当該管理人が得た財産に及びます（民法第264条の3）。②のうち、所有者不明土地上にある動産は、当該土地の所有者の所有する動産を意味するため、第三者の所有する動産には当然効力が及びません。もっとも、不法に投棄されたごみのように、当該第三者

257

が動産の所有権を放棄したとみられる事情がある場合には、当該動産にも効力が及ぶと考えられます。

(3) 所有者不明土地管理人選任の申立人

上記のとおり、所有者不明土地管理人選任の申立人には、隣家によって具体的な被害を受けている者が含まれますが、当該土地が所在する自治会も含まれるのかが問題となります。隣家所有者と直接的なかかわりを避けたい者にとっては、自治会を通じて解決を図ることができれば、心理的な面での負担も軽減することができます。この問題に関して、自治会が認可地縁団体（地方自治法第260条の2）になっている場合、当該自治会は法人格を有するため、当該自治会が申立人となり得ると考えられます。当該自治会が認可地縁団体ではない場合でも、当該自治会が権利能力なき社団の要件(※)を満たしている場合には、当該自治会の代表者の名義で申し立てる余地もあるように思われます。

(※) ①団体としての組織をそなえ、②多数決の原則が行われ、③構成員の変更にもかかわらず団体そのものが存続し、④その組織によって代表の方法、総会の運営、財産の管理その他団体としての主要な点が確定しているもの（最判昭和39年10月15日民集18巻8号1671頁参照）。

---

3 越境した枝の切除

所有者不明土地管理人は当該土地を管理する義務を負いますので、越境された土地の所有者は、当該管理人に対して、竹木の枝の切除を求めることができます。

また、越境された土地の所有者は、所有者不明土地管理人が選任されておらず、隣地の竹木の所有者を知ることができない場合や、その所在を知ることができない場合に、自ら枝を切除することができます（民法第233条第3項第2号）。民法第233条第3項に基づいて隣地の枝を切除する場合、

隣地を使用することもできますが、原則として隣地の所有者と使用者に対してあらかじめ通知する必要があります（民法第209条第1項第3号、第3項本文）。あらかじめ通知することが困難なときには、当該隣地の所有者や使用者が不明である場合や、その所在を把握できない場合が含まれると解されていますので、当該所有者や使用者が判明した後に通知をすれば足ります（同項ただし書）。

4 本件について

本件において隣家からの受忍限度を超える悪臭の被害を防ぐためには、所有者不明土地管理人の選任を申し立てることが考えられます。また、建物の管理も必要となる場合には、併せて所有者不明建物管理人の選任申立てを行うことになります。また、自治会が認可地縁団体になっている場合や権利能力なき社団としての要件を満たしている場合には、自治会（前者の場合）またはその代表者（後者の場合）が上記申立てをすることも考えられます。もっとも、いずれの場合でも、裁判所から予納金の納付を求められる可能性があるため、経済的負担があることには留意が必要です。

越境した枝に関して、所有者不明土地管理人が選任されている場合、越境された土地の所有者は、当該管理人に切除の請求をすれば足ります。所有者不明土地管理人が選任されていない場合には、民法第233条第3項第2号に該当することを理由に枝を自ら切除することができます。もっとも、事実上、切除費用を負担せざるを得ないこともあるため留意が必要です。

長屋が空き家になった
場合の諸問題

事 例

　私の自宅の隣には、老朽化して傾いた長屋があります。この長屋には
2つの居住部分があり、一方には居住者がいますが、もう一方は空き家
となっています。また、空き家側の土壁が剥がれて自宅に被害が及ぶ可
能性もありますが、しばらく誰も管理していない状況にあります。

【1】長屋の使用者は、空き家部分を含めてどのような方法で管理等を行
　　うことができますか。

【2】長屋の関係者は、どのような行政上の責任を負いますか。

【3】長屋の管理不適切による被害を受けた場合、長屋の関係者に対し
　　て、どのような請求をすることができるでしょうか。

1　長屋の権利関係

　令和5年度の住宅・土地統計調査によれば、賃貸・売却用及び二次的住
宅を除く空き家のうち長屋建のものは13万5,400戸とされています。そ
の中には、屋根瓦が剥がれていたり、外壁が崩れたまま放置され、危険な
状態となっているものもあると考えられます。このような長屋は、早急な
対応が望まれる一方で、長屋の権利関係は一戸建の建物と比べて複雑であ
り、区分所有関係が成立する場合でも、分譲マンションの管理組合のよう
な組織も存在せず、管理規約もないことが通常と思われます。

　長屋には法律上の定義はありませんが、一般に、2つ以上の住宅を一棟
に建て連ねたもので、各住宅が壁を共通にし、それぞれ別々に外部への出

入口を有しているものなどといわれており、権利関係は個別の事情によって判断する必要があります。たとえば、ある長屋の一部が構造上他の部分から区分されており、独立して建物の用途に供されている場合には、各居住部分に区分所有権が成立し、区分所有法が適用されるものと考えられます。他方、長屋の敷地については、専有部分に応じて敷地が分筆されているものや共有となっているものなど、様々な形態があります。

　区分所有法が適用される長屋には、マンションのような各専有部分に通じる通路のような分かりやすい共用部分はありませんが、屋根、基礎、土台部分、外壁、柱、境界壁といった躯体部分は、建物全体が隙間なく接続されているため、これらは共用部分に該当するものと解されています（東京地判平成25年8月22日判時2217号52頁。以下「平成25年判決」という）。

2 【1】について

　長屋が区分所有建物にあたる場合、その共用部分を変更するためには、原則として、区分所有者及び議決権の各4分の3以上の多数による集会の決議が必要となります（区分所有法第17条）。また、共用部分の保存行為については、各区分所有者が単独で行うことができます。たとえば、2名の区分所有者からなる長屋で、一方の区分所有者の住宅側が傾いていたり、外壁や屋根が剥離しているような場合には、他方の区分所有者は、自身の住宅側の安全性を維持する観点から、保存行為として単独で修繕行為を行うことができると考えられます。ただし、長屋の場合、修繕積立金がない場合が多く、区分所有者には保存行為に要した費用を負担するリスクがあります。

　また、長屋の半分側が崩れており、自身の住宅の安全性を維持するために、当該崩壊部分を取り壊して更地にする場合には、区分所有者全員の同意を要することになります。この場合、他方の区分所有者が所在不明である場合には、家庭裁判所に対して不在者財産管理人選任の申立て等を行い、

同意を取り付けた上で取壊し等を行うことになると考えられます（なお、区分所有建物には、所有者不明建物管理人の適用が排除されているため、当該管理人によることはできません（区分所有法第6条第4項））。

　ここで注意しなければならないのは、長屋は、一棟の建物として建築基準法上の許可等を得ているため、一部を取り壊した結果、残存建物だけでは接道義務や斜線制限に違反することになる可能性があるということです。残った部分では適法性を維持できないこともあるため、長屋全体を取り壊し、敷地を売却することが合理的な場合もあります。

3 【2】について

(1)　長屋と空き家特措法との関係

　長屋の一室が空き家となっており、その空き家部分の外壁が崩れて倒壊の危険があるような場合、長屋の区分所有者は、空き家特措法に基づく助言、指導、勧告、措置命令を受けるのでしょうか。

　これは、空き家特措法第2条に規定する「空家等」の定義に関する問題です。同条の「空家等」は、「建築物又はこれに附属する工作物であって居住その他の使用がなされていないことが常態であるもの及びその敷地」と規定されています。そして、この判断は、建物一棟を基準に判断されるため、たとえ長屋の一部が空き家になっていたとしても、全体が空き家になっていなければ同法の対象から外れることになります。そのため、空き家部分の外壁が崩れるなどして倒壊の危険があるとしても、空き家特措法に基づく行政上の責任は発生しないことになります。

(2)　地方公共団体の独自条例

　地方公共団体の空き家対策に関する条例の中には、「長屋」を条例の対象に含めているものが見受けられます。たとえば、愛媛県の八幡浜市空家等対策の推進に関する条例は、「長屋空家等」を「長屋及び共同住宅の一部

住戸又はこれらに附属する工作物であって居住その他の使用がなされていないことが常態であるもの及びその敷地（立木その他の土地に定着する物を含む。）をいう」と定義して、助言、指導、勧告、措置命令の対象に含めています。このような条例は、主として、長屋の空き家部分の区分所有者に対して権限行使をすることを念頭に置いているように思われます。しかし、上記のとおり、長屋の変更を伴う管理行為や取壊しは、単独で行うことはできません。そのため、空き家部分以外を使用している区分所有者についても、権限行使の対象に含めなければ実効性に乏しいように思われます。

4 【3】について

　長屋の外壁は、平成 25 年判決に沿って考えると、共用部分にあたるため、区分所有者全員の共有関係にあります。そうすると、長屋の土壁が剥がれている場合、隣家の所有者は、長屋の区分所有者に対して、所有権に基づく物権的妨害予防請求を行うことが考えられます。

　また、外壁が傾いたり、一部が損壊するなどして、実際の被害が生じた場合は、区分所有者に対して、民法第 717 条の土地工作物責任に基づく損害賠償請求を行うこともできると考えられます。

マンションが空き家の場合の法的責任
－水漏れ事故の場合－

事 例

　私は、マンションの一室の区分所有権を有していますが、天井から水漏れが発生しており、同室内の家財等にも被害を受けています。水漏れの原因がマンション内の配管の老朽化にあることまでは判明したのですが、上階の住戸に居住者はおらず、行方も分かりません。管理組合にも対応を相談していますが、このような場合、誰が法的責任を負うのでしょうか。

1　マンションの空き家問題

　空き家の問題は一戸建てに限らず、マンションのような集合住宅でも生じています。マンションの場合は、1つの建物に複数の権利者が存在するため、一戸建ての場合以上に問題が複雑化することもあります。本件では、マンションにおいて、水漏れ事故が生じた事例の法律関係を検討します。なお、本件で取り扱う「マンション」は、区分所有権の対象となることを前提としています。

2　専有部分と共用部分とを区別することの意味

　住戸の天井から水漏れが生じ、その原因が上階の専有部分である配管の老朽化にある場合、上階の住戸の区分所有者が損害賠償責任（民法第717

条）を負うことになります。これに対して、当該配管が共用部分である場合には、管理組合が共用部分の占有者となるため、管理組合が賠償責任を負うことになります。

この点に関して、区分所有法第9条は、建物の設置または保存に瑕疵があることにより他人に損害が生じている場合、共用部分の設置または保存の瑕疵によるものと推定する旨規定しています。そのため、階下の住戸の区分所有者が、上階の住戸の区分所有者が不在等で現実的に連絡を取れないような場合には、当該推定規定を利用して、管理組合に対して損害賠償請求を行うことになると考えられます。管理組合が損害賠償義務を免れるためには、当該水漏れの原因を調査し、配管が専有部分であることを立証する必要があります。

このように、専有部分と共用部分の区別は、損害賠償責任を負う主体を考える上で重要な意味を持つことになりますが、区分所有法の規定上、専有部分と共用部分との区別は一義的に明らかではありません。そのため、実際の建物の構造等をみて、個別具体的に判断する必要があります。

一般的な考え方によれば、主配管（本管）については共用部分であり、本管から分岐して各住戸へつながる枝管については専有部分と理解されてきました。国土交通省のマンション標準管理規約（単棟型）の共用部分の例示においても「雑排水管及び汚水管については、配管継手及び立て管」を共用部分としており（別表第2）、枝管は専有部分であることが前提とされています。もっとも、近時の裁判例の中には、この一般的な考え方とは異なり、各住戸を区分する構造躯体のコンクリートの下に配管が設置される、いわゆる床スラブ下配管（床スラブ貫通配管）が共用部分に該当すると判断したものがあります（最判平成12年3月21日判タ1038号179頁）。

この裁判例は、当該床スラブ下配管が特定の住戸からの汚水を流すためのものであり、配管を修理するためには、当該住戸からではなく、階下の住戸の天井裏から修理をしなければならない点を重視したものと考えられています。

建築年数の浅いマンションは、床スラブ上配管となっているものが比較的多く見られるため、枝管も専有部分と解される可能性が高いと考えられます。これに対して、築年数の古いマンションは、床スラブ下配管となっているものが比較的多く見られるため、枝管から漏水した場合、共用部分からの漏水として、管理組合が損害賠償義務を負う可能性があることに留意が必要です。

3　修繕費用の負担者について

　上記2のとおり、マンションで漏水等の問題が生じた場合、共用部分からの漏水であれば管理組合が修繕費用を負担し、専有部分であれば区分所有者が負担することになります。しかし、その区分は必ずしも明らかではないため、管理組合として修繕費用を負担できるかどうかの判断も容易ではありません。他方で、管理組合としては、他の区分所有者の専有部分の損傷等に起因して被害に遭っている区分所有者がいる場合には、修繕に向けて活動をすることも求められます。そこで、配管のような共用部分と構造上一体として供されている設備については、管理規約で管理組合が第一次的に当該設備の修繕等を行えるように定めておくこともできます。なお、管理規約に定めがない場合には、管理組合総会で決議をすることも可能です。このような条項が管理規約にある場合等には、管理組合が第一次的に専有部分の修繕を行うことが可能となります。

　また、当該住戸の区分所有者が不在である場合や、区分所有者の相続人が相続放棄をしているような場合に、管理組合が修繕費用を回収できるかも問題となります。この点について、不在者に対する訴訟提起や不在者財産管理人、相続財産管理人（相続財産清算人）の選任申立てをする方法も考えられますが、費用対効果の関係で断念せざるを得ない場合もあり、このような場合は、保険等で費用を塡補していくことになると思われます。

4 本件について

　相談者の住戸への水漏れの原因が配管の老朽化にあることは特定できているため、管理組合に対して法的責任を追求することが考えられます。一方で、水漏れの原因を調査した結果、床スラブ下配管となっており、枝管の老朽化であることが判明した場合等には、上階の区分所有者に対して法的責任を追求することになると考えられます。上階の区分所有者が行方不明等の場合の対応としては、上記 3 のような方法が考えられます。また、当該マンションの管理規約に管理組合が修繕できる旨の条項等があれば、管理組合に修繕を依頼し、そのような対応が難しい場合には、自らの保険等を利用することが現実的な対応になるものと思われます。

マンションが空き家の場合の法的責任
－共用部分で生じた事故の場合－

事 例

　私は、築30年を超えるマンション（全個室50部屋）の1室を区分所有していますが、上階のバルコニーからの雨漏りによって、自室の専有部分が損傷して修繕費用を支払いました。上階に居住者はおらず空き部屋になっています。このような場合、私は、誰に対して損害賠償請求をすればよいですか。

1　検討の視点

　区分所有権の対象となるマンションの場合、1つの建物に複数の権利者が存在するため、一戸建ての場合よりも問題が複雑化することもあります。
　本事例では、区分所有者が区分所有建物の瑕疵によって損害を被った場合を念頭に、損害賠償請求の方法について検討します。

2　共用部分と専用使用権

　区分所有建物の共用部分は、区分所有者全員の共用に属するものですので、区分所有者全員が使用する権利を有し（区分所有法第11条、第13条）、管理組合が共用部分の管理を行うことになります（同法第18条、マンション標準管理規約（以下「標準管理規約」という）第21条第1項本文）。また、共用部分の中には、バルコニー、玄関扉、窓枠、窓ガラス等のように、合意や

管理規約で、特定の区分所有者に排他的な使用を認めても支障のないもの
もあります。このような合意や管理規約に基づいて共用部分を排他的に使
用できる権利のことを専用使用権といいます（標準管理規約第14条）。

　専用使用権を有する区分所有者（以下「専用使用権者」という）は、通常の
用法に従って専用共用部分を使用する義務を負い（区分所有法第13条、標準
管理規約第13条）、同人の責任と負担において、通常の用法に伴う管理を行
うことになります（標準管理規約第21条第1項ただし書）。

3　管理組合の管理規約に基づく管理責任の有無

　上記2のとおり、管理組合には、区分所有法等によって共用部分を管理
する権能が認められています。問題は、管理組合が機能を有するだけでな
く、各区分所有者に対して管理義務を負うかです。この問題に関して、区
分所有法等の管理に関する規定は管理組合の権能を定めたものにすぎない
ため、管理組合は、各区分所有者に対して、管理義務違反を理由とする債
務不履行責任を負わない旨判示した裁判例があります（東京高判平成29年3
月15日判タ1453号115頁等）。一方で、これらの関係規定は、管理組合が各
区分所有者に対して管理義務を負うことまで認めたものであり、管理組合
は、各区分所有者に対して、管理義務違反を理由とする債務不履行責任を
負う旨判示した裁判例（福岡高判平成12年12月27日判タ1085号257頁）も
あるので留意が必要です。

　共用部分に専用使用権が設定されている場合には、専用使用権者が通常
の使用に伴う管理を行うことになりますので、その限度において、管理組
合は各区分所有者に対して管理義務を負わないことになります。このよう
な場合、専用使用権者が各区分所有者に対して管理義務違反を理由とする
損害賠償責任を負うことになると考えられます。

4 共用部分の瑕疵と土地工作物責任

　区分所有建物の共用部分の設置または保存の瑕疵によって損害が生じた場合、第一次的には占有者が損害賠償責任を負い、第二次的に所有者が損害賠償責任を負います（民法第717条第1項）。しかし、区分所有建物の構造の把握や瑕疵の特定は困難を伴うこともあり、瑕疵が共用部分にあることの立証を被害者に求めることは必ずしも適切ではありません。そこで、区分所有法は、区分所有建物の設置または保存の瑕疵によって損害が生じた場合、当該瑕疵は共用部分の設置または保存にあることを推定しています（同法第9条）。

　共用部分の設置または保存の瑕疵によって損害が生じた場合、被害者は、区分所有者全員に対して損害賠償請求を追及できます。しかし、区分所有者が多い場合に、区分所有者全員を相手方として損害賠償請求を行うことは、現実的ではありません。そこで、管理組合が民法第717条第1項本文に規定する占有者に該当することを理由に、管理組合に対して損害賠償請求することができないかが問題となります。

　区分所有法の立法担当者は、管理組合の占有者該当性を否定しており、これに沿う裁判例も存在します（前掲東京高判）。一方で、民法第717条第1項本文に規定する占有者は、工作物から生じる危険を予防できる立場にある者であるとの解釈を前提に、区分所有法及び管理規約上、管理組合がそのような立場にあることを理由に占有者に該当することを認めた裁判例もあり（東京地判令和2年2月7日判例秘書）、適当であると考えられます。なお、専用使用権が設定されており、通常の使用に伴って瑕疵が発生したような場合には、管理組合は専用使用部分から生じる危険を防止する立場にないため、管理組合の占有者性は否定され、専用使用権者が占有者になると考えられます。

5 本件について

　雨漏りが生じた箇所は上階のバルコニーであり、一般的には共用部分であり、専用使用権が設定されているものと考えられます。

　バルコニーに専用使用権が設定されている場合、専用使用権者は、通常の使用に従って、管理する責任を負います。そのため、通常の使用から生じた損害に関して、管理組合の管理義務違反は否定されることになります。また、管理組合のバルコニーの占有者性も否定されることから、当該専用使用権者を占有者として、民法第717条第1項本文に基づく損害賠償請求を行うことになると考えられます。

　一方、バルコニーの専用使用権が設定されていない場合、区分所有法や管理規約に依拠して、管理組合に対して管理義務違反に基づく損害賠償請求を行うことが考えられます。もっとも、どのような管理義務違反があり、どのような損害が生じたか別途争いになり得るため留意が必要です。また、区分所有法第9条の推定規定を利用して、管理組合または区分所有者の全員を占有者として、民法第717条第1項本文に基づく損害賠償請求を行うことも考えられます。

区分所有建物における共同利益違反行為とその解消策

事 例

　区分所有建物であるマンションの1室は空き家となっており、ベランダや居室内にごみがあふれ苦情が出ています。また、敷地内の駐車場には、使用細則に反して当該空き家の区分所有者のものと思われる車検切れの自動車が放置されています。管理組合から空き家の区分所有者に対して改善を申し入れましたが応じてもらえません。

　管理組合では、法的手続を講じるとともに、使用細則に駐車場の不正使用を理由に違約金を発生させる条項を定めることも検討しています。この場合、どのような点に留意して対応すればよいでしょうか。

1　検討の視点

　一部の区分所有者が区分所有者の共同の利益に反して区分所有建物を使用すると、様々な不都合や実害が生じるため、管理組合としては適切かつ迅速に対応する必要があります。

　本事例では、区分所有者がごみや自動車を放置している事案の対応策を検討します。

2　共同利益違反行為に対する法的措置

　区分所有者は、建物の保存に有害な行為その他建物の管理または使用に関し区分所有者の共同の利益に反する行為（以下「共同利益違反行為」とい

う）をしてはならない義務を負います（区分所有法第6条第1項）。建物の管理や使用に関する事項は広く解釈されており、建物そのものの管理や使用に関する事項だけでなく、敷地や付属施設の管理や使用に関する事項も含まれます。

共同利益違反行為に当たるかどうかは、当該行為の必要性の程度、これによって他の区分所有者が被る不利益の態様、程度等の諸事情を比較衡量して判断するものとされています（東京高判昭和53年2月27日下民集31巻5 - 8号658頁）。たとえば、専有部分や共用部分に大量のごみが放置され、異臭やゴキブリの発生等の具体的被害が発生しているような場合や、規約等に反して敷地の一部の駐車場に車検切れの自動車を長期間放置しているような場合などは、共同利益違反行為に当たると考えられます。

共同利益違反行為に当たる場合やそのおそれがある場合、管理組合は、区分所有法第57条に基づいて、対象となる区分所有者に対して、裁判外または裁判によって行為の停止、行為の結果の除去、予防措置を請求することができます。また、共同利益違反行為による共同生活上の障害が著しく、同条による請求によっては共同生活の維持が困難である場合には、同法第58条に基づく専有部分の使用禁止裁判の請求をすることができます。さらに、これらによる方法では共同生活維持が困難である場合には、同法第59条に基づく競売請求もすることができます。なお、規約において、共同利益違反行為以外の事項であっても、規約に定める措置を講じる権限を付与していることもあるため（標準管理規約第67条）、事前に区分所有建物の規約を確認しておくことが有益です。

3 違約金条項の追加と「特別の影響」の有無

区分所有建物の駐車場の利用関係には様々な形態がありますが（標準管理規約第15条）、駐車場の利用方法等は、「建物又はその敷地（略）の管理又は使用に関する区分所有者相互間の事項」（区分所有法第30条第1項）であ

るため、規約事項に当たると考えられます。駐車場の利用が適正に行われないと、区分所有者間の公平を害することになるため、管理組合の管理責任が生じるおそれもあります（マンションの戸数に対して駐車場の数が足りない場合に特に顕在化します）。そこで、規約や使用細則に、違約金条項（1日当たり○○円等）を追加して違反状態の解消を促すことが考えられます。

　問題は、特定の違反者への適用を念頭に、違約金条項を追加するため規約や使用細則を変更することが区分所有法第31条第1項後段に規定する「一部の区分所有者の権利に特別の影響を及ぼすべきとき」に当たり、当該区分所有者の同意を要するかです。

　違約金条項は、区分所有者全員に等しく適用されるものであるため、「一部の区分所有者の権利」に関する規約の変更に当たらないようにも考えられます。しかし、区分所有法第31条第1項後段の趣旨は、多数者による決定から少数者の利益を保護する点にあることからすると、特定の区分所有者への適用を念頭に違約金条項を導入しようとする場合も、「一部の区分所有者の権利」に関する規約の変更に当たると解されます（東京地判平成30年3月13日判タ1467号225頁）。

　次に、「特別の影響を及ぼすべきとき」に当たるかどうかは、規約の変更等の必要性及び合理性とこれによって一部の区分所有者が受ける不利益とを比較衡量し、当該区分所有関係の実態に照らして、その不利益が区分所有者の受忍すべき限度を超えると認められるかどうかによって判断されます（最判平成10年10月30日民集52巻7号1604頁）。違約金条項は、管理組合にとって、規約等違反の状態を是正して区分所有者相互間の公平な駐車場の利用を実現するために必要なものであり、合理的なものと考えられます。一方で、一部の区分所有者が被る不利益の程度については、個別に判断せざるを得ません。たとえば、前掲平成30年東京地判は、管理組合が催告した日の翌日から違約金が発生するものであり、違反者に予見可能性が担保されていることを理由に合理性を認定し、1日当たり5,000円とする違約金条項を2,500円の限度で有効と評価した上で、特別の影響がない旨

判断しており、同種の事案の参考になると考えられます。

4 本件について

　管理組合は、ごみや自動車の放置が共同利益違反行為に当たることを理由に、当該区分所有者に対して、区分所有法第57条第1項に基づいて、ごみの撤去及び放置自動車の移動を求める裁判を提起することが考えられます。なお、規約によって理事長等に共同利益違反行為に至らない程度の行為に対する法的措置の権限を付与していることもあるため、これらの行使可能性も検討することになります。

　放置自動車に対する違約金条項を規約等に設ける場合、違約金を自動車の放置の始期にさかのぼって発生させると高額になる可能性があるため、違反者の同意が必要となる可能性もあります。また、適切な違約金の単価設定は個別判断にならざるを得ませんが、違反者の同意を不要とするために、違約金の発生時期を管理組合が催告した日の翌日とするなど、このまま自動車を放置し続ければ違約金が発生する予見可能性を違反者に与えるような内容にしておくことが有益と考えられます。

空き室の区分所有者等を対象とした協力金を規約に定める際の留意点

事 例

　私の居住するマンションでは相続等を理由に空き室が増えています。一方で、管理組合の役員は、事実上、居住する区分所有者が持ち回りで担当せざるを得ないため負担となっています。管理組合では、居住していないことやその他の理由で役員就任を辞退する区分所有者に対して、役員への協力金の支払を設定する規約変更をしたいと考えています。規約変更に当たって、どのようなことに留意すればよいですか。

1 　検討の視点

　区分所有関係は1つの共同生活の関係であるため、区分所有建物の管理運営は、管理組合及びその組合員によって行われることが予定されています。管理組合の役員が中心となって運営を行いますが、現実には、非居住、年齢、仕事、無関心その他の事情によって役員が容易に決まらず、一部の区分所有者に事務負担が偏る問題が生じています。この問題を解決するために、役員就任を辞退する者に協力金の支払義務を課すことによって、事務負担の公平を図り、役員就任を間接的に促すことが考えられます。

　本事例では、協力金を導入するための規約変更をする際の留意点を検討します。

2 規約変更のための決議要件

　管理組合の規約の変更は、特別決議事項に該当するため、集会において、①区分所有者及び②議決権の各4分の3以上による決議を得る必要があります（区分所有法第31条第1項）。上記①の区分所有者数の計算に関して、(イ)1つの専有部分が共有されている場合や、(ロ)1人の区分所有者が複数の専有部分を所有している場合のいずれも1人として計算することになります。また、上記の②の議決権の割合は、原則として専有部分の床面積の割合によって決定されます。規約で異なる割合を定める場合には、無効とならないように、議決権割合が著しく不合理とならないようにする必要があります。

　区分所有者の特定は、形式的に判断できるようにするため、登記簿の記載を基準にします（神戸地判平成13年1月31日判時1757号123頁）。区分所有者に相続が発生しているにもかかわらず、登記簿に相続後の権利関係が反映されていない場合に、登記簿の記載を基準にするか、真実の権利関係を基準にするかが問題となります。この問題に関しては、真実の権利関係の調査は必ずしも容易ではないことや、集会決議の法的安定性を確保する必要性があることからすると、登記簿の記載を基準にするのが適切と考えられます。

3 集会の招集手続

　集会の招集は、区分所有者の全員の同意がある場合を除いて、集会の少なくとも1週間前までに議題（例「第1号議案　協力金の件」）を示して各区分所有者に通知する必要があります（区分所有法第35条第1項、第36条。規約で伸縮されている場合もあります）。規約の変更等を議題にする場合には、議案の要領も招集通知に記載する必要があり（同法第35条第5項）、これを欠く場合、招集手続の瑕疵を理由に決議が無効となるおそれがあるので留

意が必要です（東京高判平成7年12月18日判タ929号199頁）。

　専有部分が共有されている場合、招集通知は議決権を行使する者に通知されることになりますが、議決権の行使者が指定されていない場合には共有者の1人に通知することになります（区分所有法第35条第2項）。区分所有者に相続が発生し、登記簿に相続後の権利関係が反映されていない場合には、上記2と同様に、登記簿の記載を基準にして招集通知を発すれば足りると考えられます。なお、招集通知は、区分所有者が指定した場所に送付され、指定がない場合は専有部分が所在する場所に送付されます（同条第3項）。例外として、区分所有建物に住所がある場合または通知先の届出がない場合で、規約に定めがあるときは、建物内の見やすい場所に掲示することで個別の通知に代えることもできます（同条第4項）。

4　規約の変更と「特別の影響」の有無

　規約の変更が、区分所有法第31条第1項後段に規定する「一部の区分所有者の権利に特別の影響を及ぼすべきとき」に該当する場合には、特別決議に加えて、当該区分所有者の承諾を得る必要があります。問題は、特定の区分所有者を対象とする協力金を定める規約変更が上記の場合に該当するかです。

　特別の影響の有無は、規約の設定、変更等の必要性及び合理性とこれによって一部の区分所有者が受ける不利益とを比較衡量し、当該区分所有関係の実態に照らして、その不利益が区分所有者の受忍すべき限度を超えるかどうかによって判断するものと解されています（最判平成10年10月30日民集52巻7号1604頁）。協力金の導入についても、規約変更の必要性・合理性と特定の区分所有者が被る不利益とを比較して、当該区分所有建物の実態に照らして、特定の区分所有者が被る不利益が受忍限度を超えるかどうかによって判断されることになります。

　非居住の区分所有者に対する協力金の導入の可否が争われた裁判例で

は、①当該区分所有建物の規模、②管理運営のために管理組合の活動や組合員の協力が必要不可欠であること、③管理組合の運営に必要な業務や費用は、本来、組合員全員が平等に負担するべきものであること、④居住する区分所有者の負担において、居住しない区分所有者が利益を得ていること等の事情を考慮して、不公平を是正するために、協力金の導入の必要性と合理性が認められています。このような考えを前提として、協力金の額が、組合費（17,500円）の約15％増の額（20,000円）に留まっていたことから受忍限度を超えないと判断しているものもあり、参考になります（最判平成22年1月26日判時2069号15頁）。

　また、理事就任を辞退した者に対する協力金を定めた規約の有効性が争われた裁判例においても、規約の有効性が認められています（横浜地判平成30年9月28日判例秘書L07350764）。当該裁判例は、規約の公序良俗違反の有無が争点となっていましたが、その判断は平成22年最判と類似の基準で行われています。

5　本件について

　協力金を定めるために規約変更の手続を行う場合、集会の招集通知に議題及び議案の要領まで記載する必要があるため留意が必要です。当該マンションの区分所有者の中には相続が発生している者もおり、集会の招集通知の発送に当たっては、登記簿の記載を確認し、もとの区分所有者から変更がなければ、指定されていた場所か、専有部分の住所宛に送付することになると考えられます。

　協力金の対象となる区分所有者に特別の影響を与えるかどうかは、協力金を定める必要性と合理性を踏まえて、特定の区分所有者が被る不利益が受忍限度を超えるかどうかによって判断されることになります。協力金の対象となる区分所有者の反対が想定されるような場合には、協力金の額が管理費と比べて著しく割高にならないような工夫も必要になります。

マンションの空き家と
滞納管理費に関する諸問題

事例

　マンションの区分所有者の１人であるＡは、認知症が悪化したため、マンションを出て特別養護老人ホームで生活しています。Ａは、マンションの管理費を３年分滞納したことから、管理人Ｂは、Ａに対して滞納管理費の支払を求めて訴訟を提起し認容されましたが、Ａから支払を受けられない状況が続いています。滞納額は現在も増加しており、350万円を超えているため、ＢはＡの区分所有権を競売で売却することを考えています。Ａの区分所有権の査定額は300万円程度です。Ａは成年後見人を選任するのが相当な状況にありますが、成年後見人は選任されていないとのことです。このような場合に、どのようなことに注意して滞納管理費の回収を図るべきでしょうか。

1　検討の視点

　民法には成年後見制度が定められていますが、成年後見制度を利用するのが相当な状況にあるにもかかわらず、成年後見人が選任されていない場合も少なからずあります。

　本事例では、管理費を滞納している区分所有者が成年後見人を選任するのが相当な状況にある場合に、管理組合が区分所有法第59条に基づく競売請求を行う際の留意点を検討します。

2 管理費の滞納と共同利益違反行為

　区分所有者が共同利益違反行為（区分所有法第6条第1項）を行った場合、他の区分所有者は、区分所有法第57条から第59条に規定する措置を講じることができます。区分所有者が管理費を長期間にわたって滞納し、その額も多額になっているような場合には、共同利益違反行為に該当するものと考えられます。

3 区分所有法第59条の競売請求

(1) 区分所有法第59条の競売請求の要件

　区分所有法第59条の競売請求が認められるためには、実体的要件として、①共同利益違反行為またはそのおそれがあること、②これによる共同生活上の障害が著しいこと、③他の方法によってはその障害を除去して共用部分の利用の確保その他の区分所有者の共同生活の維持を図ることが困難であること（補充性）を満たす必要があります（同条第1項）。また、手続的要件として、競売請求の訴えを提起することについて、集会の特別決議（区分所有者及び議決権の各4分の3以上）を得る必要があります（同法第59条第2項、同法第58条第2項）。

　競売請求の訴えは、区分所有者の全員または管理組合法人が提起することになりますが、集会の普通決議を得て、管理者または集会で指定された区分所有者が訴えを提起することもできます（同法第59条第2項、同法第57条第3項）。

　競売請求の裁判後の競売によって、第三者が区分所有権を取得した場合、当該取得者は区分所有法第8条に基づいて管理費を滞納する区分所有者と連帯して滞納管理費の支払義務を負うため、訴えを提起した区分所有者等は当該取得者から滞納管理費の弁済を受けることができます。

(2)　実体的要件について

　裁判例においては、実体的要件①と②は一体的に判断される傾向にあります。すでに管理費の滞納が長期・多額に及んでおり、今後も滞納額が増大する可能性があるような場合には、これらの各要件を満たすことになります。競売請求の訴え提起前に、滞納管理費の支払請求訴訟等を経ている場合もあり、それにもかかわらず滞納管理費の弁済を得られていない事情がある場合には、実体的要件①と②を積極的に基礎付けることになると考えられます。

　実体的要件③にいう「他の方法」は、区分所有法第57条に基づく共同利益違反行為の停止請求、同法第58条に基づく専有部分の使用禁止請求、同法第7条に基づく先取特権の行使をいうものとされています。もっとも、管理費の滞納事案の場合、同法第57条に基づく停止請求は、滞納の停止すなわち滞納管理費の支払請求を意味するため独自の意味を有しません。また、同法第58条に基づいて専有部分の使用を禁止したからといって、滞納管理費の支払を得られるわけでもないため、管理費の滞納事案において、補充性を満たすかどうかは、同法第7条の先取特権の行使の可否によって判断されることになります。

　先取特権を実行するためには競売申立てをする必要がありますが、競売手続には無剰余取消し（民事執行法第188条、同法第63条）が適用されるため、買受可能価額が先取特権に優先する債権や手続費用の合計額に満たない場合、競売手続は取り消されることになります。一方で、区分所有法第59条の競売請求の趣旨は、共同利益違反行為をした区分所有者の区分所有権を、競売を通じてはく奪すること自体にありますので、たとえ無剰余であっても同条の競売手続は取り消されないものと解されています（東京高決平成16年5月20日判タ1210号170頁等）。つまり、同法第7条の先取特権を行使しても無剰余によって競売手続が取り消される場合には、他に方法がなくなるため実体的要件③の補充性を満たすことになります。なお、同法第7条の先取特権に基づく競売手続が実際に無剰余によって取り消され

る必要まではなく、競売を申し立てたとしても無剰余取消しとなる可能性が客観的に認められるような事情があれば、補充性の要件を満たすものと解されています（東京地判平成17年5月13日判タ1218号311頁等）。

(3) **手続的要件について**

区分所有者は、競売請求の訴えが認められた場合に、その後の競売によって区分所有権をはく奪される重大な不利益を受けることから、集会の特別決議に際して、弁明の機会が与えられることになります（区分所有法第59条第2項、同法第58条第3項）。弁明の機会を付与した趣旨からすると、弁明の機会は当該区分所有者に対して確実に与える必要があるため、その前提として、当該区分所有者が弁明の機会が与えられていることを理解できるだけの能力を有していることが必要となります（札幌地判平成31年1月22日判タ1468号180頁。当該事案では、手続的要件を満たしていなかったことを前提に、競売請求の訴訟において特別代理人が選任され、弁明の機会が与えられたことによって手続的要件が満たされたものと扱われました）。

成年後見人が選任されている場合には、当該成年後見人に弁明の機会を付与すれば足りることになります。問題は、成年後見人が選任されるべき状況にあるにもかかわらず、選任されていない区分所有者への対応です。当該区分所有者が弁明の機会を与えられていることを理解できる能力を有していない場合には、弁明の機会を付与しても手続的要件を満たさないことになります。また、区分所有者や管理人には、成年後見人等を選任する申立権は認められていません。このような場合には、当該区分所有者の親族や市町村長（各種の特別法で申立権が認められています）に働きかけていかざるを得ないように思われます。

4 本件について

Aの滞納期間は少なくとも3年以上続いており、その額も多額になって

います。また、管理人のBは、滞納管理費の支払請求訴訟を経ても、Aから支払を受けられておらず、今後も任意の支払を期待できない状況にあります。このような事情からすると、区分所有法第59条の実体的要件①と②を満たしているものと考えられます。また、Aの区分所有権の評価額は滞納額を下回っており、同法第7条の先取特権として競売を申し立てても無剰余取消しとなる可能性が高いことから、実体的要件③を満たすものと考えられます。

　一方で、Aは、認知症によって事理を弁識する能力を欠く常況にあり（民法第7条）、弁明の機会が与えられていることを了解できる能力を欠いていると考えられます。そのため、成年後見人が選任されないまま集会決議を行った場合には、手続的要件を満たさず当該決議は無効となるおそれがあります。そこで、Bは、Aの親族等や市町村長に対して成年後見人の選任申立等を働きかけていくことになると考えられます。

空き家の相続放棄に
関する問題

事 例

　父は死亡するまでの１年間、自宅を出て施設で生活しており、私が父に頼まれて空き家となった家の管理をしていました。父には生前に借入金があったため、私は相続放棄をしたいと考えていますが、相続放棄をするに当たって、どのようなことに留意するべきでしょうか。なお、母はすでに他界しており、他に相続人はいません。

1　検討の視点

　相続が開始した場合、相続人は自己のために相続の開始があったことを知った時から３か月以内に、相続について単純承認、限定承認、相続放棄をするかを判断する必要があります。相続放棄をした者は、相続放棄をすることによって、はじめから相続人とならないことになりますが、民法は、相続放棄をした者に、一定の場合に管理義務を負わせています。

　本事例では、相続放棄をする際の留意点について検討します。

2　相続放棄後の管理義務

(1)　令和３年の民法改正と管理義務について

　令和３年の民法改正まで、相続放棄をした者は、その放棄によって相続人となった者が相続財産の管理を始めることができるまでの間、相続財産の管

理を継続しなければならないものとされていました。しかし、条文上、他に相続人がいない場合でも、相続放棄をした者が管理義務を負うのか明らかではありませんでした。また、自ら相続財産を占有していない場合に、どのような内容の管理義務を負うかも明らかではありませんでした。そこで、令和3年に民法が改正され、相続放棄をした者は、相続放棄をした時点において、相続財産を現に占有していたときに限って、相続人や相続財産清算人に相続財産を引き渡すまでの間、自己の財産におけるのと同一の注意をもって相続財産を保存する義務を負うこととされました（民法第940条第1項）。

なお、次順位の相続人に相続財産の不動産を承継させようとしたところ、その受領を拒否された場合には、裁判所の許可を得て当該不動産を競売に付し、売却代金を供託することによって管理義務を終結することもできます（民法第497条）。しかし、手続的な負担が重いため、後述する相続財産管理人の選任を申し立て、当該管理人に相続財産を引き継いだ方が合理的であるように思われます。

(2) 管理義務の内容について

民法第940条第1項で想定されている保存行為は、相続財産を滅失や損傷から防ぐ消極的な保存行為にとどまり、積極的な保存行為は含まないものと解されています。また、同項の管理義務は、次順位の相続人または相続財産清算人に対して負うものであり、第三者に対して負うものではないと解されています。この点に関して、管理義務を負う相続放棄をした者は、空き家特措法に規定する管理者に該当し、同法第13条や同法第22条に規定する必要な措置にかかる助言・指導・勧告・措置命令を受けるか問題となります。しかし、相続放棄をした者の管理義務は、第三者に対して負う義務ではないため、必要な措置にかかる措置命令等の名宛人にはならないものと考えられます。

(3) 管理義務の長期化による問題

　相続放棄によって相続人がいなくなった場合、相続財産清算人を選任することができますが、予納金の負担等もあり、選任申立てが行われないまま相当期間が経過する事案もあります。このような事案では、管理義務を負う相続放棄をした者は長期的に管理を継続することになります。また、空き家の管理不全によって第三者に損害が生じた場合には、占有者として民法第717条に基づく損害賠償責任を負うリスクがあるように思われます。このようなリスクを避けるためにも、管理義務を負う可能性のある者は、相続放棄後、速やかに相続財産を引き渡し、管理義務を終了させるよう努めるべきです。

3　相続財産清算人と相続財産管理人について

(1) 相続財産清算人について

　相続財産清算人の申立権は利害関係人に認められています。民法第940条第1項の管理義務は相続財産清算人に対して負うものですので、管理義務を負う相続放棄をした者にも申立権が認められます。ただし、相続財産清算人の報酬を含む管理費用の財源を相続財産から支出できる見込みがないような場合には、管轄の家庭裁判所から予納金の納付を求められる可能性があります。そのため、上記2(3)のとおり、相続放棄後も相続財産清算人の選任が行われず、空き家の管理が適切に行われない状況が続くこともあり得ます。

(2) 相続財産管理人について

　令和3年の民法改正まで、相続財産管理人の選任その他相続財産の保存に必要な処分をすることができるのは、①相続の承認または放棄がされるまでの間、②限定承認がされた後、③相続放棄後、放棄によって相続人となった者が相続財産の管理を始めることができるまでの間に限定されてい

ました。そのため、相続承認後で遺産分割前の場合等に、相続財産管理人を選任することができない不都合が生じていました。そこで、令和3年の民法改正によって、相続開始後、相続の段階にかかわらず相続財産管理人の選任ができるようになりました（民法第897条の2）。

　相続財産管理人の職務は、管理業務に限定されており、相続財産の処理が行われるまでの暫定的なものですので、予納金の納付も比較的低額になるものと考えられます。令和3年の民法改正後は、機動的に相続財産管理人の選任を申し立て、適時に相続財産の保存が行われることが期待されます。

4　法定単純承認について

　相続人が相続放棄をするまでの間に空き家を取り壊す行為は、相続財産の全部または一部を処分したものとして法定単純承認事由となるため留意が必要です（民法第921条第1号本文）。もっとも、屋根や外壁の補修等は保存行為に当たるため、法定単純承認事由には当たりません（同号ただし書）。

　また、上記3のとおり、相続放棄をした後も相続財産清算人の選任がされない状況が長期間継続することもあります。このような場合、管理費を支出し続けるよりも安い費用で建物の収去が完了できるのであれば、空き家を取り壊す選択肢も視野に入ってくるかもしれません。しかし、相続債権者が債権回収を事実上諦めていた場合に、相続放棄をした者が空き家を処分すると、法定単純承認事由（民法第921条第3号）に該当することを理由に、相続放棄の無効を主張される可能性があります。そうなると、相続放棄をせず、建物を収去して更地として管理することも考えられます。この問題は、空き家の収去費用、将来の土地・建物に係る管理費用（固定資産税の負担を含む）、相続財産清算人を選任した場合の予納金の見込額など、種々の観点から総合的に検討せざるを得ないように思われます。

5 本件について

　本件において、相談者は父の生前から空き家の管理を任されていたことから、空き家を占有していたものと考えられ、相続放棄をする時点でも占有が継続している場合には、相続放棄後も管理義務を負うことになります。相続放棄によって他に相続人がいなくなることから、管理義務を終了させるためには、相続財産清算人の選任を申し立て、相続財産を引き渡す必要があります。なお、相続財産清算人の選任申立てに際して、相続財産から管理費用や相続財産清算人の報酬を支出することが期待できないような場合には、相当額の予納金の納付を求められることがあります。予納金の納付に支障があるような場合には、暫定的な対応として、相続財産管理人の選任を申し立てることも考えられます。

相続放棄の熟慮期間に関する問題

事 例

　私は、実家を出て東京で生活をしています。父は、実家で一人暮らしをしていましたが、2年前に亡くなりました。父の生前、私は、唯一の財産である自宅を、実家近くで事業を営んでいる兄に相続させたいと聞いていたため、兄が実家を相続することに反対せず、遺産分割協議もしていませんでした。ところが、最近、地元の金融機関から、兄の事業に関する父の保証債務の履行を求められました。私は、父や兄から保証債務があるなどとは聞いていなかったため、今からでも相続放棄をすることはできるでしょうか。

1　相続放棄の概要

　相続人は、被相続人の相続が開始した場合、自己のために相続の開始があったことを知った時から3か月以内に、単純承認、限定承認または相続放棄をする必要があります（民法第915条第1項）。この3か月間は「熟慮期間」と呼ばれており、被相続人の財産が債務超過である場合など、相続人が被相続人の債務の承継をしたくない場合には、熟慮期間内に、家庭裁判所に対して、相続放棄の申述をする必要があります。

　相続人が家庭裁判所に対して相続放棄の申述をし、これを家庭裁判所が受理すると、その相続に関して当該相続人は、初めから相続人ではなかったものとみなされます（民法第939条、家事事件手続法第39条、同法別表第一

95項）。もっとも、相続放棄の申述をした場合でも、事後的に相続放棄の効力が認められない場合があることには注意を要します。家庭裁判所による相続放棄の申述の受理には、民事訴訟のような既判力がないため、相続放棄後、被相続人の債権者は、相続人に対する訴訟等において、相続放棄の有効性を争うことができるからです。

2 熟慮期間の起算点について

(1) 熟慮期間の伸長請求とその限界

　相続人は、原則として、3か月の熟慮期間内に相続放棄をするかについて判断する必要がありますが、被相続人の財産の状況等が分からないこともあるため、家庭裁判所に対して熟慮期間の伸長を請求することができます（民法第915条第1項ただし書）。しかし、相続放棄の申述や熟慮期間の伸長請求は、相続人が被相続人の財産状況をある程度把握できているからこそ行えるものです。

　これに対して、相続人が被相続人に全く財産がないと思っていた場合や、負債が存在しないと思っていた場合等は、相続人に相続放棄の申述を行おうとする動機が生じにくいといえます。そのため、後日、被相続人の債権者から多額の支払を求められた場合に、相続人が支払請求を免れるために相続放棄をしようとしても、熟慮期間が経過していることがあります。

　そこで、裁判所は、熟慮期間の起算点となる「自己のために相続の開始があったことを知った時」を「被相続人の死亡を知った時」より後にずらすことで、このような不都合な事態を救済しようとしています。

(2) 熟慮期間の起算点に関する最高裁判例

　熟慮期間の起算点に関するリーディングケースは、最判昭和59年4月27日民集38巻6号698頁（以下「昭和59年判決」という）です。昭和59年判決は、原則として、相続人が相続開始の原因である事実及びこれによっ

て自己が相続人となった事実を知ったときから起算するものとした上で、次の場合に熟慮期間の起算点を修正することを認めました。

すなわち、相続人が熟慮期間内に限定承認または相続放棄をしなかったことが、①被相続人に相続財産が全く存在しないと信じたためであり、②被相続人の生活歴、被相続人と相続人との間の交際状態その他諸般の状況からみて、当該相続人に対し相続財産の有無の調査を期待することが著しく困難な事情があって、そのように信じることに相当な理由があるときは、相続人が相続財産の全部または一部の存在を認識したとき、または通常これを認識すべきときから熟慮期間を起算することとしました。

(3) 下級審裁判例による昭和59年判決の緩和

熟慮期間の起算点の例外を認めた昭和59年判決は、相続人が積極財産も消極財産も存在しないものと信じた場合でした。昭和59年判決の射程を狭く解釈すると、相続人が相続財産に積極財産が存在することを認識していた一方で、消極財産は存在しないものと認識していた場合には、例外は認められないことになりそうです。しかし、昭和59年判決に対しては学説上異論もあり、下級審裁判例においても、昭和59年判決の枠組みを維持した上で、結論を緩和するものも複数存在します。

たとえば、①積極財産の財産的価値がほとんどなく、消極財産は全く存在しないと相続人が信じており、そのことについて相当な理由がある場合に、相続放棄の申述を認めた事例（東京高決平成19年8月10日家月60巻1号102頁）、②相続財産に不動産があることは知っていたものの、自らが相続すべき相続財産がないものと信じていたこと、被相続人の相続財産に関する意向、相続人と被相続人の交流状況を考慮して、相続放棄の申述を認めた事例（東京高決平成26年3月27日判時2229号21頁）、③相続人が相続財産の一部を知っていた場合でも、自己が取得すべき相続財産がなく、通常人がその存在を知っていれば相続放棄したであろう相続債務が存在しないと信じており、そのことについて相当な理由があると認められる場合に、相

続放棄の申述を認めた事例（福岡高決平成27年2月16日判時2259号58頁）などを挙げることができます。

　このように下級審裁判例が、熟慮期間の起算点の例外を比較的広く認めているのは、①相続放棄の申述に関する家庭裁判所の手続では、相続人に主張立証を行う機会が十分に保障されていないことや、②相続放棄の申述を受理しないと、相続人が被相続人の債権者から訴訟等を提起された場合に、相続放棄の主張ができなくなる不利益が生じるため、これを避けることにあると思われます。この点に言及する裁判例として、東京高決平成22年8月10日家月63巻4号129頁があります。

3　本件について

　相談者は、父親が死亡した時点で、相続が開始したことや自身が相続人であることを認識するため、現時点では形式的には相続放棄の熟慮期間は過ぎていることになります。しかし、相談者には、①父親と頻繁に交流をしていなかったと思われる事情や、②父親の唯一の相続財産と認識していた自宅不動産を兄が相続したことによって、自らが相続する積極財産も消極財産も存在しないものと認識していたと思われる事情もあるため、相続放棄の熟慮期間の起算点の例外が認められる可能性があります。熟慮期間の起算点の例外が認められる場合、相談者が消極財産の存在を認識したとき、たとえば、金融機関から保証債務の履行を求める通知書を受領したときなどが、熟慮期間の起算点になると考えられます。

共同相続した空き家の
管理・費用に関する問題

事　例

　父の相続が開始してから数年経過していますが、私は、兄弟と遺産分割協議をしていません。父の主な相続財産は自宅くらいで、相続税の申告も不要のため、私も兄弟も相続放棄をする必要も遺産分割をする必要も特に感じていなかったからです。ただ、築年数も古く、空き家となった父名義の自宅をこのまま放置するわけにもいかず、今後どのように管理していくか悩んでいます。空き家の管理に関する法律上のルールについて、教えてください。

1　相続財産の共有

　共同相続が開始した場合、共同相続人は、被相続人の一身に専属したものを除いて、一切の権利義務を承継します。遺産分割協議が成立するまでの間、共同相続人は相続財産を共有することになりますが、共有の法的性質は、民法第249条以下の「共有」と同じものと解されています。空き家の相続に関して、共同相続人間で遺産分割協議が行われていない場合や、他の相続財産との関係で遺産分割協議が紛糾しているような場合には、空き家の共有状態が長期間にわたって継続するため、その管理の方法等が問題になることもあります。

2　相続財産の管理について

　共有されている相続財産の管理方法について、民法の相続編に特別の規定はないため、相続財産の管理は、民法第251条及び同法第252条に基づいて行われることになります。

(1)　保存行為

　共有物の保存行為とは、単に現状を維持する行為を意味し、各共有者は単独で行うことができます（民法第252条第5項）。たとえば、空き家が老朽化している場合に行う修繕行為や、空き家に不法侵入している者に対して明渡しなどを求める行為等が保存行為になります。このような保存行為は、民事法上、行政法上の法的責任や不利益を予防する意味でも重要です。

(2)　管理行為

　共有物の管理行為とは、共有物の現状を維持し、これを利用し、さらに改良してその価値を高めることをいいます。また、共有物の形状や効用の著しい変更を伴わないもの（軽微変更）も管理行為に含まれます（民法第252条1項）。共有者が管理行為をするためには、持分価格の過半数で決定する必要があります（同法第252条第1項）。たとえば、建物の短期（3年以下）賃貸借の締結（同法第602条）や賃貸借契約の解除が管理行為に当たると解されています（同法第252条第4項）。なお、相続の場合、ここでいう「持分」は、法定相続分または指定相続分の割合を意味します。

　空き家の管理を事業者に委託する行為は、主として管理に関する事項であるため、管理行為として行うことができますが（民法第252条第1項、第252条の2）、契約内容の中に処分行為に該当するものまで含んでいるときには、相続人全員の同意が必要になります。なお、実務上、空き家の管理委託契約の中には、所有者全員が委託者になることを求めるものもあります。

(3) 処分行為、変更行為

　共有物を物理的に変更すること（軽微変更を除く）や法律的に処分する行為は、全員の同意が必要となります（民法第251条第1項）。たとえば、空き家の解体、大規模な修繕、長期の賃貸借契約を締結する行為が該当します。特定の相続人が全員の同意を得ることなく処分行為をしたことによって、他の相続人に損害が生じた場合、損害賠償請求を受けることとなり得ます。

　空き家が空き家特措法に規定する「特定空家等」の状態になっている場合、除却命令を受ける可能性がありますが、一部の相続人の所在を特定できないときには、全員の同意を得ることができないため、解体等の除却措置を行えません。このような場合に、空き家特措法第22条第10項に基づく略式代執行が行われることもあり、共有者として把握されている相続人のみが代執行費用を負担させられる可能性があります。

3　相続財産の管理費用の清算方法について

　相続財産の管理費用（固定資産税や水道光熱費等）は、原則として、相続財産の中から支出されます（民法第885条）。しかし、相続財産の中に管理費用に充てられるだけのものがない場合もあるため、この場合は、共同相続人の法定相続分または指定相続分の割合に基づいて、各自がそれぞれ負担することとなります（民法第253条第1項）。

　もっとも、特定の相続人が被相続人の死亡後、空き家を自分用の倉庫代わりに利用しているような場合にまで、空き家の管理費用を他の相続人にも負担させることは、相続人間の公平性を欠くこともあり得ます。このような場合には、空き家を利用している相続人が空き家の使用利益を得ているものとみて、管理費用も負担させることが適当でしょう。

4 本件について

　相談者の父の相続人間では遺産分割協議が行われていないため、空き家は共有状態にあります。空き家の遺産分割を行うことが好ましいところですが、その見通しが立たない場合には、管理不足による不利益を回避するため、当面の対応として、費用面も含めて空き家の管理方法を協議するべきでしょう。また、一部の相続人が被相続人の自宅から遠方に居住しているような場合には、特定の相続人に管理させることが負担となることもあるため、不動産業者等の管理業者に空き家の管理を委託することを協議することも考えられます。

事例
31

空き家を相続させる旨の
遺言と放棄の可否

事 例

　父の遺言書には、長男である私に実家を相続させると記載されていました。父は、死亡するまでの数年間、施設で生活をしていたため、実家は空き家の状態となっていました。父の相続人は私と弟ですが、私も弟も実家は特に必要ありません。私は、現預金等の他の相続財産については相続したいと考えているのですが、どうすればよいでしょうか。

1 遺言による相続

　相続人が複数いる場合、遺産分割協議をして、その帰属を決めることになりますが、被相続人の遺言があるときは、遺言に沿って相続手続を進めていくことになります。ただし、遺言の内容が相続人の期待に反しているときは、共同相続人間で争いになることもあります。

2 特定の財産を相続させる旨の遺言について

　実務上、多用されている遺言は、相続人を指定して、特定の財産等を相続させる旨記載する遺言で、特定財産承継遺言（以下「相続させる旨の遺言」という。民法第1014条第2項）と呼ばれるものです。判例上、相続させる旨の遺言の法的性質については、遺言書の記載から、その趣旨が遺贈と解するべき特段の事情がない限り、遺産分割方法の指定と解されています（最

判平成3年4月19日民集45巻4号477頁。以下「平成3年判決」という）。

　現物分割、換価分割、代償分割のような通常の遺産分割方法の指定の場合、相続が開始されたとしても、権利の移転効は生じないため、当該相続財産の帰属を決めるためには、遺産分割協議を行う必要があります。これに対して、相続させる旨の遺言の場合は、相続による承継を当該受益相続人の意思表示にかからせた等の特段の事情のない限り、何らの行為を要することなく、被相続人の死亡のときに直ちに受益相続人に承継されることになります（平成3年判決参照）。そのため、相続させる旨の遺言がある場合、その対象となった財産は、遺産分割協議の対象から除外されることになります。

3　遺言の利益を放棄することの可否

　遺言がある場合でも、受益相続人は、遺言の利益を放棄すること（遺言の対象となった相続財産を遺産分割協議の対象に戻すこと）ができますが、相続させる旨の遺言も同様に考えられるでしょうか。相続させる旨の遺言に、相続による承継を受益相続人の意思表示にかからせた特段の事情がある場合には、当該受益相続人は、相続による承継をしない旨意思表示をして、当該財産を遺産分割協議の対象に含めることができます。この場合、受益相続人は、他の共同相続人にその旨の意思表示をすれば足ります。もっとも、このような特段の事情がある事例は多くないと思われます。

　問題は、特段の事情がない場合です。権利の放棄は原則として自由であることや、遺贈の放棄（民法第986条）が認められていること等を理由に、民法第986条に準じて遺言の利益を放棄することを認める見解もあります。

　この問題に関する裁判例として、東京高決平成21年12月18日判タ1330号203頁があります。この事案は、遺産分割審判の審理中に、不動産を相続させる旨の遺言の受益相続人が遺言の利益を放棄する旨主張したというものですが、東京高決は、遺言の利益を放棄する旨を主張するだけでは、

当該不動産は遺産分割の対象とならない旨判断しています。このことは、相続させる旨の遺言の受益相続人が、対象となった相続財産の承継を希望しない場合には、たとえ他の相続財産の相続を希望していたとしても、相続放棄するか否かの選択を迫られることを意味します。

　もっとも、相続させる旨の遺言がある場合であっても、共同相続人全員の合意で、遺言と異なる内容の遺産分割協議を行うことまでは否定されないため、受益相続人の希望を実現すること自体は可能です。この場合、受益相続人は、相続開始と同時に遺言によって対象財産の権利を取得したとみた上で、受益相続人が遺言によって取得した対象財産を、他の共同相続人の取得すべき遺産と交換したり贈与したりして遺産分割協議を行ったものと考えることになります（東京地判平成13年6月28日判タ1086号279頁など参照）。

4　本件について

　本件の遺言には、相談者に実家を相続させる旨記載されているのみであるため、相続開始と同時に、相談者に実家の所有権が承継されることになります。そのため、相談者としては、①実家の所有権を遺言によって承継した上で売却をするか（その他の遺産は弟と遺産分割する）、②弟との間で実家も遺産分割協議の対象に含めた上で、実家を売却して換価代金を分割することが考えられます。

空き家の所有者が
行方不明の場合の遺産分割協議

事 例

　祖母が居住していた建物は、祖母名義のまま空き家になっています。祖母の相続人は、私の父を含む兄妹5人ですが、そのうち一人は連絡先も分からず行方不明となっています。私の父は、兄妹と空き家の遺産分割協議をせず亡くなりました。私は、空き家が老朽化しており、昨今の風水害の被害も受けているため、早急に遺産分割協議をしておきたいと考えています。どのような方法で遺産分割協議をすることが考えられるでしょうか（なお、本件では相続放棄の可能性はないものとする）。

1　行方不明者がいる場合に生じる問題

　相続が発生しているにもかかわらず、遺産分割協議や相続登記が行われずに放置されている空き家が問題となっています。この中には、遺産分割協議が行われないまま二次相続が発生していることもあり、孫の世代が相続人となる場合には、相続人数が増えるだけでなく、人間関係も希釈化され、行方が分からないこともあります。遺産分割協議は相続人全員で行う必要があるため、行方不明者がいると遺産分割協議を行うことができません。他方で、遺産分割をせずに老朽化した空き家を放置すると、民事上の不法行為責任や行政上の法的責任を追求される可能性があります。

　本事例では、相続人の中に行方不明者がいる場合、どのように遺産分割協議を行うかを検討します。

301

2 行方不明者がいる場合に取り得る手段

(1) 失踪宣告

　相続人の中に生死不明の行方不明者がいる場合に、その行方不明者を除いて行った遺産分割協議は無効となります。もっとも、不在者の生死が7年間明らかでない場合には、法律上の利害関係人の請求によって、家庭裁判所は、当該不在者の失踪宣告をすることができます（民法第30条）。失踪宣告を受けた者は、7年間の期間が満了したときに死亡したものとみなされます（同法第31条）。共同相続人は遺産分割協議を行う必要があるため、法律上の利害関係人として、失踪宣告の請求をし、行方不明者を除いた相続人の間で、またはその相続人との間で遺産分割協議を行うことができます。

(2) 不在者財産管理人

　行方不明者の生死不明の状態が7年経過していない場合には、不在者財産管理人の選任を申し立てることが考えられます。この制度は不在者が財産の管理人を置かなかったときに、家庭裁判所が利害関係人等の申立てによって、不在者財産管理人を選任する制度です。不在者財産管理人には、実務上、弁護士や司法書士のような士業が選任されることが多いと思われます。

　不在者財産管理人は、管理行為や保存行為を自らの判断で行えるほか、家庭裁判所の許可を得て処分行為を行うこともできます（民法第28条）。ここにいう処分行為には、遺産分割協議、相続放棄の申述、不動産の売却等が含まれます。

　不在者財産管理人の申立ての際に、不在者財産管理人の報酬等に充てるため、予納金が30〜50万円程度求められる場合もありますが、事案によっては免除や減額をされる場合もあるため、申し立てる前に家庭裁判所に問い合わせることが必要となります。

⑶　高齢者職権消除による方法

　失踪宣告とは別に、「高齢者職権消除」と呼ばれる制度があります。この制度は、年齢的にみて、明らかに死亡していると思われる所在不明の高齢者について、市町村が職権で、当該高齢者の戸籍に死亡したものと記載する制度です（戸籍法第44条第3項、同法第24条第2項）。ただし、この記載の効力は戸籍上のものに限られ、民法上、死亡したものとは扱われません。そのため、高齢者職権消除が行われたことを理由に、行方不明者を除いて遺産分割協議を行っても、その遺産分割協議は無効となるため、注意が必要です。

3　不在者財産管理人と遺産分割協議

⑴　権限外行為許可が必要な行為

　上記2⑵のとおり、不在者財産管理人が遺産分割協議を成立させるためには、家庭裁判所の権限外行為の許可を得る必要があります。実務上、不在者財産管理人は、共同相続人との間で協議を行い、遺産分割協議案がまとまった段階で、遺産分割協議書案を添付して、権限外行為の許可の申立てをしているものと思われます。なお、理論的には、遺産分割協議の交渉を行うことは、財産の保全を図るために行うという意味で保存行為と評価することができます。

　遺産分割は調停や審判で行われる場合もありますが、調停は当事者間の合意で成立するため、権限外行為の許可が必要であるのに対し、審判は裁判所の職権で行われるものであるから権限外行為の許可は不要です。

⑵　遺産分割協議の内容の合理性

　遺産分割協議を行う際の家庭裁判所の審査は、不在者の権利や利益を不当に害するものでないかという観点から行われます。不在者が遺産分割協議に参加していれば、少なくとも法定相続分を相続したと考えられるため、不在者の法定相続分が確保されているかどうかが基準になるものと考えら

れています。また、不在者の権利を保護するという観点から、形式的に法定相続分が確保されているかだけでなく、実質的に不利益が発生しないかも含めて審査されることになります。たとえば、老朽化した空き家を不在者に単独で相続させることは、価値の低い財産を相続させるだけでなく、不在者に民事上や行政上の法的責任を転嫁するものとも考えられるため、不在者の権利や利益を不当に害すると判断されることもあり得ます。家庭裁判所の適切な審査・指導が期待されるところですが、実際の審査の場面では、遺産分割協議の内容の合理性について、家庭裁判所が実態にどこまで踏み込めるかは別の問題として残ります。

　また、不在者が空き家を相続する旨の遺産分割協議を行うことは、当該協議後も空き家の管理を継続する必要が生ずるため、不在者財産管理人にとっても相当な負担となります。また、相続後に空き家の取壊しや売却を行おうとする場合には、改めて権限外行為の許可が必要となるため煩瑣です。

　このような事情もあるため、不在者に空き家を相続させる遺産分割協議の合理性は、消極的に評価されるものと考えられます。

(3)　遺産分割の方法について

　上記のとおり、不在者に空き家を相続させることには、様々な問題があります。そこで、共同相続人としては、遺産分割協議において、空き家を売却して、その代金を共同相続人間で分割することが考えられます。この場合、遺産分割協議の権限外行為の許可の中で売却の審査も行われます。しかし、空き家の売却が困難である場合や、実家の売却に同意しない共同相続人がいる場合も十分に想定されるため、このような場合には、帰来時弁済型の遺産分割を行うことが考えられます。

　制度解説編の**第6章**で述べたとおり、帰来時弁済型の遺産分割とは、遺産分割の時点では、不在者に具体的な財産を相続させず、不在者が帰来した場合に、共同相続人から当該不在者に対して代償金を支払わせる遺産分

割の方法です。もっとも、帰来時弁済型の遺産分割を行うためには、①不在者が帰来する可能性が低いこと、②失踪宣告による相続発生を回避するために直系卑属がいないこと、③共同相続人が代償金を支払える資力を十分に有していることが必要と解されています。また、令和3年の民法改正によって、不在者財産管理人は、管理財産を供託することによって管理すべき財産がなくなったときに、管理業務を終了することができるようになりました。そのため、今後、不在者財産管理人は、遺産分割協議において代償金を取得し、これを供託するようになるものと考えられます。

　なお、換価分割や帰来時弁済型の遺産分割ができない場合には、民事法上や行政法上の法的責任を避けるため、共同相続をした上で各自の費用負担で空き家の取壊しをすることも考えられます。この場合には、遺産分割時と取壊し時に権限外行為の許可をそれぞれ得る必要があります。

4　本件について

　本件では、行方不明者の生死不明の期間が7年以上経過している場合は、失踪宣告の申立てを行い、他の共同相続人間で遺産分割協議を行うことになります。一方、失踪宣告の申立てができない場合には、不在者財産管理人の選任を申し立て、当該管理人との間で遺産分割協議を行うことになります。この場合、換価分割等の遺産分割を行うことが考えられますが、このような分割ができない場合には、共同相続した上で、各自負担のもとで取壊しをすることも検討することになるように思われます。

空き家と祭祀承継財産を
承継する際の留意点

事 例

　私は、父が他界したため、相続処理を進めようと考えています。父には、空き家となった実家の建物の他に特に財産はありませんでした。実家の中には仏壇等が残されており、父が管理していましたが、実家の近くに居住する親戚（相続人ではない）から、今後は親戚家族において管理するといった話も聞いています。空き家の中にある仏壇や仏具等を引き取るに当たって、どのようなことに留意するべきでしょうか。

1　祭祀承継財産の承継

　空き家が発生する原因の1つとして、相続人が被相続人と離れて生活していることが挙げられますが、被相続人の相続処理に当たっては、被相続人が居住していた空き家を含む相続財産の取扱いだけではなく、空き家の中に残された祭祀承継財産の取扱いも決めておく必要があります。

　祭祀承継財産とは、系譜、祭具、墳墓のような祭祀に関する財産のことをいいます。祭祀承継財産は相続財産には含まれないため、遺産分割の対象とはならず、祭祀を主宰するべき者が承継することになっています（民法第897条第1項）。

　祭祀の主宰者は、①被相続人による指定（遺言に限らず口頭でも可能）、②慣習による指定、③家庭裁判所の審判による指定の順に決定されることになりますが、合意に基づいて主宰者を決定することもできます。

　祭祀の主宰者を決定する慣習というと、「長男が家を継ぐ」といったものが想起されますが、ここでいう「慣習」は、現行民法が施行されてから新たに育成された慣習と解されており、「長男が家を継ぐ」といったものは「慣習」には含まれません。そのため、被相続人が祭祀承継者を指定していない場合は、関係者による合意か調停・審判を通じて決定することになります。祭祀承継者をめぐって紛争に発展する事案としては、相続発生後も、遺産分割協議や祭祀承継者を決定する協議等が行われないままの状態が続いており、相続人ではない親族が法事等の行事を取り仕切っているような事案が想定されます。

　このような事案において、家庭裁判所は、祭祀承継の主宰者は被相続人と緊密な生活関係・親和関係にあって、被相続人に対する慕情、愛情を最も強く抱く者にするべきとの基準を用いて、①承継候補者と被相続人との間の身分関係や事実上の生活関係、②承継候補者と祭具等との間の場所的関係、③祭具等の取得の目的や管理等の経緯、④承継候補者の祭祀主宰の意思や能力、⑤その他一切の事情（利害関係人全員の生活状況及び意見等）を総合して、祭祀承継者を判断しています。明示的な合意がない場合でも、被相続人と相続人との関係が疎遠になっている場合や、相続人ではない親戚等が法事等の行事を継続して行っている場合には、祭祀承継者を相続人ではない者とする黙示の合意があったと評価される場合もあります。

　ところで、祭祀承継財産の承継者が相続人以外となった場合、相続人からの空き家の所有権に基づく撤去請求と、祭祀承継者からの祭祀承継財産の所有権に基づく引渡請求とが緊張関係に立つことになります。近年、空き家の管理責任が指摘されるようになったことに起因して、遠方に存在する空き家の処分や祭祀承継財産を移動させることを検討する機会も増えており、今後、このような紛争も増加する可能性があります。

2 祭祀承継と相続の留意点

　祭祀承継財産は相続と異なるルールに服するため、相続放棄をしても祭祀承継財産を承継することはできます。近年は、祭祀承継財産を改葬等の手続を踏んで移動させることも増えていますが、祭祀承継財産を移動させる一環で、相続放棄前に空き家の取壊しや売却等を行うと、法定単純承認（民法第921条第1号）に該当するため、相続放棄を検討している場合には留意が必要です。なお、屋根や外壁の補修等の保存行為の限度であれば法定単純承認事由とはなりません。

3 本件について

　相談者が祭祀承継財産の承継を希望するのであれば、親戚との間で、仏壇等を誰が所有するか、どこに仏壇を設置するかといった事項を協議する必要があります。親戚との間で協議や調停が成立しない場合には、家庭裁判所の審判による必要があるため、上記1の①〜⑤の事情を積極的に主張立証する必要があります。

　なお、仏壇等を承継する場合でも、相続放棄を検討している場合には、法定単純承認事由に該当しないように、相続放棄の前後を通じて空き家の取壊しや売却その他処分行為を行わないように留意する必要があります。

成年被後見人が所有する
空き家の処分問題

事 例

　母は、父の死後、自宅で一人暮らしをしていましたが、認知症の程度が
ひどくなったため、福祉施設に入居してもらうことを検討しています。
私は、母の成年後見人に選任され、日常の世話も含めて対応しています
が、母の預貯金も目減りしており、福祉施設に要する費用をどのように
確保するか考えています。次のような方法を考えていますが、法律上ど
のような問題がありますか。
【1】 空き家となる母名義の土地と建物を売却する
【2】 空き家となる母名義の土地と建物を担保に融資を受ける

　また、母の相続発生後、相続した空き家を処分する場合の税務上の留
意点はありますか。

1　成年後見人による空き家の管理

　空き家が発生する契機として、認知症を患っている高齢の単身者が自宅
を出て福祉施設に入居するような場合が挙げられます。認知症の高齢者に
は、その親族が成年後見人に選任されている場合があり、成年後見人は、
成年被後見人のために、空き家を含む財産管理を行うことになります。
　本事例では、成年被後見人が所有する空き家を処分して生活資金を確保
する方法を検討します。

2 成年後見人の権限と居住用不動産の処分

　成年後見人は、成年被後見人のために、財産行為に関する包括代理権を有しています。成年被後見人が所有する不動産を売却することもできます。もっとも、成年被後見人の所有する不動産が「居住の用に供する建物又はその敷地」（以下「居住用不動産」という。民法第859条の3）に該当する場合には、家庭裁判所の許可を得る必要があります。仮に、成年後見人が家庭裁判所の許可を得ることなく、居住用不動産の処分を行った場合、当該処分は無効となります。

　居住用不動産を処分するために、家庭裁判所の許可が要件とされた趣旨は、本人の居住環境の変化がその心身及び生活に与える影響の重大さを考慮することにあります。居住用不動産の該当性は、この趣旨を比較的広く及ぼし、①本人が生活の本拠として現に居住の用に供している不動産、②過去に本人の生活の本拠として居住の用に供していた不動産、③将来において生活の本拠として居住の用に供する可能性がある不動産が含まれると解されています。そのため、成年被後見人が老人ホーム等の福祉施設に入居する前に居住していた建物であっても、居住用不動産に当たる場合があります。

　なお、成年後見人による家庭裁判所に対する許可申請は、売買契約締結前の契約書案が決まった後か、売買契約（家庭裁判所の許可によって効力が生じる旨の停止条件付）を締結した後のいずれかの時期に行われることになります。

3 具体的な検討

(1) 居住用不動産を売却する場合

　居住用不動産を売却しようとするときに、成年被後見人が現預金を一定程度有している場合、不動産を売却して現金化する必要がないことを理由

に、売却の必要性が否定されることがあります。もっとも、不動産は換価するまでに時間を要することもあるため、売却を否定することがかえって成年被後見人の生活に悪影響を与える可能性もあります。また、成年被後見人が居住用不動産に戻る可能性が低いときには、成年被後見人に与える不利益が低いこともあるため、現預金残高が一定程度あったとしても、売却の必要性が認められる可能性があります。成年後見人としては、居住用不動産を売却する理由を具体的な事実関係（老人ホームの入居費用を支払う必要性など）に基づいて、家庭裁判所に丁寧に説明する必要があります。

　親族の成年後見人が居住用不動産を売却しようとする場合に、家庭裁判所が職権で後見監督人を選任することがあります（民法第849条）。後見監督人には、弁護士や司法書士等の専門家が選任されることが一般的です。これは、専門家の意見を確認することで、居住用不動産の処分の適切さを担保することに目的があります。

　また、居住用不動産の売却額は比較的高額になるため、親族による代金の使い込み等を防止する必要があります。そこで、親族である成年後見人とは別に、後見支援信託※のために専門職の成年後見人を選任し、後見支援信託契約を締結させることがあります。

※「後見支援信託」とは、成年被後見人の財産のうち、日常的な支払をするのに必要十分な金銭を後見人に預貯金等として管理させ、通常使用しない金銭を信託銀行等に信託する仕組みのことをいいます。

(2) 　居住用不動産に抵当権を設定する場合

　成年後見人が、成年被後見人のために現金を確保する方法として、リバースモーゲージを利用することが考えられます。リバースモーゲージとは、自宅等の不動産を担保にして、金融機関から金銭消費貸借契約に基づいて貸付けを受け、借主が死亡したときに、当該不動産を処分して債務を弁済する仕組みのことをいいます。なお、貸付条件については、金融機関によって諸条件が異なるため、個別に確認する必要があります。この仕組みに

よれば、居住用不動産に抵当権を設定することになるため（**図表7**①）、成年後見人は、家庭裁判所の許可を得る必要があります（民法第859条の3）。

図表7 リバースモーゲージのイメージ

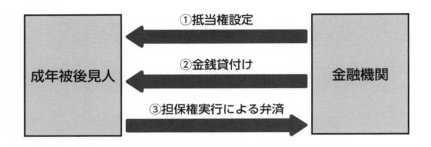

リバースモーゲージは、年金以外に収入のない高齢者でも一定の収入を確保できるほか、自宅に死亡するまで居住でき、定期的な返済を行う必要性もない点において、メリットがあります。しかし、リバースモーゲージは、貸付限度額が不動産評価額の一定限度になることや、3大リスク（①長寿命のリスク、②不動産価値の下落リスク、③金利変動のリスク）もあるため、自宅に戻る予定があるような場合を除いて、売却が選択されることが多いように思われます。一方で、低額ではない一時金が求められる老人ホーム等に入居するために、まとまった資金需要はあるものの、売却までに時間を要するような場合には、リバースモーゲージは有効な手段になり得ると思われます。

近年は、空き家問題等に関心のある地方の金融機関を中心に、一般社団法人移住・住みかえ支援機構（以下「JTI」という）と連携した「賃料返済型リバースモーゲージローン」と呼ばれる商品も提供されています。このローンの仕組みは、次のスキーム図のように、成年被後見人がJTIに対して、転貸を前提として居住用不動産を賃貸し、JTIに対する賃料債権に担保権を設定するなどして貸付けを受けるというものです。

図表8 賃料返済型リバースモーゲージローン

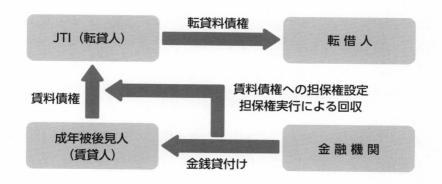

　図表8のとおり、成年被後見人は不動産をJTIに賃貸することになるため、このローンを利用する場合には、成年後見人は、家庭裁判所の許可を得て賃貸する必要があります。このローンの利用後に成年被後見人が死亡した場合でも、通常のリバースモーゲージとは異なり、居住用不動産そのものが処分されることはないため、親族等の関係者から比較的理解を得やすいと思われます。

4　空き家の譲渡取得の3,000万円特別控除

　空き家の発生を抑制するため、平成28年度税制改正において、被相続人の居住用財産に係る譲渡所得の特例（以下「相続空き家の特例」という）が創設されました。この改正は、相続または遺贈によって取得した家屋やその敷地等を譲渡し、一定の要件を満たすときに、居住用財産を譲渡した場合の3,000万円の特別控除の特例を受けられるようにするための改正でした。平成28年度税制改正当時の相続空き家の特例は、適用対象となる「被相続人居住用家屋」を相続開始の直前において当該相続または遺贈に係る被相続人の居住の用に供されていた家屋としていたため、被相続人が相続開始の直前に老人ホーム等に入居していたような場合に対象から外れる不

都合がありました。そこで、平成31年度税制改正によって、①被相続人が介護保険法に規定する要介護認定等を受け、かつ、相続開始の直前まで老人ホーム等に入所していた場合や、②被相続人が老人ホームに入所したときから相続開始の直前まで、その家屋について、その者による一定の使用がなされ、かつ、事業用、貸付用、またはその者以外の者の居住用に供されたことがない場合にも、相続空き家の特例の適用を受けられることになりました。

　また、相続空き家の特例は、相続または遺贈によって取得をした空き家を譲渡するときまでに、家屋を耐震改修（すでに耐震性がある場合は不要）または除却を行った場合のみが対象とされていました。そこで、令和5年度税制改正によって、令和6年1月1日以降の譲渡については、譲渡の時から譲渡の日の属する年の翌年2月15日までに家屋の耐震改修または除却工事を行った場合も対象とすることになりました。この場合、売主が相続空き家の特例を利用するためには、買主において耐震改修や除却を行う必要があるため、売主としては、売買契約書に買主の責によって相続空き家の特例を受けられなかった場合の損害賠償責任を規定する等の対応を検討しておく必要があります。

空き家の相続登記に関する問題
－相続登記の義務化－

事 例

　不動産登記法上、相続登記が義務化されることになりましたが、次の
ような事例の場合に、どのような影響がありますか。
【1】他の相続人が相続放棄をしている場合
【2】数次相続が発生している場合
【3】代襲相続が発生しているが自らは相続人にならないと誤解していた
　　場合

1　検討の視点

　不動産の共同相続が発生すると、遺言がない限り、遺産分割協議が成立
するまでの間、相続人が不動産を法定相続分で共有することになります。
一方で、相続の発生から遺産分割協議が成立するまでに時間を要すること
もあるため、不動産の共有状態を登記で公示することが好ましいといえま
す。もっとも、令和3年の不動産登記法の改正まで、相続登記は義務化さ
れていなかったため、相続登記が行われず、登記簿を確認しても誰が相続
人であるかを把握できない問題がありました。また、遺産分割協議が行わ
れないうちに、数次相続が発生して相続人が多数になり、相続人の調査に
多大な労力を要する事例も発生していました。

　このような問題を解決するため、令和3年4月21日に不動産登記法が改
正されることになりました。この改正は、所有者不明土地問題を背景とし

た改正ですが、空き家の相続が発生した場合にもあてはまるものです。

　本事例では、不動産登記法の改正によって、どのような影響が生じるかを検討します。

2　相続登記の申請義務化に関する改正の概要

(1)　基本的な仕組みと施行日

　相続登記の申請義務は、①基本的な義務と②追加的な義務から構成されています。この改正については、令和6年4月1日から施行されていますが、施行日前に生じた相続にも適用されることになっています。後述する3年間の登記申請の履行期間の起算点は、令和6年4月1日と改正法の要件を充足した日のいずれか遅い日とされていますので留意が必要です。

(2)　基本的な義務

　相続人が相続によって不動産の所有権を取得した場合、当該相続人は、自己のために相続の開始があったことを知り、かつ、当該所有権を取得したことを知った日から3年以内に、相続登記の申請を行う必要があります（不動産登記法第76条の2第1項前段）。相続開始の事実に加えて、所有権を取得したことを知った日も要件とされているのは、相続が開始していることを認識していても、被相続人が不動産を所有していたことを認識していない場合があることを考慮したものです。

　上記の起算点から遺産分割協議が3年以内に成立すれば遺産分割協議の内容どおりに相続登記を行うことで足りますが、この期間内に遺産分割協議が成立しない場合には、暫定的に法定相続分で相続登記をすることになります。法定相続分での相続登記は、保存行為の一種として相続人が単独で申請することができます。もっとも、申請時に被相続人の出生から死亡するまでの謄本やすべての相続人の謄本等を提出する必要があるため、相続人が多数になる事案においては、謄本等の書類を収集するだけでも少な

くない労力を要します。

そこで、相続登記をより容易に行うことができるように、申出をした者が被相続人の相続人であることを所有権の登記に付記することによって、相続が生じていることを報告的に公示するための制度として、相続人申告登記が新設されました（不動産登記法第76条の3第1項）。このような目的の制度であるため、相続人申告登記の申請時の書類は、相続登記の申請に比べて大幅に簡略化されることになります。相続人申告登記が行われると、相続人は自身の基本的な義務を履行したものとみなされます（同条第2項）。

(3) 追加的な義務

遺産分割協議によって相続人の一人が単独所有することになった場合のように、所有権の取得者が確定した場合、そのことを登記簿に反映する必要があります。そこで、基本的な義務と同様に、遺産分割が成立した日から3年以内に相続登記の申請を行わなければならないものとされました（不動産登記法第76条の2第1項）。

また、遺産分割協議が成立するまでの間に、法定相続分で相続登記や相続人申告登記が行われている場合には、遺産分割協議の内容を登記に改めて反映させる必要があります。そこで、法定相続分で相続登記が行われている場合に、遺産分割によって法定相続分を超えて所有権を取得した者は、遺産分割の日から3年以内に相続登記の申請を行うものとされました（不動産登記法第76条の2第2項）。これに対して、相続人申告登記では権利変動が公示されていないため、相続人申告登記の申請をした者は、遺産分割協議によって所有権を取得した場合、法定相続分を超えて所有権を取得したかどうかにかかわらず、遺産分割の日から3年以内に相続登記の申請を行うものとされました（同法第76条の3第4項）。

(4) 制裁の内容

相続登記の申請義務を負う者がこれを怠った場合、正当な理由がない限

り、10 万円以下の過料に処するものとされています（不動産登記法第 164 条）。ここでいう正当な理由には、数次相続が発生して相続人が多数いるため、資料の収集に時間を要するような場合等が含まれると考えられています（法務省民二第 927 号令和 5 年 9 月 12 日「民法等の一部を改正する法律の施行に伴う不動産登記事務の取扱いについて（相続登記等の申請義務化関係）（通達）」）。

3 小問の検討

(1) 小問【1】：他の相続人が相続放棄をしている場合

共同相続が開始すると、相続人は遺言がない限り法定相続分で不動産を共有することになりますが、相続人の一部が相続放棄をすると、はじめから相続人ではなくなるため（民法第 939 条）、相続開始のときから相続放棄をした者を除いた法定相続分で不動産を共有していることになります。そうすると、相続放棄が行われた場合に、いつの時点を登記の履行期間の起算点とするのか問題となります。客観的な権利関係を登記簿に反映させることを相続人に求めることからすると、不動産登記法第 76 条の 2 第 1 項に規定する「当該所有権を取得したことを知った日」とは、相続放棄が行われたことを知った日になるものと考えられます。

また、相続放棄の前に相続放棄をした者の法定相続分も含めて相続登記の申請が行われていた場合、客観的な権利関係と登記の内容が一致せず、相続登記の申請義務が履行されていないことになります。もっとも、上記のような相続登記が行われたことによって、相続人の権利の公示という目的は一定程度達成されたと考えることもできます。そこで、このような場合には、登記申請人に正当な理由があることを理由に過料の対象から除外しようとする見解もあります（山野目章夫「土地法制の改革　土地の利用・管理・放棄」（有斐閣、2022 年）96〜97 頁参照）。

⑵　小問【２】：数次相続が発生している場合

　相続登記義務の起算点は、上記のとおり相続人の認識を基準としていますが、数次相続が発生している場合に、自己のために相続の開始があったことを知り、かつ、当該所有権を取得したことを知った日を、誰の認識を基準にして判断するのか問題となります。

　現在の相続による権利関係を登記に反映させる目的からすると、履行期間の起算点は、現在の相続人の認識を基準にして判断するのが相当です。具体的には、現在の相続人が過去の被相続人と自らの被相続人が死亡して相続が開始していること、数次の相続によって自らが不動産の所有権を取得することを知った日を基準に判断することになります。

⑶　小問【３】：代襲相続が発生しているが自らは相続人にならないと誤解していた場合

　代襲相続が発生している場合でも、相続人の中には、法律の知識不足等によって自らが相続人になっていることを認識していない者もいます。このような場合にも、いつの時点から３年間を起算するか問題となります。不動産登記法が登記申請を実際に行える状況を想定して「所有権を取得したことを知った日」と規定したことからすると、法律の不知の状態が解消され、自らが相続人として不動産の所有権を取得したことを具体的に認識した日から３年間を起算するべきと考えられます。

空き家となった借家契約を
終了させる場合の留意点

事　例

　私は相続した建物を所有していますが、その建物は築後70年以上経過した木造の建物で傾いています。現在、当該建物に入居者はおらず、私とは面識のない方が以前から物置として利用しています。毎月、低廉な賃料が振り込まれていますが、建物も危険な状態であるため、補助金等を使って取り壊したいと考えています。賃借人との借家契約を終了させるに当たっての留意点を教えてください。

1　借家契約と適用法の関係

　借家は、居住目的のように、特定の目的をもって使用されるのが通常ですが、居住目的で契約が締結されていたにもかかわらず、現在は物置等として利用されているなど、当初とは異なる目的で利用されているものも存在します。このような借家は、老朽化しているにもかかわらず、管理自体が曖昧になっていることもあるため、建物の現在の所有者が、予期せず民事上の責任や行政上の責任を負うリスクもあります。このようなリスクを避ける方法の1つとして、建物の取壊しを見据えて借家契約を終了させることが考えられます。

　借家契約には、民法の特則である借地借家法が適用されます。借地借家法は、平成4年8月1日から施行されており、施行前に締結された契約であっても適用されますが（借地借家法附則第4条）、同法施行前にされた借家

契約の更新拒絶の通知や解約申入れについては、旧借家法が適用されます（借地借家法附則第12条）。

　建物が老朽化し、空き家となっている状態の借家契約の中には、平成4年以前から賃貸されているものも存在します。また、契約締結当時の賃貸人及び賃借人のいずれにも相続が発生している場合には、現在の契約当事者が契約内容を把握しておらず、契約書等の証拠も有していないこともあります。このようなときは、旧借家法が適用されるとしても、そもそも契約内容を特定すること自体に困難を伴うことがあります。

　このような場合に、契約当事者間で合意解約ができれば問題ありませんが、合意に至らない場合には、調停申立てや訴訟提起を見据えて、解約申入通知を契約終了日から6か月前までに送付することになるものと思われます。そこで問題となるのが、旧借家法第1条の2に規定する「正当ノ事由」の有無です。

【参考】旧借家法第1条の2〔賃貸借の更新拒絶又は解約申入の制限〕

　建物ノ賃貸人ハ自ラ使用スルコトヲ必要トスル場合其ノ他正当ノ事由アル場合ニ非サレハ賃貸借ノ更新ヲ拒ミ又ハ解約ノ申入ヲ為スコトヲ得ス

2　建物老朽化事例における解約申入れの正当事由について

　旧借家法第1条の2に規定する「正当ノ事由」は、借地借家法第28条に規定する「正当の事由」の解釈や判断とおおむね同様であり、賃貸人及び賃借人が建物を使用する必要性を基本的要素として、これら以外の事情（立退料の支払等）を補充的要素として判断することになります。そうすると、賃貸人に建物を使用する必要性自体がない場合には、正当事由が認められないことになりますが、建物が老朽化している場合は異なる考慮が必要です。

　旧借家法下の裁判例においては、建物が倒壊する現実的な危険性がある

場合や、衛生面等で周辺住民に具体的な害悪を及ぼしているような場合には、たとえ賃貸人に建物を使用する必要性がなくても、正当事由の存在が認められています（最判昭和29年7月9日民集8巻7号1338頁等）。また、建物は老朽化しているものの、危険や害悪が生じているとまでは認められない場合には、賃貸人が建物の取壊しを求める必要性と、賃借人が建物を使用する必要性を比較衡量して判断することになります。

　本件においては、建物自体は倒壊する現実的な危険があるとまでは認められないように見受けられますが、賃借人は当該借家を、物置・倉庫代わりとして使用しているにとどまるため、賃借人が当該建物を使用する必要性は必ずしも高くありません。そのため、正当事由は比較的認められやすいと考えられます。もっとも、賃貸人に建物を取り壊す必要性がある場合であっても、賃借人に所有物等を移動させて当該借家から退去させる必要もあるため、立退料の支払による補充が必要になることもあると考えられます。

　また、老朽化によって入居募集を停止しており、1室以外は空き室となっているような共同住宅の場合、空き家状態になっていることは、当該入居者との関係では重視されません。たとえば、築後75年を経過し、耐用年数を大幅に経過した木造建物の明渡しが求められた事例においては、賃借人が転居することが容易でないこと等を理由に、立退料の支払なしに正当事由を認めることはできない旨判示されています（東京地判平成29年5月11日判決）。

　なお、裁判において、立退料を支払うことによって正当事由の存在が認められ、賃貸人にも一定の立退料の支払意思があるような場合には、立退料の支払と明渡しとが引換給付の関係に立ちます。

3　明渡請求訴訟と正当事由の判断基準時について

　賃貸人が賃借人に対して解約申入れをする場合、正当事由は、解約申入

れをしたときに具備していることが理想的ですが、必ずしもその時点にお
いて満たしている必要まではないと考えられています。明渡交渉がまとま
らず、賃貸人が賃借人に対して明渡請求訴訟を提起し、その間に正当事由を
具備した場合には、解約申入れは、訴訟係属中も黙示的・継続的に行われて
いるものとして、正当事由を具備した時点から6か月を経過した時点で借家
契約は終了することになります（最判昭和41年11月10日民集20巻9号1712
頁）。

土地の所有者が借地上の
建物を取り壊す場合の方法

事 例

　私は、父から相続した土地を所有しています。その土地は、祖父の代にＡという方が借りており、数年前までＢという方が住んでいたと父から聞いていました。現在、借地上の建物はＡ名義で登記されたままであり、物置として利用されているようです。ある日、私の自宅に、その土地が所在する市役所から空き家特措法に基づく助言の通知が届きました。借地上の建物は、昨今の風水害で倒壊のおそれがある状態となっているようです。私には、その土地を使用する予定はなく、建物の倒壊の危険もあるため、土地を更地にしておきたいと考えています。借地上の建物を取り壊す場合、どのような方法が考えられますか。

1　借地人が行方不明時に生じる問題

　土地の賃貸人は、借地上の建物の所有者が行方不明になっており、借地上の建物が保安上の危険な状態にあったとしても、建物に対する管理権限を有していないため、原則として、自ら建物を取り壊すことはできません。また、市町村長は、空き家特措法に基づいて、特定空家等の所有者等に対して除却等の措置を命じる権限を有していますが、建物に対する管理権限を有していない土地の所有者に対して、建物の除却命令を発することはできません。このような建物を放置することは、周囲への危険が増大するだけでなく、不動産の利活用という観点からも妥当ではありません。

2 借地上の建物の所有者を特定する方法

　建物の所有者は、通常、不動産登記を確認することによって特定できますが、名義人が死亡しても、相続登記がなされないこともあります。このような場合、不動産登記簿の確認だけでは現在の所有者を特定することはできません。また、建物所有目的の借地契約の場合、借地人が自己所有の建物を第三者に賃貸するに当たって、土地賃貸人の承諾は要件とはならないため、実際の居住者と建物の所有者とが一致しないことになります。本件のような土地所有者としては、借地上の建物所有者を特定する作業から始める必要があります。

　本件の建物の名義人はAですが、Bが相談者の祖父や父親に地代を支払っていたことが証拠上認められる場合には、Bが建物の所有者である可能性があります（なお、建物の賃借人が借地人に代わって、土地の所有者に対して地代相当額を支払っている可能性もあります）。Bが建物所有者であるとは限りませんが、Bが地代を支払っていたことは、Bが建物所有者であると判断する有力な事情となります。

　次に、Bの建物に対する権限の範囲を把握するために、Bが建物の所有権を取得した原因も確認しておく必要があります。本件のような事案では、建物の登記名義人がAである原因として、BがAを相続した後に、相続登記をしていないことも考えられます。Aの相続が開始しており、複数の相続人によって建物が共有されている場合、建物を取り壊すためには、建物所有者全員の同意が要件（民法第251条第1項）となるため、Aの相続人調査も行う必要があります。

　Aの相続開始の有無は、Aの住民票の除票等を確認すれば判明します。なお、住民票の除票の保存年限は5年とされていましたが、住民基本台帳法施行令の一部改正によって、平成26年6月20日以降に消除または改製された住民票の除票の保存年限は5年から150年に延長されています。

　Aの戸籍情報を取得できれば、Aの相続人を特定することが容易になり

ます。なお、Bにも相続が開始している可能性があるため、Bの相続開始の有無については、A同様にBの住民票の除票や戸籍の附票を確認する中で判明すると思われます。

　以下では、このような調査を経て、BがAの唯一の相続人（相続放棄をしたと認められる事情はない）であることは判明したものの、Bの連絡先までは特定できなかった場合を想定して、建物を除却する方法を検討します。

3　建物の取壊しを求める方法

(1)　財産管理人を利用する方法

　本件においては、建物に倒壊の危険性があるため、取壊しを前提とした手法を検討する必要があります。Bが行方不明であるため、不在者財産管理人の選任を申立て、不在者財産管理人に借地契約の合意解除及び建物の取壊しの権限外行為許可を得させる方法が考えられます。

　申立人となる土地の賃貸人は、家庭裁判所から予納金の納付を求められることになりますが、建物の除却を前提としているときには、管理人の報酬に加えて、解体費用の見込額も含めた額を納付することが求められる可能性があります。このような方法は、土地の賃貸人が建物取壊費用を負担することを受忍できる場合には、有効な方法となり得ます。また、所有者不明建物管理人や管理不全建物管理人の選任を申し立てる方法も考えられます。もっとも、管理不全建物管理人が建物に関して処分行為を行う場合は、所有者の同意が必要となりますので、本件のような事案では、所有者不明建物管理人の方が有効な方法と考えられます。

(2)　失踪宣告を利用する方法

　Bが行方不明になってから7年を経過している場合には、失踪宣告の申立てをする方法が考えられます。Bの失踪宣告が認められ、Bに相続人が存在する場合には、当該相続人との間で、相続人が建物を取り壊すことを前提と

して、借地契約の合意解除の交渉を行うことになります。一方、Bに相続人が存在しない場合には、相続財産清算人の選任を申し立て、上記(1)の不在者財産管理人と同様の方法をとることになると考えられます。

(3) 建物収去土地明渡請求をする方法

相談者はBに対して、賃料不払等を理由に借地契約を解除し、建物収去土地明渡請求訴訟を提起する方法が考えられます。この場合、Bは行方不明であるため、裁判書類の送達は公示送達によって行われることになると考えられます。賃貸人は、請求認容判決を債務名義にして強制執行をすることになりますが、その費用は、事実上、賃貸人において負担することになります。

なお、相談者は訴状において、借地契約の内容と解除原因を主張する必要があるため、過去の資料を確認して、月額の賃料額や履行遅滞となっている期間等を特定しなければなりません。

ところで、平成4年8月1日以前に成立した借地契約については、旧借地法に規定する建物の「朽廃」による借地権の消滅を主張することも考えられますが、物置として利用されているような場合は「朽廃」と認められる可能性は低いように思われます。

(4) 行政の代執行を要請する方法

市町村長に対して、空き家特措法に基づく略式代執行を要請する方法が考えられます。もっとも、要請を受けたからといって市町村長に応じる義務が生じるわけではないため、実効性は高くありません。また、令和5年の空き家特措法の改正によって、略式代執行を行った場合に、国税徴収法に基づいて費用を回収することができるようになりましたが、Bに換価可能な財産が見込まれない場合には、市町村が略式代執行を適時に行わないことも想定されますので、留意が必要です。

⑸ 小括

　訴訟提起の方法は、時間的・経済的負担が最も重い方法と考えられるため、上記⑴や⑵の方法が選択される可能性が高いと考えられます。建物の取壊しを求めて訴訟提起が行われるのは、⑵のように相続人との間で協議が成立しないような限られた場面になると思われます。

4 空き家の解体費用の補助金を活用する方法

　所有者が老朽化した空き家を取り壊す場合、市町村による補助金を利用できることがあります。補助金を受けられる要件は市町村により異なりますが、その多くは新耐震基準適用前の昭和56年5月31日までに建築された建物であることを要件としています。建物の取壊費用は相当の負担になるため、建物所有者としては、補助金を利用することも視野に入れて対応することが有益です。

賃借人が行方不明の
空き家の残置物件の処理

事 例

　私は、Xに所有建物を賃貸していましたが、ある時期からXの行方が
分からなくなり、連絡もつかなくなりました。その後、賃料の支払も滞
るようになり、半年以上が経過しました。窓ガラスから室内をのぞき見
ると、ガラクタのような物件が散乱していました。いつまでも空き家の
状態にしておくと賃料収入も得られないため、契約を解除したいと考え
ていますが、どのようなことに留意すればよいでしょうか。

　なお、賃貸借契約書には、「賃借人は、賃貸借契約終了時に、当該賃借
物件に残置物がある場合、当該残置物の所有権を放棄して、賃貸人が当
該残置物の処分を行うことを承諾する」旨の特約を付けています。

1　債務不履行解除と賃借人の義務

　借家契約の賃料債務の不履行がある場合、賃貸人は債務不履行を理由に
借家契約を解除し、賃貸物件の原状回復と明渡しを求めることになります。
もっとも、賃借人が行方不明の場合や、賃貸借契約解除の意思を賃借人に
伝えることができない場合には、公示送達（民法第98条）によって通知を
することになります。賃貸借契約は人的信頼関係を基礎にしているため、
解除は信頼関係が破壊されたときに制限されることになりますが、賃料債
務の不履行による解除の場合、3か月程度の不払が信頼関係破壊の基準と
なっています。

2 原状回復義務と残置物を撤去する条項の有効性

　賃借人が原状回復義務を負うにもかかわらず、賃貸物件に自己の所有する物件等（以下「残置物件」という）を残して行方不明になった場合でも、賃貸人は残置物件の所有者ではないため、自らの判断で処分することはできません。この場合、賃貸人は賃借人に対して、建物明渡請求等の訴訟を提起し、債務名義を得た上で、強制執行によって残置物の撤去等を実現することになります。なお、賃借人が行方不明であるため、訴訟資料等の送達は、民事訴訟法上の公示送達（民事訴訟法第113条）によって行われます。これによって訴状に記載された賃貸借契約解除の意思表示が到達したものと扱われ、賃貸借契約の解除が可能となります。

　このような訴訟による権利の実現は時間と費用を要するため、賃貸借契約書中に、契約終了時の残置物件について、賃貸人による処分を認める特約（以下「自力救済条項」という）を定めて対応することがあります。しかし、現行法制上、自力救済は原則として禁止されているため、自力救済条項は、無制限に認められるものではなく、法律に定める手続によったのでは、権利に対する違法な侵害に対抗して現状を維持することが不可能または著しく困難であると認められる緊急やむを得ない特別の事情が存する場合のみ、その必要の限度を超えない範囲で効力を有するものと解されています（最判昭和40年12月7日民集19巻9号2101頁）。

　問題は、この最高裁を前提にするにしても、実際にどのような場合に自力救済条項の有効性が認められるかです。この問題に関して、裁判例においては、①上記最高裁が判示するような「特別の事情」が認められる場合に限って有効と認めるものや（東京地判平成18年5月30日判時1954号80頁等）、②賃借人の占有に対する侵害を伴わない態様における限度で有効と認めるもの（東京高判平成3年1月29日判時1376号64頁等）などがあります。①の裁判例の基準は、相当限定して自力救済条項の有効性を認めるものであり、②の裁判例の基準は、賃借人が自ら賃借物件を放棄することを、所

有権の放棄に準じて扱うことができるとの価値判断があるように考えられます。②の基準によった場合、賃借人が自ら建物から退去した後も、放置された残置物件については、賃貸人が自力救済条項に基づいて搬出等することができると考えられます（上記東京高判参照）。

　これに対して、賃借人が行方不明である場合、そのことのみでは、賃借人の意思は必ずしも明らかではないため、行方不明であることのみをもって、賃借人が賃借物件の占有を放棄したものと直ちに評価することは慎重であるべきと考えられます。行方不明である期間や残置物件の種類・内容等を踏まえて、自力救済条項に基づく残置物の搬出や処分が違法と評価されないように留意が必要です。

3　強制執行と残置物の撤去

　上記2の建物明渡請求等の訴訟において賃貸人が請求認容判決を得た場合、賃借物件の明渡しや未払賃料の回収に向けた強制執行の申立てを行うこととなります。賃借物件の明渡しを求める強制執行に際して、残置物件のような目的外動産は、原則として、賃借人等に引き渡されますが、引き渡すことができなかったものは、執行官が保管し、売却や廃棄をすることになります。もっとも、賃借物件の明渡しを求める強制執行に付随して、目的外動産を処分することもあります。民事執行規則上、3つの手段が設けられていますが、実務的には、即日売却が利用されることが多く、賃貸人が当該残置物を買い受けることによって、自ら処分することもできます。

①　即時売却

　　執行官が明渡しの催告を行うときに、強制執行の実施予定日に債務者等に引き渡すことができない目的外動産が生じた場合に、当該実施予定日に強制執行の場所において売却する旨を決定し、当該決定に基づいて行われる売却（民事執行規則第154条の2第2項）

②　即日売却

強制執行の実施日（断行日）に、債務者等に引き渡すことができない目的外動産が生じ、相当の期間内に債務者等に引き渡すことができる見込みがない場合に、強制執行の場所において執行官によって行われる売却（民事執行規則第154条の2第3項）

③　近接日売却

上記②の場合に、断行日から1週間未満の日に行われる目的外動産の売却（民事執行規則第154条の2第3項）

なお、未払賃料の回収手段として、賃借物件の明渡しを求める強制執行と同時に、残置物件（動産）の強制執行を申し立てることもありますが、残置物件に価値がないため、動産執行自体が奏功しないこともあります。

4　本件について

本件においては、賃借人Xが半年分以上の賃料を滞納しているため、賃貸人は公示送達を利用してXとの賃貸借契約を解除することができます。また、半年以上の長期にわたって行方不明になっていることや、残置物件はガラクタのようなもので価値が低いものと考えられることから、賃借人が自ら残置物件の占有を放棄したものと評価することもできると思われます。この場合、賃貸人は、自力救済条項に基づいて残置物件を撤去することができると考えられます。

もっとも、自力救済条項に基づいて残置物の撤去をすることには一応のリスクがあるため、保守的に対応する場合には、訴訟提起を視野に入れた対応となります。この場合、勝訴判決後に強制執行を行うことになります。

相続開始後の空き家の賃貸と
取得時効に関する問題

事　例

　父は、自宅建物を所有していましたが、20年以上前に亡くなりました。父の死後、しばらく空き家となっていましたが、私が５年ほど前から賃貸を行って賃料収入を得ています。

　父の相続人は、私と兄妹２人の合計３人ですが、兄妹は父の生前から音信不通のため、父の死後、私が自宅建物の修繕管理や固定資産税を支払い続けてきました。ところが、最近になって、兄妹２人が私に賃料を不当に取得しているといって一部の支払を求めてきました。この場合、兄妹２人に賃料の一部を支払わなくてはいけないのでしょうか。

1　相続財産の管理と法定果実の取扱い

　令和３年の不動産登記法改正まで、相続登記が義務化されていなかったため、これが相続開始後も遺産分割協議が行われず、長期間にわたって被相続人名義のままの状態となっている不動産を発生させる要因となっていました。権利関係が不確定の状態のまま事実関係が積み重ねられると、事後的に共同相続人間で財産の清算をめぐって争いになることもあります。

　共同相続人は、遺産分割協議が成立するまでの間、相続財産を共有することになるため、相続財産の管理は、共有物の管理の考え方に従って決定されます。たとえば、賃貸借に関して、①民法第602条に定める期間を超えない範囲の賃貸は管理行為に当たるため、共同相続人は法定相続分の価

格の過半数で決定し、②これを超える期間の賃貸をすることは処分行為に当たるため、共同相続人全員で決定することになります。

　本件のように、共同相続人が３人存在し、かつ、法定相続分の割合も同じである場合には、各人の持ち分が過半数を超えないため、短期賃貸借であったとしても自らの判断で相続財産を賃貸できないことになります。そうすると、共同相続人の一人が、他の共同相続人との協議を経ることなく賃貸したことによって賃料収入を得た場合、不当利得等を理由に、賃料収入の法定相続分相当額の支払義務が生じることになります。

2　取得時効による建物所有権の取得の可否

　共同相続人の一部から賃料収入の法定相続分相当額の支払請求を受けた場合、単独で賃料を収受してきた共同相続人は、相続開始時から20年以上にわたって建物を占有し続けたことを理由に、所有権の時効取得を主張し、当該請求を排斥することはできるでしょうか。

　この問題に関して、共同相続人の一人が単独で相続財産を現実に占有していたとしても、他の共同相続人の共有持分に関する占有は、権原の性質上、客観的にみて所有の意思を欠き、他主占有となるため、所有権を時効取得できないと考えられます。そのため、共同相続人の一人の占有が自主占有として認められるためには、①民法第185条に規定する自主占有の意思があることを表示するか、②新権原に基づいて自主占有を始める必要があることになります。

　しかし、自主占有かどうかの判断は、権原の客観的性質に従って判断されるため、共同相続人の一人が他の共同相続人に対して、単に相続財産を自己のものと意思表示するだけでは足りません（①の否定）。また、相続開始後に単独で使用していたとしても、共同相続を前提とした使用であるため、権原の性質上、自主占有であると認めることもできません（②の否定）。さらに、共同相続人の一人が建物の修繕管理費や固定資産税を支払い続け

ていたことについても、他の共同相続人の存在を前提としているため、修繕管理費や固定資産税の支払の事実のみをもって、自主占有への転換を認めることは難しいと考えられます。

　共同相続人の一人の占有が自主占有として認められるのは、他に相続持分権を有する共同相続人がいることを知らないため、単独で相続権を取得したと信じて当該不動産の占有を始めた場合など、その者に単独の所有権があると信ぜられるべき合理的な事由がある場合に限られます。通常、共同相続人は他にも相続人がいることを認識しているため、自己に単独の相続権があると信じるだけの合理的な事由が認められることは、ほとんどないと思われます。

3　本件について

　相談者は、他の相続人との協議を経ることなく、相続財産の賃貸によって賃料収入を得ていたものと認められるため、他の兄妹に対して、賃料収入の法定相続分相当額の支払義務を負うことになります（相談者が経費を支払っていた場合、賃料収入から経費を控除した額の法定相続分相当額を支払うことになります）。また、父親の相続開始時点以降に、相談者が建物を自主占有していたものと認めるに足りる事情も見出しがたいことから、建物の所有権を時効取得したことを理由に、賃料収入の法定相続分相当額の支払義務を免れることも難しいと考えられます。このような問題が生じたのは、相続開始後も遺産分割協議を怠り、漫然と事実関係を積み重ねてきたことに由来するものです。相続人間の紛争を予防する意味でも、早期に遺産分割協議を行い、権利関係を確定させておくことが望まれます。

空き家の管理を事業者へ
委託する場合の留意点

事 例

　私は、隣市に相続した空き家を所有していますが、隣市まで様子を見に行く時間的な余裕がありません。庭木の雑草等が隣家に迷惑をかけることを防ぐため、空き家の管理を事業者に委託しようと考えています。空き家の管理を委託するときに、どのようなことに留意する必要がありますか。

1 空き家の管理委託契約が求められる理由

　空き家の所有者は空き家と離れた場所で生活していることもあり、空き家を管理する時間的、場所的限界があります。一方で、空き家の管理が十分に行われないと法的責任を負うリスクがあるため、これを予防する必要があります。近年、空き家の所有者のために、空き家の管理を行うサービスが注目されています。このような空き家管理サービスは、比較的低額で行われているため、空き家の所有者にとって費用面でもメリットがあります。

　また、国土交通省は令和6年6月21日に「不動産業による空き家対策推進プログラム」を定め、その一環として「不動産業者による空き家管理受託のガイドライン」を公表しています。

　そこで、本事例では、これらを踏まえて空き家の管理を委託する場合の留意点を検討します。

2　空き家の管理委託契約の主な内容と留意点

(1)　空き家の管理委託契約の性質

　空き家の管理委託契約では、おおむね①空き家の外部または内部からの点検・確認（老朽化、雨漏り、換気等）、②郵便物等の点検・確認、③施錠の有無の点検・確認、④敷地内の雑草や樹木の点検・確認、⑤清掃等を行うことが想定されています。そのため、空き家の管理委託契約は、準委任契約（民法第656条）としての性質を有するものと考えられます。受託事業者は、委託者に対して、これらの各業務を実施した結果を定期的に書面等に基づいて報告することになります。なお、不動産業者による空き家管理受託のガイドラインでは、対象となる空き家について、空き家特措法の「管理不全空家等」や「特定空家等」を除いています。

　また、空き家の管理委託契約において想定されている委託者は、個人の消費者であることから、この場合、空き家の管理委託契約は、消費者契約（消費者契約法第2条第3項）としての性質も有することになります。

(2)　空き家の管理方法の明示

　空き家の管理業務は、上記(1)①～⑤のような業務が想定されますが、具体的な作業内容及び実施方法を管理委託契約書に明記しておく必要があります。たとえば、契約締結前に、契約当事者で物件の状態を確認した上で、管理業務の実施回数や頻度を具体的に定めるほかに、管理業務の実施前後の報告義務を定めることが考えられます。なお、大型台風や地震等の大規模災害の発生に備えて、災害発生前後の点検業務を定めておくことも有益です。

(3)　不動産業者の受領する委託料

　不動産業者による空き家管理受託のガイドラインは、不動産業者、特に宅地建物取引業者が受託業者となることを想定していますが、宅地建物取

引業者が受領する委託料は、宅建業法第46条の報酬規制の対象とならないかが問題となります。この問題に関しては、媒介契約との区分を明確にし、媒介契約とは別に書面等によって締結した契約に基づいて、宅地建物取引業者が報酬を受ける場合、宅建業法の報酬規制の対象とならないと解されています（宅地建物取引業法の解釈・運用の考え方（通達））。建物取引業者に空き家の管理を委託する場合、買主候補者が現れた場合も想定して媒介も依頼することが想定されるため、留意が必要です。

(4) ライフラインの取扱い

　空き家の電気・水道の通電・通水の維持または使用中止をするかどうかは、物件の状況によって変わります。たとえば、排水トラップの封水程度で済むようであれば、受託業者が水を持参すれば足り、水道の使用を中止しても特段問題ないと思われます。また、電気・水道を通電・通水しておく場合、漏電や漏水のリスクがあるほか、料金の支払も発生します。この場合、料金の支払主体や、受託者の責なく漏電や漏水が発生した場合の責任主体を管理委託契約に定めておくことが考えられます。なお、ガスについては、管理業務上、必要となることは想定しにくいため、閉栓やガスボンベの取外しをしておくことになると思われます。

(5) 所有者の情報の取扱い

　受託業者が管理業務に従事する際に、空き家の周辺住民等の第三者から委託者の名前や連絡先を尋ねられることも想定されますが、委託者の中には、個人名を第三者に知られることを避けたいと考える者もいます。そこで、受託業者が第三者から所有者情報を尋ねられた場合に、その旨を委託者に報告し、委託者が回答の要否を決定する旨を管理委託契約に定めておくことが考えられます。

(6) 共有の場合の留意点

　空き家の共有者が管理を委託する場合、委託できる権限を有している必要があります。委託業務として想定される、定期的な巡回による建物・敷地内の状況確認や通風・換気等は、民法上の保存行為に該当すると考えられるため、共有者が単独で委託契約を締結することができます。もっとも、委託料の負担をめぐって共有者間で争いになることも想定されるため、共有者全員で委託契約を締結することが好ましいと思われます。

(7) 空き家の所有者と受託事業者の法的責任

　空き家の管理委託契約の法的性質は準委任契約と考えられるため、受託事業者は、委託者に対して、各業務の履行について善管注意義務を負うことになります。受託事業者が空き家の点検・確認・報告を適切に行わなかった結果、空き家の所有者が適時に修繕等を行えず、これによって第三者に損害が生じたような場合、空き家の所有者や受託事業者は、どのような責任を負うことになるのでしょうか。

❶ 第三者に対する不法行為責任について

　上記(1)①〜⑤のとおり、受託事業者の業務内容は、定期的に空き家を訪問し、点検・確認をして、その結果を所有者に報告するものであるため、受託事業者を空き家の占有者と認めることは難しいと思われます。そのため、空き家の外壁等の剥離や外壁ブロックの倒壊によって第三者に損害が生じた場合、空き家の所有者が損害賠償責任（民法第717条）を負うことになると考えられます。

　これに対して、受託事業者が、建物内部の点検や確認業務まで受託しており、これに伴い所有者から鍵を預かり、点検や確認のために複数回空き家を訪れているような場合、受託事業者は民法第717条に規定する占有者として、損害賠償責任を負うかが問題となります。この問題に関して、民法第717条の占有者とは、工作物を事実上支配し、その瑕疵を修補するなど

して、損害の発生を防止できる関係にある者であることが必要です。そうすると、工作物の瑕疵を修補する権限は所有者にあるため、受託事業者が占有者として認められる可能性は低いように考えられます。したがって、空き家の所有者は、単独で民法第717条の損害賠償責任を負う可能性が高いと考えられます。空き家の所有者は、事業者から報告を受けた場合、適切に対処する必要があります。

空き家の所有者としては、損害賠償責任のリスクを回避するために、受託事業者に定期的な報告を行わせ、適時に空き家の状態を把握できるようにするとともに、賠償責任保険に加入しておくこと等が有益です。

❷ 受託事業者の委託者に対する債務不履行責任について

❶のとおり、受託事業者は、委託者に対して善管注意義務を負うため、点検・確認・報告義務を怠った結果、委託者に損害が生じた場合、委託者に対して、債務不履行に基づいて損害賠償責任を負うことになります。この場合、空き家の所有者が賠償責任保険に加入しておらず、自ら損害賠償金を第三者に支払ったような場合には、受託事業者に対して、債務不履行にかかる損害として、当該賠償金相当額を請求することが考えられます。

ただし、委託者が第三者に損害賠償金を支払った場合、当該支出すべてが受託事業者の債務不履行から社会取引観念に従って通常発生する損害（通常損害。民法第416条第1項）であるかは、所有者が土地工作物責任を負っていることや、受託事業者の業務の内容に照らして疑問もあります。当該支出が特別事情によって生じた損害（特別損害。同条第2項）となる場合には、損害が発生するまでの事情が受託事業者にとって予見可能なものであるかをめぐって争いになり得るものと思われます。

なお、空き家の管理委託契約が消費者契約である場合に、契約書上に、①受託事業者の債務不履行責任を全面的に免責する条項や②受託事業者に故意または重過失がある場合でも損害賠償責任を限定する条項等が設けられている場合、各条項は消費者契約法第8条第1項第1号または第2号によって無効となりますので、契約を維持する際に留意が必要です。

宅地建物取引業者の
報酬に関する問題

事 例

　当市では、空き家の取引を促進するために、空き家バンクに登録され
た空き家の売買取引を成立させた宅地建物取引業者に対して、経済的イ
ンセンティブを与えることを検討しています。もっとも、宅地建物取引
業者に対する経済的インセンティブの付与は、宅建業法との関係が問題
になると指摘されています。取引成立時の経済的インセンティブを与え
る場合、どのような法的問題がありますか。

1　検討の視点

　空き家の取引を促進するため、空き家バンクが活用されています。空き
家バンクの中には、空き家バンクを通じた取引に宅地建物取引業者（以下
「宅建業者」という）の媒介を条件としているものもあります。さらなる空
き家の取引を促進するため、宅建業者に経済的なインセンティブを与える
方策も考えられますが、このような方法は宅建業法との関係を整理してお
く必要があります。

　本事例では、空き家に関する宅建業法上の報酬規制について検討します。

2　報酬告示の具体的な内容

宅建業者は、空き家の売買等を媒介した場合、国土交通大臣の定める基

準（国土交通省「宅地建物取引業者が宅地又は建物の売買等に関して受けることができる報酬の額」、以下「報酬告示」という）に従って報酬を請求することができます（宅建業法第46条第1項）。報酬告示第二は、宅建業者の売買等の媒介に関する報酬の額を次のように定めています。

2,000,000 円以下の金額	100分の5.5
2,000,000 円を超え4,000,000 円以下の金額	100分の4.4
4,000,000 円を超える金額	100分の3.3

　しかし、空き家の売買のように、売買代金が比較的低額になる取引の場合、従来の報酬告示どおりに算定すると宅建業者の報酬も低くなるため、宅建業法上の報酬規制が空き家取引の促進を阻害する要因になっていると指摘されていました。

　そこで、報酬告示第二の特例として、売買代金4,000,000 円以下（消費税を含まない額）の低廉な空家等（当該宅地または建物の使用の状態を問わない建物）にかかる売買の媒介で、通常の売買と比較して現地調査等の費用を要するものについては、宅建業者が売主から受けることのできる報酬を、198,000 円（180,000 円に1.1を乗じた額）の範囲で定めることができるように緩和されました。また、さらなる空き家の取引を促進するため、令和6年6月に報酬告示が改正され、令和6年7月1日以降、対象となる売買契約の代金要件を8,000,000 円以下とし、報酬の上限額を330,000 円（300,000 円に1.1を乗じた額）とされたほかに、宅建業者は買主に対しても報酬を請求できるようになりました。

3　宅建業者の報酬と宅建業法の関係

　宅建業法第46条の趣旨は、宅建業者が委託者に対して不当に多額の報酬を請求することを防ぐことにあります。そのため、宅建業者は、報酬告示に定めた限度内で個々の取引事情に応じて適正な報酬請求を行う必要があります（最判昭和43年8月20日民集22巻8号1677頁）。また、同条は、報酬

合意のうち報酬告示を超える部分の実体的効力を否定して、契約の実体上の効力を所定最高額の範囲に制限し、これによって一般大衆を保護する強行法規としての趣旨も含んでいます。そのため、所定の最高額を超える契約部分は無効になると解されています（最判昭和45年2月26日民集24巻2号104頁）。したがって、当該取引の個別事情を踏まえず、宅建業者が最高限度額の報酬請求をすることは認められません。また、委託者が任意に報酬告示を超える報酬額を支払おうとする場合でも、宅建業者がこれを受領することは同条に違反することになります。

宅建業者が宅建業法第46条に違反して、報酬限度額を超える報酬を受領すると、100万円以下の罰金（同法第82条第2号）に処される可能性があるほかに、業務停止等の行政処分（同法第65条第1項、第2項）を受ける可能性もあります。たとえば、報酬限度額を超える報酬を受領した場合、15日間の業務停止とされています（国土交通省「宅地建物取引業者の違反行為に対する監督処分の基準」別表（17. 限度額を超える報酬の受領））。上記の宅建業法第46条の趣旨や性質からすると、地方公共団体が、空き家の取引を促進する目的があるとしても、空き家の売買を成立させた宅建業者に対して、宅建業法及び報酬告示に定める額を超えた経済的利益を与えることは、その実質が報酬としての性質を有することを理由に宅建業法第46条に反する可能性があると考えられます。

4 問題の整理

地方公共団体が宅建業者に対して当事者間で合意した報酬とは別に経済的利益を与えることは、宅建業法第46条に違反するおそれがあります。また、報酬告示が空き家取引を促進させるために、報酬告示を緩和して報酬額を増加させた経緯を踏まえると、宅建業者の報酬の一部を補助金で援助する制度のように、宅建業法及び報酬告示の範囲内で経済的援助をする方法が適当であると考えられます。

委任契約や信託契約を利用して
空き家の発生を予防する方法

事　例

　私は自宅で独り身の生活をしていますが、子どもらは都市圏で独立して生活しており、帰省する予定もありません。近い将来、認知症を発症するなどして施設に入居する可能性もありますが、その場合に、自宅は空き家となるため、自宅をどのようにするべきか悩んでいます。自宅が空き家とならないようにするためには、どのような方法が考えられるでしょうか。

1　成年後見制度や委任契約を利用する場合

　高齢化社会を迎え、認知症患者の増加が見込まれていることを受けて、早い時期から財産管理を行う需要が高まっています。特に、子どもらと別世帯で生活している親世代には、自身が福祉施設に入所する可能性を見据えて、自宅建物を含めた財産管理を行いたいという需要があるようです。このような需要の背景には、生前のうちに自宅建物を適当な方法で処分し、相続発生後に相続人に空き家を管理させる手間を負わせたくないという事情もあるように思われます。

　親の認知症の発症等によって、子どもらが親の財産を管理する必要が生じた場合、認知症の程度にもよりますが、成年後見制度を利用することが考えられます。もっとも、成年被後見人が福祉施設に入所するような場合、相当の資金を要するため、自宅を売却して資金を捻出することなども検討

する必要がありますが、成年被後見人が居住の用に供している建物または
その敷地（以下「居住用不動産」という）を処分する場合には、家庭裁判所の
許可を得る必要があります。また、居住用不動産には、生活の本拠として
現に居住の用に供しているもののほかに、居住の用に供する予定がある建
物及び敷地も含むものと解されています。そのため、成年後見人が成年被
後見人のために、居住用不動産を売却して、福祉施設に入所するための資
金を確保する必要があるような場合でも、家庭裁判所から許可を得られな
い可能性があります。このように、成年後見制度による場合、成年被後見
人の保護という見地から、手続が厳しく制限されているため、たとえ居住
用不動産を売却する必要性があったとしても、迅速かつ柔軟に対応できな
い場合があります。

　そこで、親の判断能力があるうちに、財産管理に関する委任契約と任意
後見契約を締結しておくことが考えられます。任意後見受任者を財産管理
に関する委任契約の受任者と同一人物にすることで、より早い段階から適
切な財産管理を実現しやすくなります。また、受任者（任意後見人）の業務
執行の適否について、委任者の判断能力がある場合には委任者本人による
監督が、任意後見開始後には任意後見監督人による監督が期待できます。

　任意後見契約の場合、任意後見人が居住用不動産を処分する場合でも、
家庭裁判所の許可は必要ありません。そのため、法定後見に比べると、自
宅の売却を含めた財産管理を柔軟に行いやすいと思われます（もっとも、重
要な財産の処分には任意後見監督人の同意を要件とすることもあります）。

2 信託を利用する場合

　近時、信託を利用した財産管理の方法が注目されています。具体的に
は、自宅の所有者である親が委託者兼受益者、子ども等の親族が受託者と
なり、自宅や預金等を信託財産として、受託者に自宅の管理・売却など、
受益者に対する生活費などの支出を行わせるというものです。この場合、

受益者に自宅を無償で使用する権利や生活費等の金銭給付を受ける権利を受益権の内容にすることが考えられます。

上記の信託においては、信託事務として、自宅の管理や売却をすることが含まれており、受託者は、信託事務として、自宅の管理・売却等の権限があるため、委託者が施設に入所するために居住用不動産を売却する必要がある場合でも、成年後見制度のように、家庭裁判所から許可を得る必要はありません。委託者が死亡した場合でも、委託者の相続人が空き家の管理責任を負うことも回避することが可能となります。

また、弁護士や司法書士等の有資格者が受託者になることは、信託業法による規制に違反するおそれがあるため、信託の受託者には、子ども等の親族がなる可能性があることに留意する必要があります。さらに、受託者が善管注意義務や忠実義務を負うとしても、高齢である受益者による監視・監督を期待できない場合もあるため、信託契約において、弁護士や司法書士等の有資格者を信託監督人や受益者代理人として指定し、自宅建物の売却のような重要な事務について信託監督人等の同意を条件とすることが考えられます。

上記の信託契約は、委託者の所有する財産の一部を信託財産としているため、信託契約の対象外の財産管理をどのように行うべきかも併せて検討する必要があります。その方法としては、任意後見契約等を締結して対応する方法が無難と思われます。

3 信託財産の自宅建物に住宅ローンが残っている場合

委託者である親が自宅に抵当権の設定を受けた上で、住宅ローンの返済を継続していた場合に、委託者は、受託者に対して住宅ローン債務を負担させることができるでしょうか。信託法は、信託財産を「受託者に属する財産であって、信託により管理又は処分をすべき一切の財産」と規定しており、負債のような消極財産は含まれないものと解されているため、住宅

ローン債務を信託財産として受託者に移転することはできません。そのた
め、住宅ローン債務を受託者に移転させるためには、債務引受による方法
が必要となります。なお、金融機関との金銭消費貸借契約においては、担
保物件を第三者に譲渡する場合、金融機関による事前の承諾を要件として
いることがあるため、信託を設定する場合も金融機関から承諾を得ておく
必要があります。

4 本件について

　相談者は、将来の判断能力の低下に備え、①財産管理に関する委任契約
と任意後見契約を組み合わせる方法や、②信託契約と任意後見契約等を組
み合わせる方法を利用することが考えられます。いずれの場合も、本人が
信頼できる候補者に依頼することが重要となりますので、弁護士等の専門
家を踏まえた事前の協議を入念に行っておくことが望まれます。

空き家を売却するために
信託を利用する方法

事 例

　私（A）は、妻に先立たれ、自宅で一人暮らしをしていますが、子どもら（B・C）は、都市圏で生活しています。現在は、近所に住む妹（D）が定期的に自宅を訪問して身の回りの世話をしてくれています。私が死亡した後、誰も自宅に住む予定はないため、その時には売却してその代金を子どもらに渡したいのですが、BやCはまだ若いため、定期的に代金を渡していきたいと考えています。どのような方法が考えられますか。

1　清算型遺贈による方法

　建物の所有者が自身の死亡後に、推定相続人に空き家の管理を負わせることを希望せず、推定相続人も空き家を相続することを希望していない場合、建物を売却してその代金を取得させる方法が考えられます。もっとも、建物の売却代金が高額になる場合もあり、推定相続人の浪費等を防ぐため、建物の所有者が、売却代金を定期的に給付することを望むこともあります。

　本事例では、このような希望を実現するため、清算型遺贈、遺言代用信託、遺言信託による方法を利用できないかを検討します。

　清算型遺贈とは、相続発生後に、遺言執行者に不動産を処分させ、その換価代金から遺言者の債務等を弁済した後の残金を、受遺者に遺贈することをいいます。なお、一般論として、遺言執行者には遺産を売却する権限

はないと考えられていますが、清算型遺贈の場合には、現金を受遺者に遺贈するために必要な行為として、不動産の売却も遺言執行者の権限（民法第1012条第1項）として認められると解されています。

清算型遺贈によれば、遺言者の死後に不動産を売却できるため、空き家の発生を抑止し、相続人が空き家を管理する負担を回避することも可能となります。遺言執行者は、未成年者及び破産者以外は就任可能であるため、信頼できる親族等が遺言執行者への就任を内諾しているような場合には、円滑な遺言執行も期待できます。もっとも、遺言によって定められた遺産は、受遺者に一括して承継させるものであり、不動産の売却代金を遺言執行者に保管させ、受遺者に定期的に交付することについては疑義が残ります。そのため、相続人に対して現金を一括で交付することを懸念している場合には、清算型遺贈は必ずしも適当な手段ではないことになります。

2 遺言代用信託による方法

清算型遺贈に代わる手段として、遺言代用信託を利用する方法が考えられます。遺言代用信託とは、遺言と同様の効果を得るために設定される信託契約などといわれており、①委託者の死亡時に、受益者となるべき者として指定された者が受益権を取得する旨の定めのある信託と、②委託者の死亡の時以後に、受益者が信託財産に係る給付を受ける旨の定めのある信託の2種類があります（信託法第90条第1項）。

委託者は、委託者の安定的な生活を確保し、委託者の死亡後に受託者に自宅を適宜処分させ、受益者に適切な財産給付を行わせること等を目的として、受託者との間で、自宅等を信託財産とする信託契約を締結することになります。この場合、委託者が当初の受益権者となり、相続発生後の新たな受益者として特定の相続人が指定されることになります（上記①の場合）。

また、当初の受益者が死亡した後、受託者に自宅を処分させ、新たな受

益者の生活状況に応じて、一定の時期まで（たとえば結婚時）金銭給付を行わせるためには、信託契約において、受託者に裁量を広めに認めておく必要があります。委託者の親族が受託者となる場合であっても、相続人（受益者）との間で、給付額をめぐって争いになる可能性もあり、受託者が必ずしも受益者のために金銭給付を行う保障はありません。そこで、信託契約において、信託監督人を指定しておくことで、適切な信託事務の履行を確保することも検討しておくべきでしょう。

　それでは、信託契約において、受託者が任務終了時期までに死亡するリスクをどのように考慮しておくべきでしょうか。この点に関して、受託者の死亡は、受託者の任務終了事由として規定されているため（信託法第56条第1項第1号）、受託者の地位がその相続人に相続されることはなく、受託者の死亡後、新たな受託者が就任しない状態が1年継続した場合には、当該信託契約は終了することとなります（同法第163条第2号）。しかし、信託契約を1年間も不安定な状態に置くことは相当ではありません。そこで、当初の受託者が死亡した場合に備えて、あらかじめ後任の受託者を選定しておくことが必要となります。

3 遺言信託による方法

　遺言信託とは、遺言によって設定する信託であり（信託法第3条第2号）、遺言の方式を問うことなく定めることができます。受託者が契約当事者となる信託契約とは異なり、遺言信託の場合は、受託者候補者として指定された者が受託者となるためには、利害関係人からの就任の催告に対して、就任を承諾するかを回答する必要があります（同法第5条）。受託者候補者が承諾しない場合、利害関係人が裁判所に受託者選任の申立て（同法第6条）を行うこともできます。

　受託者候補者が協力的な場合は、信託契約を利用することができるため、遺言信託が利用されるのは、信託契約による方法によっては対応できない

ような場合になると思われます。

4 本件について

　Aは、Dを遺言執行者として自宅を売却させ、その残金をBやCに遺贈する清算型遺贈の遺言を作成することも考えられますが、DによるBやCに対する定期的な金銭給付の可否について疑問もあります。そこでAは、Dとの間で、Aの死亡後に自宅を売却し、その残金をBやCに定期的に給付する内容を含む信託契約を締結することによって、空き家の発生抑止と受益者への金銭給付を実現することが考えられます。

民泊施設として空き家の管理を
委託する場合の留意点

事 例

　私は、東京で生活をしていますが、数年前に地方の空き家となった実家を相続しました。実家には、盆暮れに立ち寄って掃除等をしていますが、戻って生活する意思はありません。近年、地元にも訪日外国人の方が多数訪れているらしく、実家を民泊施設として利用できないか考えています。ただ、私は東京で生活しているため、民泊施設の管理を業者に任せたいと考えています。管理を委託する場合には、どのようなことに留意するべきですか。

（※）本事例では、当該地域で住宅宿泊事業法の民泊が実施できることを前提としています。

1　民泊の類型と対象となる施設

　訪日外国人観光客の増加に伴い、宿泊施設が不足し、既存の建物を宿泊施設（民泊施設）として利用することが期待されています。このような期待に対応するため、平成29年6月9日に住宅宿泊事業法が成立しました。これによって、内外の観光客の需要に応えるだけでなく、空き家を有効活用する選択肢を提供するものとして期待されています。

　民泊には、①旅館業法の許可に基づいて行うもの、②国家戦略特別区域法に基づいて行うもの、③住宅宿泊事業法に基づいて行うものの3類型があります。その中でも、今後普及が期待されているのは、③住宅宿泊事業

法に基づく民泊です。住宅宿泊事業法の対象とする「住宅」は、①設備要件（当該家屋内に台所、浴室、便所、洗面設備その他の当該家屋を生活の本拠として使用するために必要な設備があること）及び、②次の居住要件のいずれかを満たす必要があります。

(a) 現に人の生活の本拠として使用されている家屋

(b) 従前の入居者の賃貸借の期間の満了後新たな入居者の募集が行われている家屋

(c) 随時その所有者、賃借人または転借人の居住の用に供されている家屋

居住要件（c）の家屋とは、純然たる生活の本拠としては使用していないものの、これに準ずるものとして、その所有者等によって随時居住の用に供されている家屋のことをいいます。また、当該家屋はその所有者等が使用の権限を有しており、少なくとも年１回以上使用しているものの、生活の本拠としては使用していない家屋のことをいうものとされています（住宅宿泊事業法施行要領（ガイドライン）（以下「民泊ガイドライン」という）１－１の（1）の②）。具体的には、相続により所有することになった後も、相続人等が常時居住しておらず、将来的に居住の用に供することが予定されている空き家等が想定されています。相続した空き家から遠方で居住している相続人が、盆暮れのような時期に清掃や管理等の目的で訪れているような場合は、これに含まれると考えられます。

なお、将来的に居住の用に供するかどうかは未確定なことであるため、厳格に解するべきではなく、当該要件は「居住する意思があれば居住できる状態の家屋」という意味に理解するべきでしょう。したがって、本件の相談者の場合、相続した地方の建物も、住宅宿泊事業法の対象となる「住宅」に含まれると解されます。

2 民泊施設の管理を委託する場合の留意点

(1) 住宅宿泊管理業者への委託

　住宅宿泊事業者は、次の場合には、住宅宿泊管理業務を1つの住宅宿泊管理業者に委託する必要があります（住宅宿泊事業法第11条第1項本文）。もっとも、住宅宿泊事業者が住宅宿泊管理業者である場合で、自ら住宅宿泊管理業務を行うときは、委託をする必要はありません（同項ただし書）。

　a.　届出住宅の居室の数が5を超える場合

　b.　届出住宅に人を宿泊させる間、不在（日常生活を営む上で通常行われる行為に要する時間の範囲内の不在を除く(※1)）となる場合(※2)

　（※1）　原則として1時間程度の不在のことをいいます。

　（※2）　住宅宿泊管理業務を住宅宿泊管理業者に委託しなくてもその適切な実施に支障を生ずるおそれがないと認められる場合として、以下のいずれをも満たす場合を除きます。

　　　①　住宅宿泊事業者が自己の生活の本拠として使用する住宅と届出住宅が同一の建築物もしくは敷地内にあるとき又は隣接しているとき（住宅宿泊事業者が当該届出住宅から発生する騒音その他の事象による生活環境の悪化を認識することができないことが明らかであるときを除きます）

　　　②　届出住宅の居室であって、それにかかる住宅宿泊管理業務を住宅宿泊事業者が自ら行うものの数の合計が5以下であるとき

　空き家を相続した者が、当該空き家を民泊施設として利用する場合、上記の要件に従って、住宅宿泊管理業者への委託の要否を検討する必要があります。

(2) 管理委託契約の締結

　住宅管理業務の委託に関しては、国土交通省から「住宅宿泊管理受託標

準契約書」（以下「標準契約書」という）が公表されているため、これを参考にした管理委託契約が締結されることになると考えられます。住宅宿泊事業者が委託する業務内容は、住宅宿泊事業法第5条から同法第10条に規定されています。その中でも、住宅宿泊管理業者による宿泊者に対する騒音や周辺環境への悪影響の防止に関して必要な事項の説明、周辺地域住民からの苦情等への対応については、近隣とのトラブル防止に関係する事項でもあるため、委託契約書にどのような条項を定めておくかが重要となります。

標準契約書の別表第1の（5）では、苦情発生時の住宅宿泊管理業者による現場急行や、苦情の対象となる行為の中止要請が委託内容として定められています。もっとも、標準契約書によれば、迷惑行為が行われた場合に、住宅宿泊事業者と民泊施設利用者との宿泊契約の解除権限までは委託されていないため、住宅宿泊事業者は、住宅宿泊管理業者からの報告に基づいて対応することになります。このような負担を軽減するための方策として、委託事項の中に、住宅宿泊管理業者による解除権限まで定めておくことが好ましいように思われます（民泊ガイドライン2－2、（6）①）。

(3) 監督官庁からの行政処分に係るリスク

個人が相続した空き家を民泊施設として利用する場合、各種行政法令に適合させる改装費等を支出するために、金融機関から融資を受けることもあります。通常、金融機関は、融資をする際の契約書に、監督官庁による行政処分を期限の利益喪失事由として定めていることが多いため、業務停止命令等を受けた場合には、借入金の一括返済を行わねばならないリスクがあることに留意すべきでしょう。

住宅宿泊事業法では、都道府県知事は、住宅宿泊事業の適正な運営を確保するために必要があると認めるときは、受託宿泊事業者に対する業務改善命令（同法第15条）を発令し、これに従わない場合には、業務停止命令等（同法第16条）も発令することができる旨規定しています。また、民泊

ガイドライン２－３の（１）③によれば、住宅宿泊事業法第15条及び第17条に規定する「住宅宿泊事業の適正な運営を確保するため必要があると認めるとき」には、同法に違反している場合だけでなく、同法の規定に明確に違反するといえない場合であっても、同法の目的等を踏まえて適正な運営がなされていない場合も含まれることとしています。そのため、住宅宿泊事業者としては、①金融機関との融資契約書の期限の利益喪失条項の内容を確認するとともに、②行政処分を受けるリスクを低減するために、住宅宿泊管理業者の業務内容を的確に把握することが重要になります。標準契約書第９条第３項では、「届出住宅又は住宅宿泊事業の実施に関して重大な事項が生じた場合、あるいは、甲から求めがあった場合、乙は前項の報告とは別に書面又は電磁的方法により報告するものとする。」と報告徴求権を定めているため、住宅宿泊事業者は、このような条項を導入することを検討することが考えられます。

⑷　住宅宿泊管理業者の責任の範囲

　標準契約書第14条は、賠償責任及び免責事項を定めています。住宅宿泊事業者と住宅宿泊管理業者の責任及び免責については、責任の所在の明確化を図る観点から、責任の所在について事前に明示しておく必要があります。また、損害賠償請求に至った場合にはトラブルに発展することが予見されるため、事前に賠償責任保険に加入する等の措置をとることが望まれます。

　住宅宿泊事業法上、住宅宿泊管理業者の責任とされている事項について、これに反する内容を定めた契約上の特約は無効となりますので、契約書の作成時に留意する必要があります。

空き家を民泊施設として
利用する場合の法的責任

事 例

　私は、住宅宿泊事業法に基づいて、数年前に相続した実家の空き家を民泊施設として利用しています。民泊施設の管理は、住宅宿泊管理業者に任せています。次のような場合は、誰がどのような責任を負いますか。
【1】利用者による火の不始末で火災が生じた場合
【2】利用者による騒音問題が生じた場合
【3】施設内外に利用者が残置した物件がある場合

1　民泊と民事上の責任

　民泊は空き家の有効活用の方法として期待されていますが、利用者の利用方法をめぐって、近隣住民との間でトラブルに発展することもあります。紛争を未然に防ぐ方法として、民泊開始前の近隣住民への説明会や、住宅宿泊管理業者による利用者への利用方法の周知徹底等のソフトな方法もありますが、事前の対応にも限界があります。

　そこで、本事例では、民泊施設において、各種の問題が生じた場合の法的責任について検討します。

2　【1】火災が生じた場合

　民泊施設において火災を発生させた者は、火災によって損傷した建物や

周辺の物件の所有者に対して、不法行為に基づく損害賠償責任を負うことになりますが、失火の場合は重過失のあるときに限定されています。ここでは、どのような場合に失火責任法に規定する「重過失」となるかが問題となります。

同法に規定する「重過失」とは、「通常人に要求される程度の相当な注意をしないでも、わずかの注意さえすれば、たやすく違法有害な結果を予見することができた場合であるのに、漫然これを見過ごしたようなほとんど故意に近い著しい注意欠如の状態」をいうものとされており、裁判例においては、①寝タバコによる引火の事例や、②天ぷら油を入れた鍋をガスコンロで加熱したまま長時間その場を離れた間に引火した事例のような場合に認められています。

このような場合、民泊施設の利用者は、周辺の物件の所有者等の被害者に対して、不法行為に基づく損害賠償責任を負うことになります。

一方で、失火責任法は、民法第709条の特則であり、民泊施設の利用者は、住宅宿泊事業者に対して、軽過失による場合も含めて、宿泊契約の債務不履行に基づく損害賠償責任を負うことになります。

もっとも、民泊施設の利用者として想定されている外国人旅行者が、このような火災を発生させた場合には、被害者に対する示談交渉や当該外国人旅行者に対する賠償請求の局面において、現実的な困難を伴うこともあると思われます。そのため、住宅宿泊事業者としては、民泊用保険に加入するなどして自衛しておくことが重要です。

3 【2】騒音問題が生じた場合

騒音問題が生じた場合、近隣の住民から騒音を発生させた者に対して、人格権に基づく差止請求や不法行為に基づく損害賠償請求が行われる可能性があります。

しかし、民泊施設を利用する者は、一時的な利用者にとどまるため、近

隣住民が一時的な利用者に対して、法的請求をすることは現実的でありません。一方で、住宅宿泊事業者等は、住宅宿泊事業法上、宿泊者に対する騒音や周辺環境への悪影響の防止に関する必要な事項の説明、周辺地域の住民からの苦情等に対応することを求められています。利用者が近隣の住民に迷惑をかけるような態様で利用する場合、住宅宿泊事業者等は、迷惑行為の禁止等を命令し、宿泊契約を解除するなど状況を管理できる地位にあります。そのため、住宅宿泊事業者等の対応が不十分であるような場合には、住宅宿泊事業者等が近隣住民に対して損害賠償責任を負う可能性があります。なお、区分所有建物の賃借人の騒音問題に関して、賃貸人である区分所有者の法的責任を認めた裁判例として、東京地判平成17年12月14日判タ1249号179頁が参考となります。

　住宅から生活音が発生することは不可避であるため、第三者との関係で違法性を帯びるのは、受忍限度を超えた場合に限られます。受忍限度を超えているかは、①侵害行為の態様、侵害の程度、②被侵害利益の性質と内容、③当該施設等の所在地の地域環境、④侵害行為の開始とその後の継続の経過及び状況、⑤その間に採られた被害の防止に関する措置の有無及びその内容、効果等の諸般の事情を総合的に考察して判断されることになります（最判平成6年3月24日判時1501号96頁等参照）。地方公共団体の中には、条例で騒音に関する数値を設定しているところもあるため、受忍限度違反の有無を判断する参考になるものと考えられます。

4 【3】残置物がある場合

　民泊施設の利用者が施設の内外に残置した物件がある場合、住宅宿泊事業者としては、どのように対応するべきでしょうか。一見して明らかに、ごみとして廃棄されたものは、住宅宿泊事業者の判断で廃棄処理をしても、特に問題になる可能性は低いものと思われます。これに対して、廃棄されたものと評価できない、あるいは、ある程度経済的な価値のある物品

の場合の取扱いについては、基本的には住宅宿泊事業者と利用者との宿泊サービス提供契約の内容によることになります。契約書に定めがない場合には、利用者の意思確認ができる場合は別として、特に連絡がない場合は遺失物法の手続に沿って処理することになるものと思われます。

◆著者紹介 ────────────────────────────

羽柴 研吾（はしば・けんご）

弁護士・税理士・元国税審判官。現在は、弁護士法人東町法律事務所に所属。

2005年　立命館大学法学部卒業

2007年　立命館大学法科大学院修了

2008年　弁護士登録

2012年～2016年　国税審判官任官（国税不服審判所東京支部・仙台支部）

2018年　税理士登録（近畿税理士会・神戸支部）

2021年　立命館大学法学研究科非常勤講師（税法総論）

現在に至る。

新版 空き家の法律問題と実務対応

2024年11月20日　発行

著　者　　羽柴 研吾 ⓒ

発行者　　小泉 定裕

発行所　　株式会社 清文社
　　　　　東京都文京区小石川1丁目3－25（小石川大国ビル）
　　　　　〒112-0002　電話03（4332）1375　FAX03（4332）1376
　　　　　大阪市北区天神橋2丁目北2－6（大和南森町ビル）
　　　　　〒530-0041　電話06（6135）4050　FAX06（6135）4059
　　　　　URL https://www.skattsei.co.jp/

印刷：大村印刷㈱

ISBN978-4-433-75274-3